포스트시대의 실천신학과 기독교교육학

포스트시대의
실천신학과 기독교교육학

초판 1쇄 인쇄 │ 2025년 1월 25일
초판 1쇄 발행 │ 2025년 1월 31일

지은이 장신근
펴낸이 김운용
펴낸곳 장로회신학대학교 출판부

등록 제1979-2호
주소 (우)04965 서울시 광진구 광장로5길 25-1(광장동)
전화 02-450-0795
팩스 02-450-0797
이메일 ptpress@puts.ac.kr
홈페이지 http://www.puts.ac.kr

값 18,000원
ISBN 978-89-7369-385-6   93230

포스트시대의
실천신학과 기독교교육학

장신근^{지음}

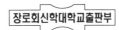
장로회신학대학교출판부

사랑하는 딸 규은揆恩과

새 가족이 된 사위 우배 Ove Syverstad 에게…

머리글

　이 책에서 필자는 실천신학이 하나의 독립된 학문으로서 자리매김하기 시작한 근대에서부터 오늘에 이르기까지 실천신학의 다양한 유형들을 시대별로 고찰하고, 이를 토대로 포스트시대의 실천신학으로서 기독교교육학의 과제를 모색하였다. 성서신학, 조직신학, 역사신학 등과 같은 신학의 다른 하위 분야들과 마찬가지로 실천신학도 정치, 경제, 문화, 사회, 역사적 상황에서 유래하는 다양한 시대적 도전과 위기에 대한 응답을 시도해 왔다. 이러한 점에서 모든 신학은 상황적contextual이라 할 수 있다. 이 책의 제목에 "포스트시대"라는 용어를 사용한 것도 그러한 이유에서다.

　20세기 중반 이후 여러 분야에서 "포스트"라는 용어가 많이 등장하였다. 필자는 그 가운데 포스트세속주의, 포스트모더니즘, 포스트식민주의, 포스트휴머니즘 등으로 대표되는 포스트시대를 실천신학 이론과 실천의 중요한 컨텍스트로 보았다. 흔히 알고 있듯이 "포스트"에는 "after"와 "beyond"의 두 가지 의미가 있다. 이 책에서 지칭하는 포스트시대는 세속주의, 모더니즘, 식민주의, 휴머니즘 "이후"after라는 시간적·역사적 의미와, 이를 비판적으로 "넘어서서"beyond 대안을 모색한다는 이중적 의미를 동시에 지닌다. 논쟁의 여지가 있기는 하지만 전자가 대체적으로 서술적이고 현상적 의미를 내포하고 있다면, 후자는 규범적이며 대안적 함의를 지닌다고 할 수 있다.

이렇게 본다면, 이 책 제1장과 제2장은 근대에서 시작하여 포스트시대의 출현 이전까지 실천신학의 주요한 유형을 다루고 있고, 제3장부터는 포스트세속주의, 포스트모더니즘, 포스트식민주의, 포스트휴머니즘 등이 본격화된 포스트시대를 맥락으로 하고 있다.

이 책은 2부로 구성되어 있다. "제1부: 포스트시대까지 실천신학의 지형"에서는 슐라이어마허 Friedrich Schleiermacher 로 대표되는 실천신학의 근대 신학백과사전 유형에서 시작하여 오늘의 포스트휴먼 실천신학에 이르기까지 필자가 선택한 대표적인 유형들의 특징을 탐구한다.

"제1장: 근대 실천신학의 신학백과사전 패러다임: 슐라이어마허의 실천신학이해를 중심으로"는 1980년대 이후 전개되고 있는 "새로운 패러다임의 실천신학" 운동이 극복하고자 하는 근대 신학백과사전 패러다임에 대한 역사적, 비판적 연구이다. 먼저 신약시대부터 17세기까지 이어진 실천신학의 흐름과 신학백과사전 운동의 역사적 기원과 발전을 살펴본 후, 슐라이어마허의 신학백과사전적 실천신학 이해에 초점을 맞추어서 비판적 고찰을 시도한다. 그리고 슐라이어마허의 실천신학 이해가 지닌 공헌과 문제점을 비판적으로 평가한다. 이 장은 필자의 첫 번째 책인 『공적실천신학과 세계화시대의 기독교교육』에 실렸던 내용인데, 이 책이 오래전에 절판되기도 했고, 또한 내용의 중요성을 고려하여 수정을 거쳐 본서에 다시 싣게 되었다.[1]

---

1   장신근, 『공적실천신학과 세계화시대의 기독교교육』(서울: 장로회신학대학교 출판부, 2007).

"제2장: 20세기 실천신학의 세 가지 유형 탐구 (1) : 개신교 자유주의, 신종교개혁신학, 비판적 프락시스 유형"은 20세기 초반에 나타난 개신교 자유주의신학 유형에서 시작하여, 이에 대한 비판으로 1950년대에 등장한 신종교개혁신학 유형, 그리고 1970년대 이후에 출현한 비판적 프락시스 유형의 실천신학에 대한 비교 연구이다. 이 장에서는 기독교교육학과 목회상담학에 초점을 맞추어서, 다음 세 가지 유형에 속하는 실천신학자들을 선별하여 각각의 중심 사상을 살펴본다. 먼저, 개신교 자유주의신학 유형에는 미국 종교교육학자 조지 앨버트 코우George Albert Coe, 독일 종교교육학자 프리드리히 니버갈Friedrich Niebergall, 미국 목회 상담학자 안톤 보이슨Anton Boisen, 두 번째, 신종교개혁신학 유형에는 독일계 스위스 개신교 목회자이며 실천신학자 에두아르트 투르나이젠Eduard Thurneysen, 캐나다 출신의 구약성서 학자이며 기독교교육학자 제임스 스마트James Smart, 세 번째, 비판적 프락시스 유형에는 아르헨티나 출신의 목회 상담학자이며 종교교육학자 다니엘 쉬파니Daniel Schipani, 한국 기독교교육학자 문동환, 미국 목회 상담학자 바니 밀러-맥리모어Bonnie Miller-McLemore 등이 속한다. 이상의 세 가지 유형을 중심으로 실천신학이 근대성이라는 시대적 도전에 어떻게 응답했으며, 어떠한 신학과 대화를 시도했으며, 어떠한 학제적 대화에 참여했으며, 또한 기독교적 실천을 어떻게 이해하였는가에 초점을 맞추어 비판적 평가를 시도한다.

　"제3장: 20세기 실천신학의 세 가지 유형 탐구 (2) : 비판적 상관관계 신학, 해석학적, 신앙 공동체적 형성 유형"에서는 제2장에 이어서 "비판적 상관관계 신학 유형", "해석학적 유형", "신앙 공동체적 형성 유형" 등과 같이

20세기 후반에 나타난 세 가지 유형의 실천신학 사이의 비교를 통한 비판적 연구를 시도한다. 특히 여기에서는, 근대성의 도전에 대한 응답을 시도하였던 20세기 전반과는 다르게, 다원주의적 경향이 심화되었던 20세기 후반의 포스트모던 상황에 대하여 세 가지 유형의 실천신학이 어떻게 응답하였는가에 초점을 맞춘다. 이를 위하여 먼저 각 유형별로 기독교교육학, 목회상담학, 그리고 설교학 분야에서 2-3명의 대표적 학자를 선별하여 중심 사상을 유형별 특징과 연관하여 논의한다. 먼저, "비판적 상관관계 신학 유형"에서는 종교교육학자 루이스 쉐릴Lewis Sherrill, 목회상담학자 시워드 힐트너Seward Hiltner와 단 브라우닝Don Browning, 두 번째, "해석학적 유형"에서는 종교교육학자 토마스 그룸Thomas Groome, 목회상담학자 찰스 거킨Charles Gerkin, 세 번째, "신앙 공동체적 형성 유형"에서는 종교교육학자 존 웨스터호프John Westerhoff, 예배 설교학자 찰스 켐벨Charles Campbell 등을 다룬다. 그리고 시대적 상황, 신학과의 관계, 학제적 대화, 실천이라는 주제를 중심으로 각 유형에 대한 비판적 평가를 시도한다.

"제4장: 포스트식민주의 실천신학과 오늘의 기독교교육학의 과제"에서는 과거 식민주의 영향력과 유산이 지금도 여전히 남아 있고, 또 다른 형태의 식민주의가 변형된 모습으로 진행되고 있는 오늘의 상황에서 포스트식민주의와 실천신학 사이의 대화를 다룬다. 포스트식민주의와의 대화가 요청되는 이유는 포스트식민주의 담론이 활발하게 논의되었던 1980-90년대 상황에서 실천신학이 이에 대하여 어떻게 응답하였는지를 이해하고, 오늘에도 지속되고 있는 다양한 차원의 신식민주의 도전에 대하여, 또한 정신적, 신앙적, 신학적 탈식민화를 위하여, 어떠한 실천신학적 노력이 요청되는지를 모색하기 위함이다. 이 장에서는 먼저 포스트식민주의 담론의 기원과 전개 과정을 에드워드 사이드^{Edward Said}의 오리엔탈리즘, 호미 바바^{Homi Bhabha}의 혼종성, 양가성, 제3의 공간, 가야트리 스피박^{Gayatri Spivak}의 서발턴 개념 등을 중심으로 개관한다. 이어서 포스트식민주의에 기초한 스리랑카 출신의 성서학자 수기르타라자^{R. S. Sugirtharajah}의 성서비평과 포스트식민주의 담론과 제3세계 페미니즘 사이의 비판적 대화를 강조한 강남순의 포스트식민주의 페미니스트 신학에 대하여 살펴본다. 이러한 논의에 기초하여 포스트식민주의 실천신학의 3가지 주제, 즉, 혼종성과 제3의 장소를 지향하는 세례, 해방적 실천으로서의 상호문화 목회상담, 독립성을 탈학습하는 상호의존적 실천 등에 대하여 논하고, 결론적으로 포스트식민주의 실천신학으로서의 기독교교육학이 오늘날 수행해야 할 주요 과제들을 제안한다.

　　"**제5장: 포스트휴먼 실천신학으로서 기독교교육학의 과제**"에서는 포스트휴먼 담론과 신학, 특히 실천신학으로서 기독교교육학 사이의 대화 가능성을 염두에 두고 트랜스휴머니즘과 포스트휴머니즘 그리고 이에 대한 브루노 라투르^{Bruno Latour}, 캐런 바라드^{Karen Barad}, 도나 해러웨이^{Donna Haraway}, 로지 브라이도티^{Rosi Braidotti} 등의 비판적 포스트모던 사유에 기초하여 신학과의 대화를 시도하고, 포스트휴먼 실천신학으로서 기독교교육학이 수행해야 할 과제를 제안한다. 문헌 연구로 이루어지는 이 장은 학제적 대화를 지향한다. 먼저, 융합 학제적 관점에서 트랜스휴머니즘과 포스트휴머니즘에 대한 기본개념과 비판적 포스트휴머니즘의 주요 사상을 살펴보고, 신학적 관점에서 기술과 생태에 초점을 맞추어서 횡단적 대화를 시도한다. 이를 통하여 포스트휴먼 실천신학으로서 기독교교육학이 수행해야 할 과제들을 제안한다.

"**제2부: 포스트시대의 실천신학자와 한국교회**"에서는 필자에게 학문적으로 목회적으로 큰 영향을 끼친, 그리고 오늘의 상황에서도 여전히 중요하다고 생각되는, 기독교교육 학자이며 실천신학자인 리차드 오스머^{Richard} ^{Osmer}의 기독교교육학 사상과 목회자인 집중 손인웅의 목회 사상을 실천신학의 관점에서 조명하고, 마지막으로, 실천신학적 지평에서 한국교회를 진단하고 개혁을 위한 과제들을 제시한다.

"**제6장: 리처드 오스머의 실천신학적 기독교교육학 연구**"에서는 먼저 오스머의 생애와 학문적 여정을 시대적으로 구분하여 간략하게 살펴보고, 이어서 그의 실천신학적 기독교교육학 사상을 논의한다. 오스머의 가장 큰 학문적 공헌 중 하나는 추상적인 이론보다는 구체적 회중의 맥락에서 신앙 교수사역^{teaching ministry}을 다루었다는 것이다. 이런 맥락에서 그의 실천신학 사상은 기독교교육학, 보다 구체적으로는 교수사역과 분리되지 않고 상호 연관 되어 있다. 즉, 교수사역에 대한 이론을 모색함에 있어서 그는 사회과학적인, 특히 교육학적인 패러다임 보다는 실천신학적 패러다임을 선호하였다. 이와 더불어, 근대 실천신학백과사전을 넘어서 실천신학의 독립된 학문적 정체성을 세우기 위한 새로운 패러다임을 제시한 것은 오스머의 또 다른 중요한 공헌이라 할 수 있다. 이런 맥락에서 박사과정에서 시작되어 지금까지 이어져 온 오스머의 새로운 패러다임의 실천신학 구성작업을 살펴본다. 마지막 부분에서는 오늘의 상황에서 그의 교수사역과 실천신학적 접근이 한국 기독교교육과 실천신학, 특히 회중 사역에 주는 함의를 제시한다.

"제7장: 공적 실천신학의 관점에서 본 집중 손인웅 목사의 목회"에서는 실천신학의 가장 핵심 실천 현장인 지역교회에서의 목회를 실천신학적 관점에서 분석하고 평가한다. 이를 위하여 대한예수교장로회^{통합} 소속의 덕수교회와 그곳에서 지역사회와 한국교회 및 사회를 향한 화해, 섬김, 일치의 사역을 감당해온 집중^{執中} 손인웅의 목회를 공적 실천신학의 관점에서 살펴보고, 현재 다양한 위기 가운데 처해 있는 한국교회, 특히 한국교회 목회자들을 향한 함의를 성찰하고자 한다. 먼저 공공신학과 공적 실천신학의 태동 배경과 핵심 내용을 간략하게 정리하고, 각각에 대한 정의를 내려본다. 그리고 손인웅의 목회를 1) 공적 실천신학자, 2) 말씀선포와 예전 목회, 3) 교육목회, 4) 친교, 섬김, 선교의 목회 등 4가지로 구분하여 공적 실천신학의 관점에서 논의하고 평가한다.

"제8장: 공적 실천신학으로 바라본 한국교회 현실과 개혁과제"에서는 먼저 필자의 공공신학과 공적실천신학에 대한 이해를 간략하게 정리한다. 그리고 오늘의 한국교회가 직면한 여러 도전과 위기를 1) 지구적 도전, 2) 교회 내적 위기 상황, 3) 최근 통계로 본 대^對사회적 이미지 등으로 나누어 다층적으로 분석해 본다. 이어서 공적실천신학의 관점에서 개혁되어야 할 한국교회의 모습을 1) 성찰하고 회개하는 Reforming Church, 2) 온전한 신앙을 지향하는 신학하는^{doing theology} 교회, 3) 대화와 소통의 리더십과 거버넌스를 지향하는 탈성직 교회, 4) 공동선에 헌신하는 공적 공동체로서의 교회, 5) 상생의 생명공동체를 형성하는 디아코니아 교회 등으로 제안한다.

"에필로그: 포스트 실천신학으로서 기독교교육학을 모색하며…"에서는 결론적으로 포스트 실천신학으로서 기독교교육학의 미래 과제를 몇 가지 간략하게 제안하면서 이 책의 결론을 맺는다.

이 책은 필자가 "실천신학으로서의 기독교교육학"에 대하여 지속적으로 관심을 기울여 온 지난 시간의 작은 결실이다. 공적실천신학을 다룬 박사학위 논문에서 시작하여 장로회신학대학교에서 20여 년 가르치는 동안 기독교교육학과 실천신학에 관한 연구를 계속 이어왔는데, 이 책은 실천신학 연구 여정의 결론에 해당한다고 할 수 있다. 필자는 이 책을 통하여 실천신학의 다양한 유형을 논의하는 과정에서 해외 실천신학자들 뿐 아니라, 한국 실천신학자들과 목회자들을 다양하게 포함시키려고 의도적으로 노력하였다. 실천신학에 대하여 관심을 가지고 연구해 온 지난 세월의 길이에 비하면 연구 내용이 여러모로 부족하지만, 그동안의 연구 결과를 정리한다는 심정으로 여러 곳에 실렸던 내용을 수정하고 보완하여 실천신학 분야, 기독교교육학 분야, 그리고 교회현장에 작은 참고라도 되면 좋겠다는 생각으로 세상에 내어놓는다.

필자의 실천신학과 기독교교육학 여정에서 이론과 실제의 모델이 되어준 리처드 오스머 교수님과 손인웅 목사님을 다시 기억하며 감사와 존경의 마음을 표한다. 강의실에서 이 여정에 동행했던 장로회신학대학교의 사랑하는 학생들, 동료 교수님들, 그리고 예배 설교학자이시기도 한 김운용 총장님께도 감사의 인사를 드린다. 출판 과정에서 성실하게 원고 교정을 도와준 김소의 전도사님, 장신대 출판부 양정호 교수님과 직원분들, 학술연구처장 김은혜 교수님께도 감사를 전한다.

지금까지 한결같이 인생의 여정에 함께 해 오며 가정과 노년 사역 현장에서 섬김의 실천을 감당하고 있는 아내 심미경과 인생의 새로운 출발선에 서 있는 아들 규민에게도 가슴으로부터의 고마움을 표한다. 마지막으로, 새로운 가정을 이룬 사랑하는 딸 규은과 든든한 사위 우배^{Ove}를 축복하며 이 책을 헌정한다.

Soli, Soli, Deo Gloria!

2024년 10월 3일, 하늘이 열린 날
광나루 장신대 연구실에서
장 신 근

차 례

제1장

근대 실천신학의 신학백과사전 패러다임:
슐라이어마허의 실천신학이해를 중심으로

들어가는 말 :
실천신학의 르네상스와 신학백과사전 패러다임

1980년대 이후 세계 신학계는 소위 "실천신학의 르네상스"를 맞이하였다. 실천신학의 학문적 정체성을 확립하고, 신학이 지닌 근본적인 실천성을 회복하기 위한 이러한 국제적인 운동은 비록 북미와 유럽에서 시작되었으나, 기타 라틴 아메리카, 남아프리카, 아시아 등 세계의 여러 지역으로 계속 확산되어 왔다.[1] 1993년에는 "국제실천신학회"International Academy of Practi-

---

[1]   1980-90년대에 이루어진 실천신학의 학문적 성격과 역사, 새로운 패러다임에 관한 학문적 논의는 다음을 참고할 것. Don Browning, ed., *Practical Theology*, 이기춘 역, 『실천신학』(서울: 대한기독교출판사, 1986). Lewis Mudg and James Poling, eds., *Formation and Reflection: The Promise of Practical Theology* (Philadelphia: Fortress Press, 1987). Johannes van der Ven, *Practical Theology: An Empirical Approach*, trans. by Barbara Schultz (Kampen: Kok Pharos Publishing House, 1993). Don Browning, *A Fundamental Practical Theology: Descriptive and Strategic Proposals* (Minneapolis: Fortress Press, 1991). Paul Ballard, and John Pritchard, *Practical Theology in Action: Christian Thinking in the Service of Church and Society* (London: SPCK, 1996). Elaine Graham, *Transforming Practice: Pastoral Theology in the Age of Uncertainty* (Eugene, OR: Wipf & Stock Publishers, 1996). Richard Osmer, "Rationality in Practical Theology," *International Journal of Practical Theology* 1:1 (1997), 11-39. Denis Ackerman and Riet Bons-Storms, eds., *Liberating Faith Practices: Feminist Practical Theologies in Context* (Leuven: Peters, 1998). Friedrich Schweitzer and Johannes van der Ven, eds., *Practical Theology: International Perspectives* (Frankfurt: Peter Lang, 1999). Gerben Heitink, *Practical Theology: History, Domain, Action Domains*, trans. by Reinder Bruinsma (Grand Rapids, MI: Eerdmans, 1999).
        2000년대 이후는 다음을 참고할 것. James Woodward and Stephen Pattison, eds., *The Blackwell Reader in Pastoral and Practical Theology* (2000), 권수영 외 역, 『목회신학과 실천신학의 이해』(서울: 대한기독교서회, 2007). Ray Anderson, *The Shape of Practical Theology: Empowering Ministry with Theological Praxis* (Downers Grove: IVP, 2001). Miroslav Volf, and Dorothy Bass, eds., *Practicing Theology: Beliefs and Practices in Christian Life* (Grand Rapids, MI: William B. Eerdmans Publishing Co. 2002). Elaine Graham, eds., *Theological Reflection: Methods* (London: SCM Press, 2005). Elaine Graham, ed., *Theological Reflection: Resources* (London: SCM Press, 2005). Thomas Hastings, *Practical Theology and the One Body of Christ: Towards a Missional-Ecumenical Model* (Grand Rapids, MI: William B. Edermans Publishing Co., 2007). Richard Osmer, *Practical Theology: An Introduction (2008)*, 김현애, 김정형 공역, 『실천신학의 네 가지 중심과제』(서울: 예배와 설교 아카데미, 2012). Gordon Mikoski

cal Theology[2]가 출범하였고, 이어서 1997년에는 실천신학 전문 학술지인 『국제실천신학 저널』[3]가 창간되어 세계 각국 실천신학자들의 활발한 학문적 대화의 창구역할을 감당하고 있다.

그런데 1980년대 이후에 전개되고 있는 실천신학은 전통적 의미의 실천신학과는 달리 독립된 정체성을 지닌 신학의 한 분야로써 과거 실천신학이 지녔던 제한적인 지평과 방법론을 과감히 넘어서는 "새로운 패러다임의 실천신학"을 지향하고 있다. 『국제실천신학 저널』은 창간호에서 이 같은 새로운 실천신학에 대한 비전을 다음과 같이 밝히고 있다.[4]

첫째, 새로운 실천신학은 이제 더 이상 자신을 단순히 응용과 기술[ap-plications and techniques]에만 연관된 학문 분야라고 간주하지 않는다. 실천신학은

---

and Richard Osmer, *With Piety and Learning: The History of Practical Theology at Princeton Theological Seminary 1812-2012* (Zurich: LIT, 2011). Bonnie Miller-McLemore, ed., *The Wiley-Blackwell Companion to Practical Theology (2012)*, 오현철 외 공역, 『실천신학 연구』(서울: CLC 기독교문서선교회, 2019). Kathleen Cahalan and Gordon Mikoski, *Opening the Field of Practical Theology: An Introduction* (Lanham, UK: Rowan & Littlefield, 2014). Andrew Root, *Christopraxis: A Practical Theology of Cross* (Minneapolis: Fortress Press, 2014). Pete Ward, *Introducing Practical Theology: Mission, Ministry, and the Life of the Church* (Grand Rapids, MI: Baker Academic, 2017). Kim-Cragg HyeRan, *Interdependence: A Postcolonial Feminist Practical Theology (2018)*, 이호은 역, 『상호의존성: 포스트식민주의 여성주의 실천신학』(서울: 동연, 2020). Kenda Dean, ed., *Consensus and Conflict: Practical Theology for Congregations in the Work of Richard R. Osmer* (Eugen, OR: Cascade Books, 2019).

2 "국제실천신학아카데미"는 1991년 여름 미국 뉴져지주에 위치한 프린스턴 신학대학원에서 창립모임을 가졌다. 창립모임의 참석자는 Camil Menrad (캐나다), Riet Bons-Storm, Hans van der Ven (네덜란드), Dietrich Rössler, Karl Ernst Nipkow, Friedrich Schweitzer (독일), Richard Osmer, Norbert Hahn, Don Browning (미국)등이었고, 이어 1993년에 정식으로 학회가 창립되었다. Don Browning, "The Idea of the International Academy of Practical Theology," in *Practical Theology: International Perspectives*, ed. F. Schweitzer and J. van der Ven (Frankfurt am Main: Peter Lang, 1999), 157. 1994년에는 영국에서 "British and Irish Association for Practical Theology"가 창립되었다.

3 *International Journal of Practical Theology* (국제실천신학 저널)는 1997년부터 독일의 Walter De Gruyter 출판사에 의하여 일 년에 두 번(봄, 가을), 독일어와 영어로 발행되고 있으며, 실천신학과 연관된 일반 논문(article), 연구보고 논문(research report), 국제보고 논문(international report), 서평 등을 게재하고 있다. 2024년 7월 현재 이 저널의 편집자는 Júlio Cézar Adam, Jaco Dreyer, Solange Lefebvre, Swee Hong Lim, Vhumani Magezi, Bonnie Miller-McLemore, Mary Elizabeth Mullino Moore, Richard Osmer, Friedrich Schweitzer, Terry A. Veling, Claire Wolfteich (Managing Editors: Pamela Couture, Bernd Schröder) 등이다.

4 "Editorial," *International Journal of Practical Theology*, 1:1 (1997), 1-6.

다른 신학분야^{성서신학, 조직신학, 교회사 등} 혹은 심리학, 교육학, 수사학 등 사회과학에서의 논의 결과를 단순히 수용하여 교회의 실천을 위하여 응용하는 차원^{응용 주석, 응용 교리학}을 넘어서야 한다. 새로운 실천신학은 신학의 이론적 분야와 사회과학 모두에 대한 지나친 의존에서 벗어나야 한다.

둘째, 새로운 실천신학은 그 범위에 있어서 단순히 목회를 돕기 위한 신학^{pastoral theology}이라는 좁은 안목을 버려야 한다. 물론 교회가 지닌 실천의 기능적 차원을 지원하는 것은 여전히 실천신학의 중요한 과제이다. 그러나 새로운 실천신학은 그 학문적 초점에 있어서 전통적 의미의 목회신학 차원, 즉 목회자를 위한 방법론의 추구라는 차원을 넘어선다.

셋째, 새로운 실천신학은 신학이 가지고 있는 실천적 특성에 대한 근본적인 해석학적 성찰을 추구한다. 이러한 기독교적 삶에 대한 실천신학적 관심은 성서적, 교리적 전통뿐만 아니라 교회가 추구하는 규범적인 기독교적 삶에 대한 현재적, 미래적 비전에서도 비롯된다는 사실을 수용하는 것이다. 그러한 이유로 실천신학은 실천-이론-실천의 순서를 지향한다.

넷째, 새로운 실천신학은 경험적이고 해석학적인 방법론을 추구한다. 실천신학의 관심은 교회의 삶에 국한되지 않고, 교회가 위치한 현대사회의 종교적 문화라고 하는 더 넓은 곳으로 확장되어야 한다. 이러한 이유에서 새로운 실천신학은, 한편으로는 문화와 사회에 대한 사회적-과학적 이해를 통하여 보다 더 확장된 의미에서 종교를 이해하며, 다른 한편으로는 경험적-해석학적 연구 결과가 반영된 방법을 추구한다.

다섯째, 새로운 실천신학은 사회과학에서의 새로운 경향들을 수용함으로써 종교가 지닌 교회적, 사회적, 개인적 측면들을 분석, 진단하는 능력을 향상시킨다. 사회과학에서의 새로운 경향이란 사회과학 자체의 해석학적 전환^{hermeneutical turn}, 일상의 삶에 대한 의미를 가지는 상징적 코드^{code}의 영향, 특히 종교적-형이상학적 측면과 근대성의 사회적 동향^{trend}에 나타나는 언어, 상징, 신화, 예전에 대한 재발견 등을 심각하게 고려하는 것을 뜻한다.

여섯째, 새로운 실천신학은 사회과학과의 대화에서 일방적 태도를 지양한다. 새로운 실천신학은 의미가 지닌 상징적 코드의 본질을, 특히 성서적, 기독교적 전통을 고려하는 가운데, 현대문화에 대한 해석학적 이해로 끌어들인다. 새로운 실천신학은 종교적인 실천을 안내하고 변형시켜 나감에 있어서 성서적, 교회적 전통이 지닌 계속적인 힘을 강조한다는 의미에서 종교에 대한 사회과학적 연구와 구별된다. 이러한 힘은 새로운 상황으로 인한 도전에 의하여 생겨난다.

일곱째, 새로운 실천신학은 교회적 차원의 이슈와 관심에 집중하는 실천신학의 전통적인 관심을 유지하되, 이러한 것들을 위에서 언급한 문화적-해석학적 조명을 통하여 새롭게 다룬다. 즉, 새로운 실천신학은 자신의 행동 이론들을 보다 넓은 준거틀 안에 위치시킨다. 그리하여 교회적 흐름과 사건들을 독특한 사회-문화적 상호관계들interrelations과 조건들의 맥락 안에서 보고자 한다. 이러한 맥락에서 실천신학은 사회과학 이론들을 폭넓게 활용한다.

여덟째, 새로운 실천신학은 교회의 실천에서 자신의 정체성을 추구하는 전통적 의미의 지식 분과를 넘어선다. 새로운 실천신학은 해석학적 관점에서 시작하여 종교현상을 암시적, 명시적, 복합적으로 이해하는 일에 적극적으로 참여한다. 그리하여 교회공동체, 종교적 하위문화들, 그리고 기타 그룹들의 생활세계를 인도하는 의미의 구조와 실제 의미론operative semantics에 대한 경험적 연구를 수행한다. 또한 이러한 연구는 전기적, 자전적 텍스트에 나타나는 의미의 코드에 대한 개인적 차원의 연구뿐만 아니라 상호문화적intercultural 연구에도 관심을 가진다. 상호문화적 연구는 종교와 종교 사이의 관계, 다양한 에큐메니컬 운동, 자신들의 종교적 문화적 정체성을 지키려는 소수인종들의 노력 등에 초점을 맞춘다.

　　이상과 같은 새로운 시대를 향한 새로운 실천신학의 구성이라는 비전 뒤에는 여러 요인과 배경이 작용하고 있지만, 무엇보다도 근대의 실천신학이 가진 "신학백과사전"theological encyclopedia 패러다임에 대한 극복이 그 중심에 놓여있다고 할 수 있다. 다시 말하자면, 1980년대부터 일어나고 있는 실천신학의 부흥과 회복운동은 보다 넓은 지평에서 보았을 때, 근대의 신학백과사전운동 패러다임에 의하여 초래된 근대 실천신학의 태생적 한계점 내지 문제점들에 대한 인식과 극복이 핵심이라는 것이다. 따라서 신학백과사전 패러다임과 이와 불가분의 관계를 가진 실천신학의 태생적 한계와 문제에 대한 역사적, 비판적 고찰은 확고한 학문적 정체성을 지닌 실천신학을 정립하기 위한 일차적 과제가 아닐 수 없다. 특히 포스트시대의 실천신학에 대한 모색은 근대 신학백과사전 패러다임을 넘어서는 것에서 시작된다고 할 수 있다.

　　이러한 전제하에, 이 장에서는 먼저 신약시대부터 17세기까지 이어진 실천신학의 흐름과 신학백과사전운동의 역사적 기원과 발전을 살펴본 후, 슐라이어마허의 신학백과사전적 실천신학 이해에 대한 비판적 고찰을 시도한다. 그리고 슐라이어마허의 실천신학 이해에 나타나는 공헌과 문제점을 비판적으로 고찰하고 평가한다.

I. 신학에 대한 근대의 도전과 신학백과사전 운동

1. 신약시대부터 17세기까지의 실천신학의 흐름

신학백과사전 운동에 근거한 근대 실천신학에 대한 논의를 전개하기 전에, 우선 신약시대부터 17세기까지에 걸친 학문 이전 시대의 실천신학 역사를 간략하게 살펴본다. 신학의 한 분야로서, 학문의 형태를 갖춘 실천신학의 출현은 근대와 더불어 시작되었다고 할 수 있으나, 신학의 실천적 성격 또는 신학실천은 교회의 역사와 함께 시작되었다고 할 수 있다. 가장 초기형태의 실천신학은 대략 목회신학pastoral theology 의 형태를 띠고 있었다. "사도들의 실천"이라는 뜻을 지닌 "사도행전"praxeis Apostolōn 에는 가장 초기 형태의 목회신학이 나타난다. 사도행전에서는 "하나님의 행위가 인간의 활동을 통하여 확대되어 나가는 과정 속에 나타나는 성령의 역할을 강조"한다.[5] 이 과정에서 하나님의 계시는 하나님의 행위와 인간의 활동 사이의 중재mediation 를 위한 공간을 마련해 준다. 사람들은 성령의 은사charismata 를 받고, 복음을 전하는 능력kerygma 을 받게 되며, 공동체를 세워나감에 있어서 서로를 지원koinōnia 해 주며, 이 세상에서 세워지는 하나님 나라의 일꾼diakonia 이 된다.[6]

바울서신에서는 이러한 초기 형태의 목회신학이 가지고 있던 패턴들이 잘 반영되어 있다. 예를 들어, 바울은 "그리스도의 몸"고전 12-14장 에 대하

---

5   Gerben Heitink, *Practical Theology: History, Domain, Action Domains*, trans. Reinder Bruinsma(Grand Rapids, MI: Eerdmans, 1999), 91.

6   위의 책.

여 기록하면서 방언, 신유, 봉사, 긍휼, 지식, 영 분별, 지도력과 같은 다양한 영적 은사 외에도 기구적 특성이 좀 더 강한 은사들을 소유한 은사 공동체의 모습을 묘사한다. 그리고 이러한 은사들은 예언자, 전도자, 목사^{또는 목자}, 교사와 같은 사람들과 연관되어있는 것으로 나타난다.[7]

학문 이전 시대의 신학실천에 있어서 가장 오래된 형태는, 사도행전과 바울서신에 나타나는 목회신학의 가장 원형적인 실천들과 더불어, 초대교회에서 교회 내의 다양한 직무들을 맡고 있던 사람들에게 실제적인 지침과 안내를 제공하며 공동체를 지속시켜 나가는 방안을 모색하는 과정에서 나타났다. 이러한 의미에서 신학실천은 교회의 탄생과 더불어 교회의 존재를 위하여 시작되었다고 할 수 있을 것이며, 이러한 형태의 신학실천을 "원형적 prototype 의미의 실천신학인 목회신학"이라고 할 수 있을 것이다. 신약성서의 목회서신에서 바로 이러한 원형적 의미의 실천신학인 목회신학을 발견할 수 있다.[8] 이 서신들은 "직무의 수여방식, 교회의 지도방식, 그리고 직무 맡은 이들이 그 직무를 수행하면서 생기는 어려움과 고통을 해결하는 과정에서 충족되어야 할 제반 조건들과 관련된 논제"를 다루고 있다.[9] 이러한 의미에서, 교회 내의 직무 맡은 자들의 실천에 대한 기독교적 기준을 적용하고 안내하는 목회서신들을 통하여 가장 초기형태의 목회신학으로서의 실천신학을 찾아볼 수 있다.

초대와 중세 초기 시대에는 이러한 목회신학으로서의 신학실천 내용이 교부들의 문서에서 좀 더 세분화되고 정교화된 형태로 나타나는데 주로 다음과 같은 특징을 가지고 있었다. 1) 영혼 치유를 맡을 수 있는 사람의 자격에 관한 문제, 2) 성직자들의 신분 상승에서 유래하는 문제들, 3) 성직자

7　위의 책.
8　위의 책.
9　박근원, 『현대신학실천론』(서울: 대한기독교서회, 1998), 31-32.

들이 받는 시험 등이었다.[10] 이러한 교부들의 문서에 나타나는 신학실천 내용의 공통점은 교회와 성직자를 항상 객체와 주체로 분리하여 논한다는 것이었다. 즉, 교회는 지도받고 감독을 받는 존재로, 성직자는 항상 이들을 향하여 영적인 직무를 행하는 주체로 나타난다.[11] 그러나 이때까지도 실제로 실천신학이라는 용어는 사용되지 않았다.

비로소 중세 스콜라주의 시대에 이르러, 실천신학이라는 용어가 등장하게 된다. 라테란 공의회에서[1215] 성직자 수련생을 청좌석에 앉힐 준비를 할 때 정경법과 도덕지식에 대한 기본적인 지식을 요구하였는데 이러한 것을 준비하는 것을 실천신학theologia praktica이라고 불렀다. 그러나 그 개념은 여전히 명확하게 정해져 있지 않았으며 여러 가지 의미로 다양하게 사용되었다.

중세시대에는 아리스토텔레스 철학의 영향으로 신학의 이론성과 실천성의 문제가 제기되었다. 이러한 맥락에서 토마스 아퀴나스Thomas Aquinas는 신학을 "사변적 신학"theologica spekulativa과 "실천적 신학"theologica practica으로 구별하였다. 이 시기에 신학은 한편으로는 부분적으로 사변적인 것으로, 다른 한편으로는 부분적으로 실천적인 것으로 이해되었다.

종교개혁자들에게 있어서 실천신학은 목회신학의 맥락에서 이해되었다. 개혁자들은 믿음에 의한 구원을 강조하였다. 이로 인하여 가톨릭에서 주장하는 일곱 가지 성례를 집행하는 것보다 하나님 말씀의 선포를 강조하게 되었으며, 전신자제사장론全信者祭司長論으로 인하여 교역자의 역할을 다른 각도에서 이해하였다. 특히 칼뱅Jean Calvin, 1509-1564과 부쳐Martin Bucer, 1491-1551

---

10   위의 책, 32. 동방교회에 속한 나찌안주스 그레고리(330-390)의 "변호론," 요한 크리소스톰 (354-407)의 "대화," 그리고 서방교회에 속한 암브로시우스의 "사도의 직분"등이 이 시대 목회신학의 대표적인 문서들이다.
11   위의 책, 32.

는 교회의 여러 직무를 다양하게 분화시킴으로서 민주화를 시도하였다. 이들은 제네바에서 교회 내 직무를 목사minister of Word, 집사deacon, 장로elder, 그리고 박사doctor, 교회의 교사 또는 신학 교수 등 네 가지로 나누어서 시행하였다.[12]

루터Martin Luther, 1483-1546는 스콜라주의적인 관념론적 신학에 반대하면서 올바른 신학은 곧 실천적 신학이라고 주장했다. 그는 신학 자체를 실천적인 것으로 간주했다. 그에게 있어서 신학은 삶을 파악하는 신앙에 봉사하는 것이었고, 실천신학은 신앙과 복종에 봉사하는 신학으로 이해되었다. 그는 신학의 길을 이해에서 행동으로, 행동에서 다시 이해로 돌아오는 순환과정으로 파악했다.[13] 그러나 루터에게 있어서도 실천신학은 여전히 하나의 독립된 신학의 영역으로 간주되지는 않았다.

초기 개혁교회 전통에서는 실천신학을 대학의 정규 신학교육으로 정립하려는 시도가 일어났다. 예를 들어, 앙드레아스 히페리우스Andreas Hyperious, 1511-1564는 실천신학을 대학정규과목으로 만들기 위하여 많은 노력을 기울였으며, 목회자들의 임무와 연관하여 그들이 읽어야 할 특별한 자료들을 가장 먼저 제시한 사람 중의 하나였다.[14] 빌헬름 제퍼Wilhelm Zepper, 1550-1607는 신학교 교수들에게 실천신학에 대하여 관심을 가지도록 각성을 촉구하였고, 그 결과 도르트레히트 총회는 신학교의 모든 상급반 학생들이 실천신학 훈련을 받도록 결의하였다. 네덜란드의 신학자 보에티우스Gisbert Voetius, 1589-1676는 실천신학을 오늘날의 실천신학 과목과 유사하게 정의한 최초의 인물이었다. 그는 실천신학 분야를 1) 윤리 문제와 연관된 목회와 상담론, 2) 그리스도인의 삶과 그에 상응하는 경건의 표현으로서의 경건

---

12 Calvin은 목사, 집사, 장로의 직분을 예언자, 제사장, 왕과 같은 그리스도의 삼직무론과 연결시켰다. Heitink, *Practical Theology*, 95.

13 박근원, 『현대신학실천론』, 33.

14 Edward Farley, "Theology and Practice Outside the Clerical Paradigm," in *Practical Theology*, ed. Don Browning (San Francisco: Harper & Row, 1983), 31.

훈련론, 3) 예배를 위한 설교론, 4) 교회헌법과 치리와 치리자들에 대한 가르침 등 네 가지로 구분하였다.[15] 그는 이와 같이 실천신학이라는 명칭을 여러 학과studies와의 연관성 속에서 사용한 최초의 인물이었다.[16]

2. 후기 종교개혁Post-Reformation 신학의 사중적 형태

근대 실천신학의 패러다임을 제공했던 신학백과사전 운동은 근대 유럽의 연구대학 안에서 신학의 정당성을 확보하기 위한 시도로써 출발하였다. 18세기 후반 유럽에서, 특히 독일을 중심으로 시작된 이 운동은 신학을 향한 근대의 도전에 대한 하나의 응전의 산물이라 할 수 있다. 신학백과사전의 가장 기본적 관심은 여러 다양한 신학분과의 일관된 형태와 그 합리적 근거rationale에 대한 회복이었다. 오늘날까지 그 형태를 이어오고 있는 신학백과사전의 가장 큰 특징 중의 하나인 성서학, 조직신학, 교회사, 실천신학 등으로 구성되는 사중적 형태fourfold pattern의 신학 이해는 원래 근대에 시작된 것이 아니라 사실 후기 종교개혁신학에서부터 이미 나타나기 시작하였다.

종교개혁자들의 후계자들은 종교개혁을 지원하기 위한 방안으로, 특별히 개혁교회를 지도하고 보호할 교역자와 교사를 양성할 목적으로, 사중적 형태의 신학을 추구하였다. 첫 번째 형태의 신학은 성서에 대한 연구로, 무엇보다 성서주석에 초점을 맞추었다. 여기에서는 그리스도인들의 신앙과 삶에 있어서 가장 중요한 역할을 하는 성서적 증언을 중점적으로 다루

---

15 박근원, 『현대신학실천론』, 34.
16 Farley, "Theology and Practice Outside the Clerical Paradigm," 31.

었다성서신학. 두 번째 형태의 신학은 성서주석에서 유래한 것으로, 성서의 가르침을 일관된 기독교적 교리로 재구성하는 일에 초점을 맞추었다교의학 또는 조직신학. 세 번째 형태의 신학은 교회의 역사와 교리의 역사에 초점을 맞추었다. 이것은 로마 카톨릭 교회의 교리적 주장에 반기를 들었던 프로테스탄트운동을 변호하는 방향을 따라서 구성되었으며, "성서만으로"라는 원리가 이곳에도 동일하게 적용되었다. 여기에서는 전통에 대한 비판적 검토와 역사에 대한 신학적 해석이 서로 결합되었다교회사 또는 역사신학. 네 번째 형태의 신학은 목회사역에 초점을 맞추었다. 여기에서도 성서는 규범적인 것으로 간주되었으며, 이러한 형태의 신학이 수행해야 하는 임무는 성서적 형태의 교회지도력과 이와 연관된 성서적 지혜를 현재의 삶에서 실천하도록 지원하는 것이었다목회신학 또는 실천신학.[17]

　　이와 같이 종교개혁으로부터 유래된 사중적 형태의 신학은 주로 프로테스탄트 교역자들과 교사들에게 목회에 필요한 일종의 필수적 지식, 능력, 이해를 구비시켜 주려는 의도에서 시작되었다. 그리고 사중적 형태의 신학을 하나로 통합하는 원리는 "성서만으로"라는 종교개혁의 기본 원리였다. 신학은 여기에서 비록 네 가지의 구별되는 형태를 지니고 있었으나 하나의 통합된 전체로 간주되었고, 각자 구분된 독립적인 근대적 의미의 전문 학문 분야로, 즉 복수의 학문들sciences 로 이해되지는 않았다.

17　Charles Wood, *Vision and Discernment: An Orientation in Theological Study* (Atlanta: Scholars Press, 1985), 1-2.

3. 신학에 대한 근대의 도전과 신학백과사전 운동

18세기에 들어서면서 급격한 역사적, 지적 상황의 변화와 교회의 지도력에 대한 인식의 변화 등으로 인하여 앞에서 살펴본 종교개혁에서 유래된 신학의 사중적 형태는 점차 그 호소력을 잃기 시작하였다. 더욱이 각 분야의 신학이 "신학문"new learning [18]이라는 근대 세속학문의 방법론을 차용하고 점차 독립적인 학문 분야로 분화되어 자신의 정체성을 뚜렷이 세워나갈수록, 위에서 언급한 사중적 형태의 신학은 전체를 통합하는 합리적 근거 rationale를 상실하기 시작하였다. 바꾸어 말하자면, 종교개혁의 사중적 형태의 신학에서는 "성서만으로"라는 것이 하나의 통합원리로 강조되었다. 그러나 이것은 근대학문의 방법론을 차용하기 시작하고, 동시에 새로운 역사적, 사회적 상황에 직면하고 있던 신학에 대하여 분명한 하나의 통합원리로 작용하지 못하게 되었다. 더 나아가 1810년에 설립된 베를린 대학 University of Berlin과 같이 새로 설립된 근대 연구대학 내에서 신학의 정당한 위치를 자리매김하는 상황에서 신학은 자신의 정체성을 새롭게 정립해야 할 시점에 도달하게 된 것이다.[19]

18세기에 이르러 신학은 대체로 다음의 세 가지 심각한 도전에 직면하게 되었다. 첫째, 신학의 주제를 연구함에 있어서 그것이 신학적으로 연구되어야 하는가, 아니면 세속학문의 방법을 따라 연구되어야 하는가 하는 질문이 생겨나게 되었다. 둘째, 새롭게 등장한 비평학들이 여러 전통적인

---

18   "신학문"은 계몽주의 운동과 깊은 연관이 있으며 18세기 후반과 19세기 전반에 걸쳐 새로 설립된 근대대학을 배경으로 확립되기 시작한 학문을 지칭하며, 중세의 아리스토텔레스적인 학문의 틀에서 벗어나려는 경향을 가지고 있었다.

19   18세기 독일의 근대대학에 대한 논의는 다음을 참고할 것. F. Paulsen, *The German Universities*, trans. by F. Thilly (New York: Scribner, 1906). Phillip Schaff, *Germany: Its Universities, Theology, and Religion* (New York: Sheldon, Blakeman, 1957).

기독교 교리에 손상을 입히는 주장을 하기 시작하였다. 이러한 비평학들은 성서의 원저자authorship, 구성, 역사성 등에 의문을 제기하기 시작하였다. 셋째, 신학이 근대대학에서 자신의 자리를 확보하고 신학적 "학문"science 이 되기 위해서는 이러한 근대의 세속 학문들의 방법론을 수용해야 하는 상황에 처하게 되었다.[20]

이러한 근대의 도전에 직면하여, 특히 새로 설립된 근대 연구대학 안에서 하나의 독립적 학문으로서의 정체성을 찾기 위하여 노력하는 가운데, 신학은 자신의 통합원리를 종교개혁의 "성서만으로"라는 원리가 아닌 다른 곳에서 찾게 되었다. 이는 다름 아닌 근대 세속학문의 "과학적 합리성" scientific rationality 의 수용이었다. 과거 종교개혁자들과 이들의 신학을 계승한 신학자들은 에드워드 팔리Edward Farley 의 지적과 같이, 신학을 하나님의 계시와 성령으로 말미암아 생성되고, 학문에 의하여 확장된 하나의 "지혜의 지식"a sapiential knowledge 으로 간주하였다.[21] 여기에서는 하나님에 대한 지식을 추구함에 있어서 지혜의 요소sapientia 또는 영혼 자체의 기질, 능력, 또는 행위로 이해되었던 하비투스habitus 와 학문적 요소scientia 가 결합되어 있었다. 그러나 근대의 과학적 패러다임을 자신의 합리성으로 수용하기 시작한 신학은 지혜의 차원 또는 하비투스의 차원을 점차 상실하기 시작하였다. 신학은 이제 근대세속학문의 방법론과 과학적 합리성을 채용한 독립적인 일련의 학과들을 총칭하는 단어가 되어가기 시작하였다. 그리고 이들 사이의 통일성, 연속성을 어떻게 유지할 것인가라는 문제가 제기되기 시작하였고, 이에 대한 대안으로 1760년경부터 주로 독일에서 "신학백과사전"theological encyclopedia [22]이 등장하기 시작하였다.

20   Wood, *Vision and Discernment*, 5.
21   Edward Farley, *Theologia: The Fragmentation and Unity of Theological Education* (Philadelphia: Fortress Press, 1983), 52.

당시 근대 연구대학에서는 신학문을 연구하기 위한 중요한 도구로써 여러 종류의 다양한 백과사전들이 출판되어 활용되었다. 계몽주의의 합리적, 비판적 사고에 입각한 이러한 종류의 백과사전은 새로운 사상과 학문의 상징으로 간주되었다. 백과사전은 원래 중세시대부터 17세기까지 계속 발간되어왔으나, 18세기에 이르러 다양한 종류와 형태의 백과사전이 본격적으로 출판되기 시작하였다. 특히 이 시기에 여러 다양한 학문 분야의 전문가들이 일정한 주제에 관하여 쓴 글들을 모은 여러 권으로 구성된 백과사전 cooperative multivolume encyclopedia 이 처음으로 출현하였다. 철학, 법학, 의학, 그리고 신학 등과 같은 학문 분야의 "전문 백과사전" special encyclopedias 들도 이 시기에 출판되기 시작하였다. 이러한 형태의 백과사전들과 더불어, "신학 역사 참고문헌" historia literaria theologica/theological historical bibliographies 도 이 시기에 등장하기 시작하였다. 이 시기에 나타난 신학 역사 참고문헌들은 여러 신학 분야의 역사와 각 분야의 연구에 필요한 자세한 참고문헌 목록들을 싣고 있었다. 또한 후기 종교개혁신학자들과는 달리, 신학을 단수가 아닌 "복수적" 의미의 학문들 sciences 로 간주한 최초의 문헌들이었다. 이러한 장르의 책들이 보여주는 신학적 구조는 훗날 신학백과사전 운동의 신학적 구조에 큰 영향을 끼쳤다. 이들은 신학 문헌에 관한 교본, 핸드북, 또는 개론의 기능을 가지고 있었으며, 신학의 각 분야별 문헌들을 체계적으로 분류하여

---

22 "신학백과사전"이라는 제목을 가장 먼저 사용한 책은 1764년 Halle에서 출판된 Mursinna 의 *Prima lineae encyclopediae theologiae*로 알려져 있으나, 로마 카톨릭 신학자인 Martin Gerbert가 1754년 출판한 *Apparatus as eruditionem theologicam*에서 이미 "theological ency-clopedia"라는 제목을 발견할 수 있다. 신학에 대한 새로운 근대적 이해를 반영하는 이 운동의 창시자는 Mursinna를 포함하여, 위에 언급한 저서와 함께 이러한 새로운 신학에 대한 이해를 바탕으로 1750년대에 여러 권의 저서를 발간한 Gerbert와, *Kurz Anweisung die Gottes-gelahrtheit* (1756)를 저술한 Mosheim이라고 볼 수 있다. Farley, *Theologia*, 69 각주 18번. 신학백과사전에 대한 보다 자세한 내용은 다음의 내용을 참고 할 것. Alasdair MacIntyre, *Three Rival Versions of Moral Enquiry: Encyclopedia, Genealogy, and Tradition* (London: Duckworth, 1990), 제1장. Farley, *Theologia*, 제3-5장.

신고 있었다.[23]

　1760년대부터 독일에서 본격적으로 발간되기 시작하여 제1차 세계
대전까지 계속된 신학백과사전 운동은 두 시기로 나눌 수 있다. 첫 번째 시
기는 1760년대부터 슐라이어마허의 『신학연구입문』이 발간된 1811년까지
이다. 두 번째는 『신학연구입문』의 출판과 더불어 1차 세계대전까지 계속
된 시기이다. 이 시기에는 『신학연구입문』의 영향으로 많은 신학백과사전
들이 나타나서 유럽의 여러 지역과 미국까지 그 운동이 퍼져나갔다. 신학
백과사전이 19세기 독일에서 집중적으로 발간된 것은 한편으로는 이 시기
가 독일 신학의 부흥기였기 때문이요, 다른 한편으로는 학생들이 신학을
연구함에 있어서 신학에 대한 백과사전적 개관의 필요성이 높았기 때문이
었다.[24]

── II.　슐라이어마허의 실정적 신학이해와 실천신학

　여기에서는 신학백과사전 운동의 첫 번째 시기에 발간된 슐라이어마
허의 『신학연구입문』을 중심으로 그의 백과사전적 실천신학 이해에 대하
여 비판적 고찰을 시도하고자 한다.

23　Farley, *Theologia*, 58-59.
24　위의 책, 73.

1. 실정학문으로서의 신학

신학을 실정적實定的, positive 학문으로 정의함으로써 근대대학 안에 신학의 정당한 자리를 마련하기 위하여 노력한 신학자는 근대적 의미의 신학을 정립한 프리드리히 슐라이어마허[1768-1834]였다. 그는 신학의 학문적 정체성, 신학의 학문 방법론의 문제, 특히 비평학의 출현 등과 같은 신학에 대한 근대의 여러 도전에 직면했다. 이에 근대 연구대학modern research university 이라는 상황에서 다른 근대 학문들과의 전체적인 구조 안에서 신학의 위치를 정당화시키고, 여러 분야로 점차 전문화되어가는 신학의 유기적 통일성을 추구하기 위한 길을 모색하였다.[25] 이러한 맥락에서 그는 신학생들이 신학백과사전 패러다임 안에서 신학의 목적과 본질, 각 분야의 연관성과 전체적 통일성에 대한 분명한 이해를 가질 수 있도록 『신학연구입문』Brief Outline of Theology as a Field of Study[26]를 저술하였다. 그는 이 책이 "형식적 백과사전"이며, "내용적 백과사전"은 아니라고 주장한다. 즉, 그는 "개별적 신학 분과의 내용을 전개하는 것이 아니라, 개별적인 신학 분과들의 과제들과 구조적인 연관성을 묘사한다. … 이 백과사전에서 새로운 것은 신학적 분과들을 오로지 '하나'의 원리로부터 파생시키고, 그래서 그 분과들을 하나의 조직적인 전체로서 파악"하려는 것이다."[27]

---

25 슐라이어마허는 1810년에 설립된 베를린 대학의 설립위원으로 활약하였고, 초대학장을 포함하여 네 번에 걸쳐 신학부 학장을 맡았고, 총장으로 봉사하기도 하였다. 여기에서 그는 교의학, 기독교윤리, 주석학, 교회사, 실천신학 등 구약성서 이외의 신학 모든 분야를 가르쳤다. 철학분야에서는 변증법, 윤리학, 심리학, 교육학, 미학, 해석학 등을 강의하였다. Martin Redeker, *Schleiermacher*, 주재용 역, 『슐라이에르마허: 생애와 사상』(서울: 대한기독교서회, 1985), 115-16.

26 Friedrich Schleiermacher, *Brief Outline of Theology as a Field of Study*, trans. by Terrence N. Tice (Lampeter, Lewiston: The Edwin Mellen Press, 1988). 초판은 1811년에, 재판은 1830년에 출판되었다.

27 Hermann Fisher, *Friedrich Daniel Ernst Schleiermacher*, 오성현 역, 『슐라이어마허의 생애와 사상』(서울: 월드북, 2007), 97.

즉 슐라이어마허의 『신학연구입문』은 신학의 개별적인 테마의 내용을 간결하게 안내하는 저작이 아니라, 그 자신이 언급한 바와 같이 형식적인 학과 해제인 것이다. 이 형식적인 학과해제는 학문의 여러 분야의 과제와 성격, 그리고 그것들의 유기적 관련을 취급하는 것으로, 슐라이어마허는 이 『신학연구입문』을 통해서 신학학과들의 과제와 구조적 관련 등을 묘사하고 있다.[28]

그는 하나의 공식적 신학백과사전인 『신학연구입문』에서 "철학신학", "역사신학", "실천신학" 등 삼중적 형태의 신학적 구성을 제안한다. 비록 당시의 일반적인 분류인 사중적 형태와 차이는 있지만, 신학의 구성과 통일성에 대한 슐라이어마허의 삼중적 이해는 신학백과사전의 큰 틀을 유지하고 있었다. 먼저, 후기 종교개혁신학의 사중적 형태가 지닌 통일성이 무너진 상황에서 그는 신학의 유기적 통일성을 회복하기 위한 노력으로 근대학문이 의존하고 있는 "과학적 합리성"을 신학의 합리성으로 채택하였다. 슐라이어마허에 의하면 신학이 근대과학의 합리성을 채택해야 할 이유는 바로 근대과학이 가지고 있는 "가치중립적이고, 객관적인 자세, 수학적 모델의 채택, 공공 안녕 public security 에 대한 검증을 견딜 수 있는 발견물들을 확보하는 능력" 때문이다.[29] 이와 같은 종류의 합리성은 또한 "전문 연구프로그램" specialized research program 이라는 형식을 취하였다. 이러한 과학적 합리성의 맥락에서 실천이성은 해석학적인 차원보다는 순수학문 science proper 의 연구 결과를 단순히 응용하는 "기술적 과제" technological task 의 차원에서만 이

---

28 최홍덕, "슐라이어마허의 신학구조론," 『조직신학논총』 18 (2007), 96.
29 Richard Osmer, *Confirmation: Presbyterian Practices in Ecumenical Perspective* (Louisville, KY: Geneva Press, 1996), 220.

해되었다.

다음으로 근대 연구대학 안에서 신학의 정당한 자리를 확보하기 위하여 슐라이어마허는 신학을 실정학문positive science, 實定學問으로 이해하였다. 그는 『신학연구입문』 도입 부분에서 실정학문을 다음과 같이 정의한다.

> 일반적으로 실정학문이라고 하는 것은 이것이 여러 학문분야와 더불어 전
> 체적인 조직을 이룸에 있어서 구성적 일부분으로 총체적 연관을 유지하는
> 그러한 의미에서가 아니라, 마치 학문 그 자체의 개념으로부터 그 자신의
> 어떤존재의 필연성들이 생겨나는 것이 아니라, 그 학문의 여러 요소가 어떤
> 실천적인 과제를 수행할 때만 총체적 연관을 유지한다는 의미에서 학문
> 적 요소들의 집합체an assemblage of scientific elements 이다.[30]

다시 말하자면, 신학이란 그 자체로서 고유한 존재의 의미를 가진 순수한 의미의 학문이 아니라, 다른 여러 분야, 특히 순수학문의 연구 결과에 의지하여 사회에서 중요한 위치를 차지하는 전문직이 그 실천적인 과제를 수행할 수 있도록 함으로써 하나의 학문으로 인정받게 된다는 것이다. 이러한 의미에서 신학은 "실정"학문으로 정의된다는 것이다. 마치 법학, 의학, 정치학이 하나의 순수학문은 아니지만, 순수학문의 여러 관련 분야 지식에 의존하면서 사회에서 중요한 역할을 담당하는 판사, 변호사, 의사, 정치인 등을 양성하여 이들이 전문직 실천을 가능하게 해준다는 의미에서 실정학문으로 정의되는 것과 마찬가지이다.[31]

---

30 Schleiermacher, *Brief Outline of Theology as a Field of Study*, 1-2.
31 슐라이어마허는 이처럼 당시에 일반적으로 알려져 있었던 실정적 학문이라는 개념을 칸트 (또한 쉘링, 피히테) 등을 통해서 계승했다고 말할 수 있다. 따라서 슐라이어마허에게 있어서 도 실정적 학문이란, 현실적으로 실천적 목적과 과제를 갖고 있다는 점이 강조된다. 실정적 학문이란 "이론을 통해서, 즉 전승되어 온 지(知)를 통해서 불가결의 실천을 확실하게 기초지

슐라이어마허에 있어서 "실정적"이라는 단어는 그 특성상 단순히 어떠한 경험적, 사변적, 이론적인 것이 아니라 다음의 세 가지를 의미한다. 첫째, 그것은 실제적인 역사적 경험actual historical experience 을 뜻한다. 둘째, 그것은 추상적인 것이 아니라 특정한 주어진 사회적 관계 속에 위치하고 있음을 뜻한다. 셋째, 그것은 분명한 실천적 기능을 위해 봉사하는 것을 뜻한다.[32] 그에게 있어서 신학은 어떤 특정의 지식을 구성함에 있어서 경험상의 타당성을 인정받는 이성적이고 규칙적 방법론을 사용한다는 의미에서 "학문"으로 정의된다. 신학은 순수한 자연적 지식의 기초 위에서는 설명 불가능한 하나님의 행위를 다루기에 일반학문의 한 분야가 아니며, 이러한 의미에서 또한 종교학도 아니다.

슐라이어마허가 신학을 실정학문으로 이해함에 있어서 한 가지 중요한 전제는 "근대사회에 있어서 종교가 지닌 지속적인 중요성"이다. 그는 종교를 하나의 지식이나 윤리로 환원시켜버리는 계몽주의적 종교이해에 반대하며 종교란 인간 삶의 필수요소라는 사실을 강조한다. 신학은 법학, 의학, 정치학과 마찬가지로 사회에서 중요한 지도력을 양성하는 학문으로써 반드시 근대 연구대학 안에 존재하여야 한다는 것이다. 전문적인 교육을 받은 교역자들은 교회 자체뿐 아니라, 사회 전체의 번영을 위해서도 필수적이다. 모든 근대사회는 종교적 기관의 번영 없이는 자신의 번영을 이룰 수 없다는 것이 슐라이어마허가 신학을 실정학문으로 정의하는 가장 큰 이

우는 필요에 의해 개별적으로 성립한 것이라는 점이다. 이런 면에서 실정적 학부들은 순수하게 지 그 자체를 중심으로 논의하는 철학부와는 차원을 달리하는 학부로서 위치한다. 철학부는 지(知)안에 직접적으로 그 통일성의 원리를 갖고 있음에 반하여, 실정적 학부들은 실천적 과제와의 관계에 의해 그 통일성이 성립한다. 구체적으로 말하면, 법학부에 있어서는 법의 적용, 의학부에 있어서는 치료, 그리고 신학부에 있어서는 영적 차원의 과제, 즉 슐라이어마허의 표현대로 하면 기독교의 교회지도라는 실천적 과제가 그 통일성의 근거가 된다." 최홍덕, "슐라이어마허에게 있어서 신학과 학문체계,"『신학사상』제129집 (2005, 여름), 145.

32 "Editor's General Introduction," ix, Schleiermacher, *Brief Outline of Theology as a Field of Study*.

유 중의 하나이다.[33] 이런 맥락에서 그는 신학을 실정학문으로 이해함으로써 학문적 요소와 실천적 요소를 결합하려고 시도하였다. 에드워드 팔리가 지적한 것처럼, 슐라이어마허가 저술한『신학연구입문』의 공헌은 "신학 연구의 위치를 어디에 둘 것인가에 대한 하나의 제안을 함으로써, 근대대학 안에서 신학의 존재에 대한 정당성을 확인하고, 학문의 분야로서의 독립성을 보존시키고, 교회와 목회에서 차지하는 역할을 확립시킨 것이다."[34]

2. 삼중적 형태의 신학이해와 실천신학

슐라이어마허에게 있어서 실정학문으로서의 신학은 앞에서 본 것처럼 "철학신학"philosophical theology, "역사신학"historical theology, "실천신학"practical theology 이라는 삼중적인 형태를 가진다. **철학신학**[35]은 신학에 있어서 비판적 기능을 담당하며, 역사비평 방법을 이용하는 역사신학의 결과를 활용함으로써 "진정한 기독교가 무엇인가", 즉 기독교, 특히 프로테스탄트의 본질과 관련된 문제의 해답을 추구한다. 철학신학은 역사신학의 결과를 채용하는 동시에 역사신학의 기초를 마련하여 준다. 철학신학은 궁극적으로 하나의 구별된 형태의 신앙으로써, 동시에 하나의 종교적 공동체로써 기독교의 본질을 검토하는 일에 집중한다.

---

33 1799년에 초판이 출판된 슐라이어마허의『종교론』도 이와 같은 맥락에서 이해될 수 있다. "종교를 멸시하는 교양인을 위한 강연"이라는 이 책의 부제에서 잘 드러나는 것처럼 그는 종교, 특히 기독교에 대하여 경멸감을 가지고 있던 당대 지성인들을 향하여 종교가 풍부한 정신적 가치를 지닌다는 것과 교양인의 인격에 필수적인 요소라는 사실을 변호함으로써 근대 사회 안에서 종교의 필요성과 정당성을 주장한다. Friedrich Schleiermacher, *Über die Religion Reden an die Gebildeten unter ihren Verächtern*, 최신한 역,『종교론: 종교를 멸시하는 교양인을 위한 강연』(서울: 한들출판사, 1997).

34 Farley, "Theology and Practice Outside the Clerical Paradigm," 25-26.

35 Schleiermacher, *Brief Outline of Theology as a Field of Study*, Part One, 19-40.

철학신학은 신학연구의 뿌리로 간주되며, "경건성의 본질…을 인간의 여타 정신적 활동들과의 관계성 속에서 해명"하며, "기독교의 본질을 '다른 신앙양상 및 다른 종교 공동체들과의 대립적 관계 속에서' 해명"하는 과제를 수행한다.[36] 철학신학은 "철학적 윤리학"과 "종교철학"의 과제를 지닌다. 먼저, "인간의 자기의식과 행동의 필연적 요소가 스스로 사회적으로 조직화된 '교회' 현상은 철학적 윤리학에서 더욱 상세하게 규정"된다. 다음으로, 기독교적 경건성을 다른 신앙양상들과의 관계에서 해명하는 것은 종교철학의 과제이다. 다시 말하자면, 종교철학은 기독교의 본질 규정^{변증학}과 이 본질에서 생겨난 구조적인 기형에 대한 비판^{논증학/논쟁학}이라는 기능을 각각 수행한다.[37] 변증학은 기독교의 내·외부의 모든 사람을 향하여 기독교가 무엇인가를 명료화한다. 논증학은 기독교 내의 병리현상^{diseased condition}을 검토하는 일에 초점을 맞춘다.

순수학문^{science proper}의 한 부분으로서 **역사신학**[38]은 그 방법론에 있어서 근대 역사학의 방법론에 의존한다. 동시에 역사신학은 기독교를 일반 역사와 구별되는 하나의 독특한 역사적 실체로서 파악한다는 점에서 일반 역사학과 구분된다. 역사신학은 규범적인 과거와 그것이 현재의 그리스도 교회에 미치는 영향에 관심을 갖는다. 신학 교과목의 핵심 분야로서 역사신학은 "주석신학"^{exegetical theology}, "교회사"^{church history}, "교리신학"^{dogmatic theology}, "교회통계학"^{church statistics}[39] 등으로 구성된다. 기독교가 가진 역사적 성격으로 말미암아 역사적 신학은 신학연구의 진정한 몸^{body}으로 간주된다. 이러한 이유에서 슐라이어마허는 자신의 『신학연구입문』의 절반 이상을

---

36   Fisher, 『슐라이어마허의 생애와 사상』, 101.
37   위의 책, 99-100.
38   Schleiermacher, *Brief Outline of Theology as a Field of Study*, Part Two, 41-131.
39   슐라이어마허에게 있어서 "교회통계학"이란 기독교의 현재 상황에 대한 역사적 지식(경험적 연구)을 지칭하며 오늘날의 종교사회학과 유사한 분야이다.

여기에 할애하고 있다. 그러나 역사신학은 "목회의 과제를 이행하는데 필요한 지식을 충분히 제공하지 못하는 까닭에 또 다른 지식의 집합과 또 다른 학문 분과에 의지할 필요가 있다."[40]

슐라이어마허에 의하면 기술학문technical discipline인 **실천신학**[41]은 이상의 철학신학 및 역사신학으로부터 교회의 본질과 현재 교회가 처한 역사적 상황에 관한 내용을 제공받는다. 즉 실천신학에 있어서 연구주제subject matter는 철학신학의 변증적이고 논증적인 구조로부터 유래하며, 자신의 교리적 기반을 역사적 신학 전체로부터 발견한다. 실천신학이 가진 실천의 규칙rules은 역사신학의 안내 없이는 하나의 기계적 진술mechanical presentation에 불과하게 된다. 실천신학은 역사적 신학을 기독교적 삶과 연결시켜 주고, 철학적 신학을 교회의 실제적 경험 안에 뿌리내리게 한다. 이러한 의미에서 그는 신학이 유기적이고 전체적인 하나를 이루고 있다는 사실을 강조한다.

실천신학을 서술함에 있어서 슐라이어마허는 "교회 지도력"church leadership을 강조하면서, 이것을 "어떻게"how to라는 문제와 연결시킨다. 다시 말하자면, 실천신학은 교회가 자신의 교역을 수행함에 있어서 교회의 지도력을 "어떻게" 보다 더 완벽하게 성취해 나갈 것인가를 다루는 신학의 한 분야로 이해한다. 여기에서 "교회봉사"church service, Kirchendienst와 "교회정치"church government, Kirchenregiment라는 두 분야가 대표적인 교회의 교역으로 제시된다. 전자는 구체적인 회중의 내적인 삶에, 후자는 교회 치리와 교회 및 외부 기관과의 관계에 초점을 맞춘다. 교회봉사에는 "회중의 의사소통"communication과 예배에 관한 것으로써 "예배학"liturgies과 "설교학"preaching이, 목회 활동pastoral work에 관한 것으로서는 "교리문답학"catechetics,[42] "선교학"theory of

---

40 Edward Farley, *Theologia*, 윤석인 역, 『신학교육의 개혁』(서울: 부흥과 개혁사, 2019), 133.
41 Schleiermacher, *Brief Outline of Theology as a Field of Study*, Part Two, 133-74.
42 다른 곳에서 슐라이어마허는 교리 문답학을 교회전체의 교육목회와 연관된 "교회 교육학"(church

missions, "영혼 돌봄" 또는 "목회적 돌봄"care of souls, pastoral care, Seelssorge 이, 그리고 "규제 활동"regulative activity 등이 포함된다. 교회정치는 권위적 요소와 자유로우면서도 분별적인 요소 두 가지를 모두 포함한다.

우리는 슐라이어마허에게 있어서 실천신학이 철학신학과 역사신학의 연구 결과에 의존하면서 교회 지도력이 최대한 실천될 수 있도록 하는 사명을 지닌 하나의 "기술학문"으로 이해되었음을 살펴보았다. 실천신학을 기술학문으로써 이해함에 있어서 그는 자신의 『신학연구입문』에서 "besonnene"라는 독일어를 여러 번 사용한다. 이는 영어의 "deliberative"에 해당하는 단어로, 우리말로는 "사려 깊은", "신중한" 또는 "분별력이 있는" 등의 뜻으로 번역될 수 있다. 그에게 있어서 실천신학은 자주 이러한 "사려 깊고, 신중하고, 분별력 있는 행위 또는 활동"besonnene Tätigkeit, deliberative activity을 불러일으키는 신학의 한 분야로 이해된다. 슐라이어마허 시대에 "besonnene"라는 독일어 단어는 주로 윤리학자들이 많이 사용하였는데, 이는 고전 헬라어의 푸루덴치아prudentia라는 용어에서 유래하였다. 고전 헬라어에서 이 단어는 프로네시스phronesis의 으뜸 덕목cardinal virtue 가운데 하나로 간주되었으며, 어떠한 구체적 실천의 상황에서 적절한 판단을 내릴 수 있는 일종의 실천이성을 뜻하였다. 그런데 이러한 실천이성에 근거한 판단은 순수학문의 결론에 의해서는 결코 도달할 수 없는 것으로 이해되었다.[43] 또한 사려 깊고, 신중하고, 분별력이 있어야 한다는 것은 실천신학이 "교회적 관심"과 "학문적 정신"의 일치를 추구해야 한다는 것을 뜻하기도 한

pedagogics)이라고 부른다. Schleiermacher, *A Brief Outline of Theology as a Field of Study*, 151 편집자 주 38.

43   Richard Osmer, "Rhetoric and Practical Theology: Toward a New Paradigm," in *To Teach, To Delight, and To Move: Theological Education in a Post-Christian World*, ed. by David Cunningham (Eugene, OR: Cascade Books, 2004), 177. Schleiermacher, *Brief Outline of Theology as a Field of Study*, Part Two, 133에 나오는 Tice의 각주 참고.

다.[44]

또한 슐라이어마허는 실천신학을 묘사함에 있어서, 이와 밀접한 연관을 가진 용어로 "기술"^{Technik}이라는 단어를 여러 번 사용한다. 이 용어 역시 고전 문헌에서 윤리학, 정치학, 수사학 등의 실천적 기술을 개발하는데 필요한 일종의 가이드라인으로 이해되었다. 이것은 근대적 의미의 표준화된 과학적 지식에서 유래하는 기술과는 구분된다. 이것은 주어진 실천의 규칙을 어떤 상황에 기계적으로 적용하는 것이 아니라, 그 상황의 특수성과 그 규칙을 적용하는 사람의 경험을 신중히 고려하는 가운데 최선의 실천을 모색해 나가는 것을 뜻하였다.

Ⅲ. 슐라이어마허의 실천신학 이해에 대한 평가

1. 슐라이어마허의 공헌

신학백과사전 패러다임 안에서 이루어졌던 슐라이어마허의 실천신학 이해는 포스트시대의 대안적 실천신학을 모색함에 있어서 다음과 같은 몇 가지 긍정적인 점들을 지니고 있다.

첫째, 슐라이어마허는 실천신학을 신학의 전체적인 지평 안에서, 즉 신학의 유기체적 전체의 한 일부를 이루는 독립된 신학 분야로 이해하기

---

44 "슐라이어마허에 의하면, 교회적 관심과 관련된 여러 종류의 감정과 심정의 운동이 학문적 정신을 결여하고 있는 경우, 다양한 규칙을 동반한 사려 깊은 활동을 기대할 수 없으며, 오히려 인식을 싫어하는 활동 충동에 의해서 규칙들은 무시되어 버린다." [최홍덕, "슐라이어마허의 신학구조론," 119].

시작하였다. 그는 실천신학을 단지 응용된 교의학이나 교역자의 사역을 위한 기술technique이 아니라, 신학이라는 전체 학문체계 안에서 그 자리를 확립하고 총체적 맥락에서 이해하기 시작하였다. 철학신학과 역사신학은 실천신학이 수행해야 할 내용을 공급하여 줌으로써 아주 밀접한 유기적인 관계 속에서 존재한다. 공식 신학백과사전인 『신학연구입문』의 저술 목적도 바로 이러한 신학의 유기적 통일에 대한 그의 비전에서 유래한다. 전체의 유기적 통일성에 대한 이해가 없는 신학 연구가 각 신학 분야의 연구와 실천을 결코 효과적으로 이끌어 갈 수 없다는 그의 주장은 신학의 각 분야가 지나치게 전문화되고, 파편화되고, 축소되어버린 오늘의 신학교육에 주는 의미가 크다고 볼 수 있다. 특히 근대 대학 안에서 실천신학의 자리를 마련하기 위하여 고심하고 노력한 그의 공은 높이 평가되어야 할 것이다.

둘째, 슐라이어마허는 신학 전체를 실정학문으로 봄으로써 신학의 학문성과 실천성을 동시에 추구하려고 노력하였으며, 같은 맥락에서 실천신학도 학문적 관심과 교회적 관심을 연결하는 학문으로 이해하였다. 위에서 살펴본 것처럼, 신학은 철학처럼 그 자체로써 존재의 목적을 갖는 순수학문이 아니라, 교회의 지도력이라는 목적에 봉사할 때 비로소 전체학문의 한 부분을 차지하는 학문으로 자리매김하게 된다는 것이다. 신학의 이러한 두 가지 측면, 즉 학문성과 실천성에 대한 강조를 통하여 그는 신학이 사회에 필요한 전문직을 양성하는데 크게 기여한다고 주장함으로써 사회에서 신학이 차지하는 "공적 기능"public function 또한 부각시켰다.

실천신학의 관점에서 본다면 신학의 학문성과 실천성의 통합에 대한 슐라이어마허의 강조는 실천신학의 학문적 관심과 교회적 관심의 연결에서 잘 나타난다. 그는 실천신학이야말로 다른 신학 분야의 연구 결과를 교회 지도력 성취를 위한 실천 현장과 연결하고 중재시켜 줌으로써 신학의 실정적 성격을 가장 잘 나타내 주는 신학의 한 분야라고 주장하였다. 그리고 그에게 있어서 교회의 지도력이라는 것은 단순히 개교회의 교역만을 지향한 것이 아니라, 사회 전체, 더 나아가 기독교 세계 Christendom 전체에 대한 공헌을 동시에 염두에 둔 것이었다. 이러한 의미에서, 그의 실천신학 이해를 "교역 패러다임으로의 축소"[45]라고 주장하는 팔리의 비판에는 어느 정도 타당성이 있음에도 불구하고 다소 과장된 측면이 있다고 본다. 슐라이어마허는 자신이 속해 있던 프러시아 국가교회 체제 하에서 신학을 전개함으로, 신학의 비판적이고 예언자적인 기능을 충분히 부각시키지는 못하였다. 그럼에도 불구하고, 그는 신학이 다른 측면에서 사회에 기여하는 실정학문이라고 이해함으로써 신학이 사회의 지도적 기능에 깊이 관여한다는 사실을 강조하였던 것이다.[46] 팔리의 비판은 슐라이어마허 자신보다 오히려 그의 제자로서 교회적 패러다임과 경험과학의 틀 안에서 실천신학을 본격적으로 발전시켰던 칼 니이취 Carl Nitzsch, 1787-1868 에게 해당된다고 볼 수 있다. 게르트 오토 Gert Otto 는 실천신학을 전개해 나감에 있어서 니이취가 슐라이어마허 보다 교회에 더욱 더 강조점을 두었다고 보았다. 그리하여 니이취의 입장은 종교라고 하는 보다 넓은 장에서 출발하는 슐라이어마허와는 다르게, 실천신학을 교역자의 실천으로 이해함으로써 그 지평을 축소시켰다고 할 수 있다.[47]

---

45 Farley, "Theology and Practice Outside the Clerical Paradigm," 25-28. Farley는 이것을 실천신학의 "편협화" 또는 "교직화"(clericalization)라고 부른다.

46 하이팅크 역시 팔리의 이러한 비판은 정당하지 못하다고 주장한다. 그에 의하면 슐라이어마허는 "교회정치"(church government), "교회 봉사"(church service), "교회지도력"(church leadership)이라는 세 가지 중요한 개념을 사용하는데, 첫 번째는 보다 일반적 의미로 사용되며, 두 번째는 보다 구체적인 회중을 뜻하며, 세 번째는 교회와 기독교세계(Christendom)에서의 지도력 일반을 지칭한다고 주장한다. 따라서 여기에는 그리스도교가 더욱 발전, 확장되는 과정을 위하여 봉사하는 모든 실천이 포함되므로 이것을 교역 패러다임으로의 축소라고 볼 수 없다는 것이다. "슐라이어마허는 학문의 영역에서 신학의 위치를 정립하기를 원하였다. 인류와 세계의 복지에 대한 진정한 기여자로서 신학은 기독교 신앙을 위한 합리적 변증을 제공한다." Heitink, *Practical Theology*, 26.

47 Drehsen은 이와 다르게 Nitzsch는 교회의 의미를 "삶의 모든 영역에 대한 기독교의 구체화"(-embodiment)라고 하는 더욱 더 확장된 개념으로 사용하였다고 본다. 이에 관한 자세한 내용은 다음을 참고하라. Heitink, *Practical Theology*, 45-47.

셋째, 슐라이어마허는 실천에 대한 이해에 있어서 단순하고 기계적인 이론 → 실천이라는 도식에서 벗어나기 위하여 노력하였다. 그는 실천신학을 일종의 기술학문으로 정의하였음에도 불구하고, 그것은 단순히 규칙의 맹목적인 적용을 뜻한 것은 아니었다. 다시 말하자면, 교회의 지도력에 필요한 기술 규칙 rules of art 을 제시함에 있어서, 그는 실천신학이 철학신학과 역사신학의 연구 결과를 단순히 교역의 현장에 불변의 법칙으로, 공식과 같이 적용한 것이 아니었음을 보여주었다. 오히려 그에게 있어서 실천신학의 핵심적 사명은 교회가 가진 여러 측면의 지도력을 잘 발휘할 수 있도록 교역자의 신중함 또는 사려 깊음을 인도할 수 있는 기술 규칙을 형성하는 것이었다. 이러한 사실은 그가 실천에 관한 이해에 있어서 상황적, 경험적, 해석적 차원을 신중히 고려하였다는 것을 보여준다. 비록 만족스럽게 전개되지는 않았지만, 이러한 실천에 대한 상황적, 경험적, 해석적 접근은 오늘날 실천신학에 있어서, 실천의 본질에 관한 이해와 논쟁에 있어서 긍정적인 선례로 남아있다.

넷째, 슐라이어마허는 실천신학의 학제적 대화를 강조하였다. 먼저 그는 실천신학과 신학의 다른 하위분과 사이의 대화, 그리고 실천신학과 타 학문 사이의 학제적 대화를 강조하였다. 슐라이어마허에 의하면 실천신학은 철학신학 및 역사신학과의 대화에서 교회가 어떠한 모습으로 존재해야 하는가, 그리고 교회는 현재 어떠한 역사적 상황 가운데 있는가에 대한 내용을 제공받는다. 실천신학은 역사적 신학을 기독교적 삶에 연결시키는 역할을 하고, 철학적 신학을 교회의 실제적 경험 안에 뿌리내리게 한다. 그는 실천신학이 이러한 역할을 수행함으로써 신학의 유기적이고 전체적인 통일성이 성취된다고 본다.

타 학문과의 대화의 경우, 실천신학은 철학뿐 아니라 당시에 학문으로서 근대 연구대학 안에 새롭게 자리 잡기 시작한 다양한 사회과학과의 대화에 적극 참여해야 한다. 특히 그는 실천신학의 핵심 개념인 "실천적 기술"을 정의할 때, 고전 문헌과의 대화를 통한 사려 깊음, 신중함, 분별력 등을 강조한다.

2. 슐라이어마허의 한계점

이상의 슐라이어마허의 실천신학 이해에 대한 긍정적인 측면들에도 불구하고, 우리는 다음의 몇 가지 중요한 한계점 내지 약점을 그의 신학백과사전적 접근방법에서 발견한다. 첫째, 그는 신학백과사전이라는 장르 속에서 신학을 이해함에 있어서 철학을 모든 학문의 기반을 제공하는 것으로 이해하였다. 학문의 체계를 이해함에 있어서 백과사전운동에서는 나무의 비유가 많이 사용되었는데, 슐라이어마허도 이러한 나무의 비유를 사용하는 것을 볼 수 있다. 1810년에 출판된 『신학연구입문』 초판에서 그는 나무의 비유를 통하여 위에서 언급한 세 분야의 신학이 상호 연관되어 있으며, 전체로써 유기적인 하나를 구성한다고 주장한다. 철학적 신학은 나무의 뿌리에, 역사적 신학은 나무의 몸에, 실천신학은 나무의 머리, 즉 수관樹冠. crown에 비유된다. 여기에서 실천신학이 수관이라는 사실은 실천신학이 모든 신학의 왕좌를 차지한다는 의미가 아니라, 신학의 연구순서를 지칭하는 것이다.[48] 즉, 신학의 연구순서는 철학신학에 뿌리를 두고, 역사신학을 중심

---

48 "슐라이에르마허가 실천신학을 "冠"으로 묘사한 것은 어떤 대관식(戴冠式)의 영상으로부터 나온 것이 아니고, 나무의 영상에서 나온 것이며, 신학의 구조와 관계된 것이 아니고, 연구의 진행과 관계된 것이다. 철학적 신학이 뿌리이며, 역사적 신학이 몸이며, 실천신학은 연구의 樹冠이다. 이것은 관이 가장 높은 위치에 있다는 의미가 아니며, 순서상 마지막이라는 의미이다." [Otto Händler, *Grundriß der Praktische Theologie* (Berlin: A. Telmann, 1957), 7, 강용원, "슐라이에르마허의 실천신학에 관한 연구," 『고신대학교 논문집』 제 20편 (1993), 136에서 재인용].

으로 전개되며, 실천신학은 이들의 연구 결과를 응용하는 신학의 한 하위 분야로 간주되었다.[49] 신학 전체의 유기적 통일성과 연속성에 대한 강조에도 불구하고, 이러한 통일성과 연속성은 철학신학 → 역사신학 → 실천실학이라고 하는 일방적 통행 또는 릴레이식으로 이루어지고 있다.

학문의 뿌리로써의 철학은 학문 전체를 하나로 통일하고 묶어주는 인식론적 원리를 제공함으로써 신학에 지식의 토대foundation를 제공해 주는 것으로 묘사된다. 우리는 여기에서 실천신학이 근대의 대학에서 자리 잡기 시작한 이후, 지금까지 실천신학에 영향을 끼치고 있는 하나의 중대한 오해 내지 편견의 뿌리를 발견하게 된다. 즉, 실천신학은 독자적으로 신학적 성찰을 전개하는 것이 아니라, 단지 일방적으로 사회과학과 같은 다른 학문 분야나 조직신학과 성서신학 등과 같은 다른 신학 분야로부터 그 내용을 수동적으로 넘겨받아서 단순히 현장에 적용하기만 한다는 사실이다.

둘째, 슐라이어마허의 실천신학 이해에서 나타나는 또 하나의 문제점은 그가 지나치게 근대의 "과학적 합리성"scientific rationality에 의존하였다는 것이다. 신학백과사전운동은 지나치게 과학적 합리성에 의존함으로써 신학이 가지고 있는 독특한 자신의 합리성을 상실하기 시작하였다. 이는 한편으로 슐라이어마허가 신학을 근대대학 안에 확고하게 자리매김하기 위한 불가피한 조치였다 하더라도, 신학의 고유한 합리성을 무시하고 과학적 합리성에 지나치게 의존한 것은 신학 전체뿐 아니라, 실천신학의 정체성 형

---

49 슐라이어마허는 『신학연구입문』재판(1830)에서 더 이상 이러한 비유를 사용하지 않았지만 여전히 철학적 신학을 신학의 뿌리로, 역사적 신학을 몸으로, 실천신학을 수관으로 간주하는 그의 입장은 변함이 없다. 실천신학에 대한 6개의 강의를 함께 묶어서 사후에 출판된 *Christian Caring*에서 슐라이어마허는 다시 나무의 비유를 사용한다. "Practical theology is the crown of theological study because it presupposes everything else. It is also the final part of the study because it prepares for direct action. Thus systematic and historical theology are presupposed by practical theology, and can in this respect be distinguished from it." Friedrich Schleiermacher, *Christian Caring: Selections from Practical Theology*, James Duke trans., (Philadelphia: Fortress Press, 1988), 99.

성에 큰 지장을 주었다고 볼 수 있다. 우리는 19세기 말과 20세기 초반에 시작된 종교교육 운동Religious Education Movement[50]을 통하여 실천신학으로서의 기독교교육이 자신의 고유한 합리성을 잊어버리고, 지나치게 과학적, 특히 사회과학적 합리성에 의존함으로써 기독교적 정체성을 유지하는데 많은 어려움을 겪었던 사실을 기억해야 할 것이다.

셋째, 슐라이어마허는 실천에 대한 경험적, 상황적, 해석적 차원의 중요성을 인식했음에도 불구하고, 실천신학 이해에 있어서 실천의 개념을 이론 → 실천의 순서로 정의함으로써 실천 개념의 쌍방성 또는 상호성을 경시하였다. 이것은 실천신학이 철학신학과 역사신학으로부터 실천의 내용들을 넘겨받는다고 하는 그의 신학 이해와 깊은 연관이 있다. 그에게 이론이란 실천을 일방적으로 지도하는 것으로, 실천은 주로 이론에서 나오는 것으로 이해되고 있다. 여기에서는 이론이 그 순서상 우선적인 것으로 이해되며, 실천은 하나의 부수적인 것 또는 파생적인 것으로 여겨진다. 이러한 이론과 실천의 관계에 대한 연역적인 이해는 오늘날 일반 과학과 인문과학에서 많은 비판과 도전을 받고 있다.[51] 이론과 실천의 관계에 있어서 사실상 이론에서 실천이라는 일방적인 관계는 성립하지 않으며, 오히려 양자는 변증법적인 긴장관계 속에서 서로가 서로에게 깊은 영향을 주는 순환적인 것으로 이해된다. 이론과 실천의 관계를 신학적 이론과 그 교회적 실천의 관계로 비유해 본다면, 교회 현장의 실천에 영향을 받지 않고 일방적으로 실천을 지도하는 신학적 이론이란 있을 수 없다. 신학적 이론은 항상 교회적 실천의 영향 하에 새롭게 수정되고 정립되어 가며, 그러한 실천에

---

50 종교교육 운동의 역사와 배경을 위하여 다음 책들을 참고할 것. Mary Boys, *Educating in Faith: Maps and Visions* (Kansas City: Seed & Ward, 1989), 39-65. Stephen Schmidt, *A History of Religious Education Association* (Birmingham, AL: Religious Education Press, 1983).

51 Thomas Kuhn, *The Structure of Scientific Revolutions*, 조형 역, 『과학혁명의 구조』(서울: 이화여자대학교 출판부, 1980) 참고.

의하여 새롭게 형성된 신학적 이론은 실천을 새롭게 이끌어 나간다.

넷째, 슐라이어마허는 실천의 개념을 교직의 전문화에 초점을 맞춤으로써 실천신학에 있어서 실천성을 "하나님의 백성 전체"라고 하는 보다 넓은 지평으로 확장시키지 못하였다. 비록 팔리의 비판과는 달리 슐라이어마허가 교회의 지도력이라는 개념을 교직이라는 패러다임에만 한정시킨 것은 아니다. 그럼에도 불구하고 실천신학을 이해함에 있어서 그의 실천이해는 전문직으로써의 교역자들을 넘어서서, "모든 하나님 백성의 실천"이라는 보다 넓은 차원으로 확장되지 못하였다. 예를 들어 그는 교회의 실천에 있어서, 평신도의 역할보다는 "대중"the mass에게 강한 종교적 영향력을 미치는 교회지도자, 특히 카리스마적 지도자들의 역할을 더욱 중요하게 생각하였다.[52] 이러한 의미에서, 그는 보다 확대된 일반 평신도들의 공동체적 혹은 전체적 지도력이라는 관점에서 실천을 이해하지 못하였다. 오늘날 신학의 실천성 회복을 주장하는 신학자들은 대부분 하나님 백성 전체의 실천이라는 차원을 강하게 주장하며, 하나님 백성 한 사람 한 사람을 실천신학자로 이해한다. 이는 곧 슐라이어마허에게서 볼 수 있듯이 한정된 소수의 전문가 그룹에 집중된 엘리트주의적 지도력에서 비롯된 실천 이해에 대한 비판과 대안이라고 할 수 있다.

---

52   Schleiermacher, *Brief Outline of Theology as a Field of Study*, 139.

나가는 말

　1980년대 이후 전개되었던 실천신학의 새로운 정체성 찾기 운동은 과거의 실천신학이 기초해 있던 근대적인 패러다임에 대한 비판적 이해와 이에 대한 극복의 문제와 관련이 있다. 근대적 패러다임에 근거한 실천신학은 오랫동안 하나의 응용신학으로 이해되어 왔고, 그 결과 학문적인 독자성과 고유한 합리성을 지니지 못하였다. 이로 인하여 실천신학은 점차 하나의 기술 학문 내지 방법론으로 축소되는 경향을 보이게 되었다. 이 같은 현상은 특히 근대 백과사전적인 패러다임의 신학이해에서 더욱 뚜렷하게 나타났다. 앞에서 살펴본 것처럼 『신학연구입문』에 나타난 슐라이어마허의 실천신학 이해는 근대연구대학 안에서 신학의 자리를 정립하기 위한 절박한 노력의 결과로 그 나름대로의 공헌을 했다고 볼 수 있다. 그럼에도 불구하고 그의 신학 이해는 인식론, 이론과 실천의 관계, 합리성 등에 있어서 근대 신학백과사전 패러다임이 가지고 있었던 여러 가지 근본적인 문제점을 동시에 가지고 있었으며, 이것이 또한 그의 실천신학 이해에 동일한 영향을 끼치게 되었던 것이다.

　이러한 맥락에서 실천신학의 새로운 정체성 찾기 운동은 근대적 패러다임, 특히, 근대의 신학백과사전 패러다임에 대한 올바른 이해와 이에 대한 극복과 더불어 시작된다고 할 수 있다. 이를 통하여 오늘의 포스트시대 맥락을 고려한 포스트 신학백과사전 패러다임에 기초한 창조적 실천신학을 지속적으로 모색해 나가야 할 것이다.

참고문헌

강용원. "슐라이에르마허의 실천신학에 관한 연구." 『고신대학교 논문집』 20 (1993), 135-48.

김동건 외. 『신학이란 무엇인가?』. 서울: 대한기독교서회, 2010.

김현숙. "실천신학의 연구방법론: 기독교교육학 연구와의 관련성을 중심으로." 『기독교교육 정보』 창간호 (2000), 131-56.

목창균. 『슐라이에르마허의 신학사상』. 천안: 한국신학연구소, 1991.

박근원. "한국 실천신학의 어제와 오늘, 그리고 내일." 『한국기독교신학논총』 50 (2007), 151-73.

_____. 『현대신학 실천론: 실천신학 연구 방법론의 새 지평』. 서울: 대한기독교서회, 1998.

안은찬. 『실천신학개론』. 서울: 한국목회학연구소, 2013.

엄필형. 『실천신학: 신학적 기초와 방법론』. 서울: 성서 연구사, 1995.

은준관. 『실천적 교회론』. 서울: 대한기독교서회, 1999.

장신근. "리차드 오스머의 기독교교육학 사상과 포스트 코로나 기독교교육에 대한 함의: 교수사역과 실천신학적 접근을 중심으로." 『장신논단』 52-3 (2020), 249-78.

_____. "공적실천신학으로 본 한국교회의 현실과 개혁과제." 『장신논단』 51-5 (2019), 247-75.

_____. 『공적 실천신학과 세계화 시대의 기독교교육』. 서울: 장로회신학대학교출판부, 2007.

최흥덕. "슐라이어마허에게 있어서 신학과 학문체계." 『신학사상』 129 (2005), 123-51.

_____. "슐라이어마허의 신학구조론." 『조직신학논총』 18 (2007), 93-136.

한국갤럽. 『1997년 한국인의 종교와 종교의식』. 서울: 한국갤럽조사연구소, 1998.

한국목회상담학회 편. 『현대목회상담학자연구』. 서울: 도서출판 돌봄, 2011.

한국실천신학회 편. 『실천신학논단』. 서울: 대한기독교서회, 1995.

Ackerman, Denis, and Riet Bons-Storms, eds. *Liberating Faith Practices: Feminist Practical Theologies in Context.* Leuven: Peters, 1998.

Anderson, Ray. *The Shape of Practical Theology: Empowering Ministry with Theological Praxis.* Grove: IVP, 2001.

Ballard, Paul, and John Prichard. *Practical Theology in Action: Christian Thinking in the Service of Church and Scoiety,* 2nd ed. London: SPCK, 2006.

Bass, Dorothy, and Craig Dykstra. *For Life Abundant: Practical Theology, Theological*

Education, and Christian Ministry. Michigan: William B. Eerdmans Publishing Co., 2008.

Bohren, Rudolf. Einfuhrung in das Studium der evangelischen Theologie. 김정준 외 역. 『신학연구총론』. 서울: 한국신학연구소, 1986.

Browning, Don, David Polk, and Ian Evison. The Education of the Practical Theologian: Responses to Joseph Hough and John Cobb's Christian Identity and Theological Education. Atlanta: Scholars Press, 1989.

Browning, Don, ed. Practical Theology: The Emerging Field in Theology, Church, and World. San Francisco: Harper & Row, 1983.

_____. Practical Theology. 이기춘 역. 『실천신학』. 서울: 대한기독교서회, 1986.

Browning, Don. A Fundamental Practical Theology: Descriptive and Strategic Proposals. Minneapolis: Fortress Press, 1996.

Cahalan, Kathleen, and Gordon Mikoski, eds. Opening the Field of Practical Theology: An Introduction. Lanham, UK: Rowan & Littlefield, 2014.

Cameron, Helen, ed. Talking about God in Practice: Theological Action Research and Practical Theology. London: SCM Press, 2010.

Campbell, Charles. Preaching Jesus. 이승진 역. 『프리칭 예수』. 서울: 기독교문서선교회, 2001.

Daiber, Karl-Fritz. Grundriss der Praktischen Theologie als Handlungswissenschaft. 박근원 역. 『실천신학서설』. 서울: 대한기독교출판사, 1981.

Dean, Kenda et al. eds. Consensus and Conflict: Practical Theology for Congregations in the Work of Richard R. Osmer. Eugen, OR: Cascade Books, 2019.

Farley, Edward. "Theology and Practice Outside the Clerical Paradigm." In Practical Theology. Edited by Don Browning. San Francisco: Harper & Row, 1983.

_____. Theologia. 윤석인 역. 『신학교육의 개혁』. 서울: 부흥과 개혁사, 2019.

_____. Theologia: The Fragmentation and Unity of Theological Education. Philadelphia: Fortress Press, 1983.

Graham, Elaine, ed. Theological Reflection: Methods. London: SCM Press, 2005.

_____. Theological Reflection: Resources. London: SCM Press, 2005.

Graham, Elaine. Transforming Practice: Pastoral Theology in the Age of Uncertainty. Eugene, OR: Wipf & Stock Publishers, 1996.

Händler, Otto. Grundriß der Praktische Theologie. Berlin: De Gruyter, 1957.

Hastings, Thomas. Practical Theology and the One Body of Christ: Towards a Missional-Ecumenical Model. Grand Rapids, MI: William B. Edermans Publishing Co., 2007.

Hauschildt, Eberhard. 이영미, Harald Schröter 편. 『창조적인 목회를 위한 실천신학: 현대 독일 실천신학 알기』. 서울: 한들출판사, 2000.

Heitink, Gerben. Practical Theology: History, Domain, Action Domains. Translated by Reinder Bruinsma. Grand Rapids, MI: Eerdmans, 1999.

Heyns, L., and J. Pieterse. A Primer in Practical Theology. 이정현 역. 『실천신학 입문서』. 시흥: 도서출판 지민, 2006.

Hunsinger, Deborah. *Theology & Pastoral Counseling.* 이재훈, 신현복 역. 『신학과 목회상담』. 서울: 한국심리치료연구소, 2000.

International Journal of Practical Theology. "Editorial." *International Journal of Practical Theology* 1:1 (1997).

Kim-Cragg, HyeRan. *Interdependence: A Postcolonial Feminist Practical Theology.* 이호은 역. 『상호의존성: 포스트식민주의 여성주의 실천신학』. 서울: 동연, 2020.

Kuhn, Thomas. *The Structure of Scientific Revolutions.* 조형 역. 『과학혁명의 구조』. 서울: 이화여자대학교 출판, 1980.

Lämmerman, Godwin. *Einleiting in die Praktische Theologie.* 윤화석 역. 『현장중심의 실천신학』. 천안: 하교, 2006.

Loder, James. *The Knight's Move.* 이규민 역. 『성령의 관계적 논리와 기독교교육 인식론: 신학과 과학의 대화』. 서울: 대한기독교서회, 2009.

_____. *The Logic of the Spirit.* 유명복 역. 『신학적 관점에서 본 인간 발달: 영의 논리』. 서울: 기독교문서선교회, 2010.

Lynn, Robert. "Notes towards History: Theological Encyclopedia and the Evolution of Protestant Seminary Curriculum 1808-1968." *Theological Education* 17-2 (Spring 1981), 118-44.

MacIntyre, Alasdair. *Three Rival Versions of Moral Enquiry: Encyclopedia, Genealogy, and Tradition.* London: Duckworth, 1990.

Mikoski, Gordon, and Richard Osmer. *With Piety and Learning: The History of Practical Theology at Princeton Theological Seminary 1812-2012.* Zurich: LIT, 2011.

Miller-McLemore, Bonnie. "Five Misunderstandings about Practical Theology." *International Journal of Practical Theology* 16-1 (2012), 5-26.

_____. "Toward Greater Understanding of Practical Theology." *International Journal of Practical Theology* 16-1 (2012), 104-23.

_____. ed. *The Wiley-Blackwell Companion to Practical Theology.* 오현철 외 공역. 『실천신학 연구』. 서울: CLC 기독교문서선교회, 2019.

Mudge, Lewis, and James Poling, eds. *Formation and Reflection: The Promise of Practical Theology.* Philadelphia: Fortress Press, 1987.

Osmer, Richard. "Rhetoric and Practical Theology: Toward a New Paradigm." In *To Teach, To Delight, and To Move: Theological Education in a Post-Christian World,* edited by David Cunningham, 171-99. Eugen: Cascade Books, 2004.

_____. "실천신학." Kelly Kapic and Bruce McCormack eds. *Mapping Modern Theology.* 박찬호 역. 『현대신학 지형도: 조직신학 각 주제에 대한 현대적 개관』. 서울: 새물결플러스, 2016.

_____. *Practical Theology and Contemporary Christian Education: An Historical and Constructive Analysis, 2 vols.* Ph.D. Dissertation, Emory University, 1985.

_____. *Practical Theology: An Introduction.* 김현애, 김정형 공역. 『실천신학의 네 가지 중심과제』. 서울: 예배와 설교 아카데미, 2012.

_____. *The Teaching Ministry of Congregations.* 장신근 역. 『교육목회의 새로운 패러다임』. 서울: 대한기독교서회, 2007.

Paulsen, Friedrich. *The German Universities: Their Character and Historical Development*. Translated by F. Thilly. New York: Scribner, 1906.

Placher, William. *A History of Christian Theology*. 이은선, 이경섭 역. 『신학의 역사』. 서울: 기독교문서선교회, 1996.

Poling, James, and Donald Miller. *Foundations for a Practical Theology of Ministry*. 박근원 역. 『교역실천론』. 서울: 대한기독교출판사, 1994.

Redeker, Martin. *Schleiermacher*. 주재용 역. 『슐라이에르마허: 생애와 사상』. 서울: 대한기독교서회, 1985.

Root, Andrew. *Christopraxis: A Practical Theology of Cross*. Minneapolis: Fortress Press, 2014.

Schleiermacher, Friedrich. *Brief Outline of Theology as a Field of Study*. Translated by Terrence Tice. Lampeter, Lewiston: The Edwin Mellen Press, 1988.

_____. *Kurze Darstellung des theologischen Studiums zum Behuf einleitender Vorlesungen*. 김경재 외 역. 『신학연구입문』. 서울: 대한기독교출판사, 1982.

_____. *Christian Caring: Selections from Practical Theology*. Translated by James Duke. Philadelphia: Fortress Press, 1988.

Schweitzer, Friedrich., and Johannes A. van der Ven. eds. *Practical Theology: International Perspectives*. Frankfurt: Peter Lang, 1999.

Thurneysen, Eduard. *Seelsorge im Vollzug*. 박근원 역. 『목회학실천론: 현대목회 실천의 원리와 방법』. 서울: 한국신학연구소, 1977.

Van der ven, Johannes. *Practical Theology: An Empirical Approach*. Kampen: Pharos, 1993.

Volf, Miroslav, and Dorothy Bass, eds. *Practicing Theology: Beliefs and Practices in Christian Life*. Grand Rapids, MI: William B. Eerdmans Publishing Co. 2002.

Ward, Pete. *Introducing Practical Theology: Mission, Ministry, and the Life of the Church*. Grand Rapids, MI: Baker Academic, 2017.

Whitehead, James, and Evelyn Whitehead. *Methods in Ministry*. 오성춘, 허일찬 공역. 『목회 방법론: 신학적 성찰과 목회』. 서울: 한국장로교출판사, 1994.

Witte Jr, John., Christian Green., and Wheeler Amy. *The Equal-Regard Family and Its Friendly Critics: Don Browning and the Practical Theological Ethics of the Family*. Michigan: William B. Eerdmans Publishing Co., 2007.

Woodward, James, and John Patton. *The Blackwell Reader in Pastoral and Practical Theology*. 권수영 외 역. 『목회신학과 실천신학의 이해』. 서울: 대한기독교서회, 2007.

제 2 장

20세기 실천신학의 세 가지 유형 탐구 (1):
개신교 자유주의, 신종교개혁신학, 비판적 프락시스 유형

들어가는 말

이 장은 20세기 초반에 나타난 개신교 자유주의신학 유형에서 시작하여, 이에 대한 비판으로 등장한 신종교개혁신학 유형, 그리고 1960년대 이후에 출현한 비판적 프락시스 유형의 실천신학에 대한 비교 연구이다. 실천신학의 원형은 초대교회에서부터 찾아볼 수 있지만, 근대에 이르러 학문으로서의 실천신학은 앞장에서 살펴본 것처럼, 근대 연구대학의 맥락에서 자리 잡기 시작하였다. 이 과정에서 슐라이어마허를 중심으로 신학백과사전적 패러다임이 실천신학을 이끌어 나갔다. 신학백과사전적 패러다임은 실천신학의 과제를 소위 이론 신학의 연구 결과를 현장에 적용하는 것으로 이해하였고, 그 결과 실천신학은 오랫동안 일종의 기술technical 학문 또는 응용학문으로 간주되어 왔다.[1]

20세기에 들어오면서 신학백과사전 패러다임이 여전히 신학교육 현장에서 영향을 끼치고 있었지만, 실천신학은 이제 신학의 다른 하위 분야들뿐만 아니라 다양한 타 학문과 대화하는 가운데 새로운 모습을 보이기 시작하였다. 특히 교육학, 심리학, 사회학과 같은 사회과학과의 대화를 통하여 학문성을 발전시켜나갔으며, 신학적으로도 자유주의신학, 신종교개혁신학, 해방신학, 여성신학, 과정신학, 담화신학, 예술신학, 생태신학, 공공신학 등 다양한 형태의 신학과 대화를 시도하였다. 이 장은 이러한 과정을 살펴보면서, 기독교교육학과 목회상담학에 초점을 맞추어서 세 가지 유형

---

1   실천신학에서 근대 신학백과사전 패러다임에 대한 자세한 내용은 이 책의 제1장을 참고할 것.

에 속하는 실천신학자들을 선별하여 이들의 중심 사상을 살펴본다. 그리고 이를 토대로 실천신학이 근대성이라는 시대적 도전에 어떻게 응답했으며, 어떠한 신학과 대화를 시도했으며, 어떠한 학제적 대화에 참여했으며, 또한 기독교적 실천은 어떻게 이해하였는가에 초점을 맞추어 비판적 평가를 시도한다.

I. 개신교 자유주의 신학 유형

20세기 초 개신교 자유주의 신학은 조지 앨버트 코우[1862-1951]를 비롯한 윌리엄 바우워[William Bower, 1878-1982], 해리슨 엘리어트[Harrison Elliott, 1882-1951], 소피아 파즈[Sophia Fahs, 1876-1978]와 같은 종교교육학자들의 종교교육운동 이론 형성에 결정적인 영향을 끼쳤는데, 다음과 같은 의미에서 근대성을 적극적으로 수용하는 신학이었다. 첫째, "종교는 최선의 과학적 성과와 문화의 진화에 적응해야 한다." 둘째, "하나님은 내재적이고 인간문화의 발전과정에서 포착될 수 있다." 셋째, "인간 사회는 '하나님 나라'의 실현을 위하여 진보하고 전진한다."[2]

---

2   William Hutchison, *The Modernist Impulse in American Protestantism* (Durham, NC: Duke University Press, 1992), 2. Barbara Keely ed., *Faith of Our Foremothers*, 유재덕 역,『현대기독교교육과 선구자들』(서울: 하늘기획, 2017), 42에서 재인용.

1. 코우, 니버갈

20세기에 들어서면서 실천신학자들은 당시의 새로운 학문인 사회학, 인류학, 심리학, 교육학 등 사회과학에서의 연구방법과 실천방법들을 많이 도입하기 시작하였다. 종교교육학 분야의 경우, 미국 종교교육학의 선구자인 코우는 근대의 과학적 합리성, 진화론, 산업화 등의 도전에 직면하여 자신의 종교교육이론을 모색하는 가운데 존 듀이^{John Dewey}의 진보주의 교육사상을 비롯하여, 기능 심리학, 진화론 등을 적극적으로 수용하였다. 그의 학문 여정 초기는 근대성을 무비판적으로 수용하는 모습을 보였는데, 대표적인 실례는 근대 심리학에 기초한 청소년의 회심 연구*The Spiritual Life*, 1900와 대학생의 종교생활 연구*The Religion of a Mature Mind*, 1902였다. 이러한 책의 목적은 청소년과 청년들이 경험하는 자신의 종교와 근대적 정신 사이의 갈등을 이해하도록 돕는 것이었는데, 보수적인 복음주의자들로부터 많은 비판을 받게 된다. 이 시기에 코우는 *Education in Religion and Morals* (1904)에서 프로테스탄티즘과 근대적 삶을 연결시키기 위하여 철학적 인격주의^{philo-sophical personalism}에 강하게 의존하는 경향을 보인다. 코우의 학문 여정의 초기는 근대적 학문과 사상을 열정적으로 수용했던 시기였다.[3]

신학적으로 볼 때, 코우의 진보적 종교교육사상은 19세기 독일의 개신교 자유주의신학의 영향을 받은 자유주의신학에 뿌리를 내리고 있었다. 자유주의신학은 예술, 과학과 같은 세속문화에 대한 수용성, 회심과 중생보다 성장과 연속성을 더욱 중시하는 종교적 삶, 교리와 신조보다 학습자의 종교적 경험에 대한 강조, 근대 성서비평학 원리의 수용 등을 특징으로

---

3   코우의 종교교육 사상에 대한 수사학적 분석은 다음을 참고할 것. Shin-Geun, Jang, "Understanding G. A. Coe's Religious Educational Thought in Rhetorical Key and Its Implications for the Current Korean Christian Education," 『장신논단』 46(3) (2014), 36.

한다.[4] 이러한 근대성에 대한 자유주의의 긍정적 수용은 코우의 초기 사상에 잘 나타난다.

그러나 초기와는 다르게, 듀이의 진보주의 교육사상과 특히 사회복음운동Social Gospel Movement의 영향을 받은 중기 이후에는 점차 근대성을 비판적으로 수용하기 시작하였다. 미국에서의 사회복음운동은 근대화와 산업화로 드러난 여러 모순, 즉 경제적 불평등, 대량실업, 노동자들의 인권 유린 등을 비판하는 동시에 이러한 현실을 외면하는 경건주의적이며 내향적 신앙을 비판하면서, 하나님 나라에 기초한 정의롭고 평등한 민주적 사회 건설을 지향하였다.

특히 『기독교와 사회적 위기』Christianity and the Social Crisis, 1907와 『사회복음의 신학』A Theology of the Social Gospel, 1917 등을 저술한 사회복음 운동의 선구자 월터 라우쉔부쉬Walter Rauschenbush, 1861-1918는 뉴욕의 빈민가에서 11년간의 목회를 통하여 산업화와 도시화의 모순으로 인한 노동자들의 비참한 삶을 목격한다. 이후 예수 그리스도의 윤리적, 영적 가르침에 대한 성찰을 통하여 개인경건 중심의 신앙에서 벗어나 인간존재의 사회적 성격을 강조하면서, 사회기관의 개혁救贖에 노력을 기울이게 된다.[5] 그는 죄가 개인적으로 전달되지만 동시에 사회적으로 전달된다고 보고 사회적 죄의 심각성을 강조하였다. 또한 하나님은 독재적 군주가 아니라 예수님의 가르침에 따라서 "민주적인 아버지"로 이해해야 한다고 주장하였다.[6] 이런 맥락에서 그는 그리스도의 구속 사역을 개인적 차원으로 축소하는 것을 반대하고 종교적

---

4   Mary Boys, *Educating in Faith: Maps and Visions* (Kansas City, MO: Weed & Ward, 1989), 46.

5   라우쉔부쉬는 이와 관련하여 "주요 사회문제를 해결하는데 있어서 경건하며 개인적인 자선이 얼마나 비효율적인가를 발견하였다"라고 고백한다. James Livingston, *Modern Christian Thought*, 이형기 역, 『현대기독교사상사(1)』(서울: 한국장로교출판사, 2000), 605.

6   Walter Rauschenbush, *A Theology for the Social Gospel*, 남병훈 역, 『사회복음을 위한 신학』(서울: 명동, 2012), 210-11.

인 아집, 불의한 정치세력, 정의의 파괴, 군사주의, 계급차별 등과 같은 보편적인 사회악과 투쟁하는 것이라고 보았다. 이러한 투쟁 과정에서 비판적 현실분석과 이해를 위한 사회과학적 연구의 중요성이 강조되었다.

사회 변혁을 지향하는 이러한 사회복음은 코우로 하여금 근대성을 비판적으로 바라볼 수 있게 해주었다. 예를 들어, *The Motives of Men* (1928)과 *What Is Christian Education* (1929)에서 그는 프로테스탄티즘의 근대성이 지닌 미완의 가능성 unfinished potential 실현을 지원하는 예언자적, 창조적 소수의 소명을 수행해야 한다고 주장한다. 또한 그의 대표작인 『종교교육사회론 (1917)』에서는 근대 심리학과 교육학에 기초하여, 근대의 여러 가지 도전과 위기에 직면한 교회와 사회의 변혁을 지향하는 새로운 형태의 회중교육을 모색하였다.[7]

독일의 경우, 동시대에 활동하면서 코우와 자유주의 신학의 관점을 공유했던 종교교육학자이자 실천신학자였던 프리드리히 니버갈[1866-1932] 역시 개신교 자유주의신학에 기초하여 종교교육의 개혁과 신학-근대성-근대문화 사이의 적극적인 대화를 시도하였다. 그는 독일 자유주의 신학자인 율리우스 카프탄 Julius Kaftan 의 제자이며 리츨학파에 속해있었는데, 위에서 언급한 자유주의신학의 특징에 기초하여 성서에 대한 역사비평을 적극 수용하였다. 그는 역사비평이 목회자와 종교교육학자들에게 방해물이 되기도 하지만, 종교교육에 있어서 새로운 관점을 제공한다는 차원에서 큰 도움이 된다고 보았다. 그리고 성서교육의 일차적 초점은 성서에 나오는 종교적 인격들 religious personalities 을 드러내는 것이라고 주장하였다.[8]

7   Richard Osmer and Friedrich Schweitzer, *Religious Education between Modernization and Globalization: New Perspectives on the United States and Germany* (Grand Rapids, MI: William B. Eerdmans Pub. Co., 2003), 83.

8   Osmer and Schweitzer, *Religious Education between Modernization and Globalization*, 102.

니버갈에 의하면, 종교교육의 궁극적 목적은 "기독교적 가치와 보편적 의미의 고등한 가치를 가르치는 것", 즉 "가치교육"이다.[9] 그는 종교교육을 통하여 근대의 도전에 다음과 같이 응전하였다. 첫째, 역사에 대한 강조는 이제 심리학에 대한 강조로 대체한다. 둘째, 선택해야 할 심리학은 더 이상 지성 가운데 하나가 아니라 감성들feelings 가운데 하나이다. 그것은 삶의 심리학이며 교리dogma가 아니다. 셋째, 교사의 개인적 삶, 즉 인격이 가장 중요하다. 넷째, 아동은 그 자체로 존중되어야 한다. 다섯째, 공립학교에서의 종교교육 이론과 교회의 종교교육 이론은 분리되어야 한다.[10]

니버갈은 코우와 마찬가지로 당시의 개신교 문화적 프로테스탄티즘이라고 하는 자유주의 신학의 영향으로, 근대학문을 적극적으로 수용하고 인간, 사회, 역사의 발전에 대한 긍정적인 시각을 공유하고 있었다. 특히 종교교육에서 인격에 대한 강조는 코우의 종교교육 사상과 매우 유사하다고 할 수 있다.

2. 보이슨

안톤 보이슨[1876-1965]은 목회돌봄과 목회상담 운동의 아버지라는 별명을 가지고 있다.[11] 그는 젊은 시절 뉴욕 유니온 신학교에서 코우로부터 배운 종교심리학에 깊은 관심을 가지고 있었다. 코우와 마찬가지로 심리학, 특히 종교심리학은 그의 학문적 여정에서 핵심적인 위치에 있었는데, 이는

---

9   장신근, 『통전적 기독교교육의 이론과 실천현장』(서울: 장로회신학대학교출판부, 2017), 79.
10   Osmer and Schweitzer, *Religious Education between Modernization and Globalization*, 103-104.
11   보이슨의 생애에 대한 자세한 내용은 다음을 참고할 것. 이효주, "안톤 보이슨의 생애와 공헌," 『목회와 상담』 38 (2022), 187-227.

19세기 말과 20세기 초 윌리엄 제임스^{William James}, 제임스 류바^{James Leuba}, 스탠리 홀^{Stanley Hall} 등에 의하여 형성된 학문이었다. 보이슨은 정신분열증으로 인해 병원에 입원하여 치료를 받았던 자신의 경험을 통하여 "정신병원이 인간의 죄와 구원의 문제를 연구할 수 있는 최적의 장소"라고 생각하였다.[12] 이후 그는 원목 경험을 통하여, 자신의 정신분열증과 그 극복 경험을 포함하여, 인간의 삶 자체가 담겨있는 사례인 "살아있는 인간문서"^{living human document}로서의 인간 경험이 이론이나 지침서보다 앞서는 일차 자료임을 강조하였다. 찰스 거킨은 보이슨이 말하는 살아있는 인간문서는 그 자체로 가치를 지닌 텍스트로, 이해와 해석의 대상이라고 보면서 "해석학이 역사적 본문에 부여한 것처럼, 그 자체의 용어로 말할 수 있는 권위와 권리를 부여하였다."[13]

> 그[보이슨]는 개인이 정신적/영적 삶의 여정에서 부딪히는 경험의 깊이가 유대 기독교 신앙전통의 토대를 밝혀주는 역사적 텍스트가 가지고 있는 깊이만큼이나 동일한 정도의 존중을 받아야한다고 보았다. 개인의 삶으로 구성되는, 살아있는 문서는 각각 그 자체로 완전한 가치가 있으므로, 이해와 해석의 대상이다.[14]

보이슨은 이러한 살아있는 인간문서를 연구하기 위하여 심리학, 사회학, 인류학 등의 전문가들과 대화하고 협력하는 공동연구 방법을 목회신학에 사용하였다.[15] 이를 통하여 그는 인간경험에 대한 연구가 성서와 교리의

---

12 한국목회상담학회, 『현대목회상담학자연구』(서울: 돌봄. 2011), 37.
13 Charles Gerkin, *The Living Human Document*, 안석모 역, 『살아있는 인간문서』(서울: 한국심리치료연구소, 1998), 47.
14 위의 책, 46-47.
15 한국목회상담학회, 『현대목회상담학자연구』, 40.

내용에 비견될 만큼 중요하다는 사실을 입증하였다.

보이슨은 살아있는 인간문서에 대한 자신의 사례연구 방법에 기초하여 1925년 우스터 주립병원에서 임상목회교육Clinical Pastoral Education의 원형이되는 목회돌봄 교육프로그램을 처음 시작하였다.[16] 인간 경험에 기초한 그의 목회신학 방법은 이러한 맥락에서 경험적 연구인 사례연구방법case-method이라고 할 수 있다.[17] 그는 이론보다는 관찰과 실험에 기초한 목회돌봄을 시도한 경험주의자였으며, 그의 목회신학 방법론은 임상사례에서 시작하는 "과학적" 방법이었다. 즉 실천신학으로서 목회신학은 살아있는 인간문서에서 시작하는 과학적 접근으로 1) 경험주의, 2) 객관성, 3) 지속성, 4) 독특성, 5) 보편성, 6) 경제성, 7) 청렴성 등의 원리를 지향한다고 주장하였다.[18]

이처럼 실천신학에 대한 여러 사회과학의 영향과 함께 신학적으로 볼 때, 20세기 전반에는 개신교 자유주의신학과 사회복음신학이 큰 영향력을 발휘하였다. 그러나 종교교육운동의 기반을 제공했던 개신교 자유주의신학은 제1, 2차 세계대전과 경제 대공황[1929], 핵무기의 등장, 공산주의의 출현, 특히 독일의 경우 나치 이데올로기에 대한 개신교 자유주의 신학자들의 동조 등과 같은 여러 이유로 인하여 인간과 역사에 대한 낙관적이며 진보적 사고에 대한 비판에 직면하여 다른 형태로 변화되거나 쇠퇴의 길을 걷게 되었다.

---

16 위의 책, 52.
17 보이슨은 환자와 면담하고 사례연구를 위한 여러 자료를 열성적으로 수집하기 위하여 노력하였는데, 실제로 *The Exploration of the Inner World*는 자신이 병원에서 경험한 173개의 사례를 기초로 저술하였다. 위의 책, 42.
18 위의 책, 41-45.

II. 신종교개혁 신학 유형

　20세기 중반기 이후, 유럽과 미국의 실천신학은 신학 쇄신 운동과 함께 전개되었다. 스위스 바젤 대학교에서 오랫동안 실천신학을 가르쳤던 에두아르트 투르나이젠[1888-1974]은 자유주의신학에 반기를 들었던 칼 바르트 Karl Barth의 하나님 말씀의 신학 혹은 변증법적 신학을 공유하면서 이를 실천신학적으로 전개한 인물이었다. 미국의 경우, 제2차 세계대전의 종전과 1960년대 사이에 개신교 기독교교육에서 신학 쇄신이 일어났다. 칼 바르트, 에밀 부르너Emil Brunner, 라인홀드 니버Reinhold Niebuhr, 기독교적 현실주의등을 주축으로 자유주의신학에 대한 반동으로 일어난 신종교개혁Neo Reformation 신학, 신정통주의신학, 혹은 하나님 말씀의 신학은 제임스 스마트James Smart, 1906-1982에게 깊은 영향을 끼쳤다.[19]

1. 투르나이젠

　독일계 스위스 개신교 목회자이며 실천신학자인 투르나이젠은 블룸

19　사실 신정통주의를 하나의 단일한 신학적 유형으로 묶는 것에 대해서는 여러 논쟁이 있다. 예를 들어, 한스 프라이(Hans Frei)는 통상적으로 신정통주의 신학자로 간주되는 에밀 부루너(Emil Brunner), 폴 틸리히(Paul Tillich), 라인홀드 니버(Reinhold Niebuhr) 등을 자유주의 신학자로 분류한다. 그러나 프라이와 같이 후기자유주의 신학자로 간주되는 조지 린드벡 (George Lindbeck)은 라인홀드 니버를 자유주의 신학자로 보지 않는다. Charles Campbell, *Preaching Jesus*, 이승진 역, 『프리칭 예수』(서울: 기독교문서선교회, 2001), 68. 한편 유경동은 "기독교 변증법"(Christian dialectics)의 개념으로 본다면, 니버의 신학이 바르트의 신학과 일맥상통한다고 본다. 유경동, "라인홀드 니버의 기독교 변증법과 기독교 공동체 윤리,"『장신논단』52(5) (2020), 153-74. 이 장에서는 이상의 견해들을 참고하여 신정통주의 신학을 "바르트적인 변증법적 신학," "하나님 말씀의 신학"이라는 관점에서 이해한다.

하르트 부자의 신학사상, 도스토엡프스키Dostoevskii의 사상, 그리고 종교개혁신학의 영향을 강하게 받았다. 그는 일찍이 바르트와 함께 개혁교회의 개혁을 위한 비전을 공유하면서 위기신학, 변증법적 신학, 혹은 하나님 말씀의 신학 운동에 함께 참여하며 말씀케리그마 중심의 실천신학을 전개하였다. 투르나이젠의 제자인 루돌프 보렌Rudolf Bohren은 바르트와 투르나이젠을 "신학의 쌍둥이"라고 칭할 만큼 서로가 깊이 영향을 주고받았다. 하나님 말씀의 신학 혹은 변증법적 신학은 당시 타락한 가톨릭의 목회와, 특히 개신교 내부의 자유주의와 경건주의 목회의 문제점들을 다음과 같이 지적하였다. 로마 가톨릭 목회는 교회의 주인이신 그리스도의 자리를 교황이 차지하고 그의 말을 하나님의 말씀으로 대체시켰으며, 자유주의 목회는 그리스도의 죄 용서 대신 인간학적 인본주의 입장에서 종교적 감정과 개개인의 자주성 확립을 목표로 삼았으며, 경건주의의 목회는 칭의를 희석시키고 인간의 경험과 업적을 강조하였다. 투르나이젠은 이러한 왜곡된 목회는 종교개혁자들의 의인론에 위배된다고 보고, 인간 중심의 모든 설교, 목회, 그리고 교육을 비판하며 여기에 참여하는 인간의 위치를 상대화하고 하나님의 말씀에 대한 들음과 순종을 강조하였다.[20]

이런 맥락에서 투르나이젠은 『목회학 원론』[1946]과 『목회학 실천론』[1968]을 통하여 말씀의 신학에 근거한 목회신학, 목회상담을 내세웠다. 하나님 말씀의 신학은 예수 그리스도가 약속의 구원자이며 인간 희망의 성취라고 하는 복음에서 출발하는데, 여기에서 신학이란 그리스도의 말씀에 응답한 인간의 자기 이해에 모순 없는 법칙체계를 세우려는 시도를 뜻한다.[21] 바르트가 신학의 과제를 예수 그리스도 안에서 계시된 하나님의 말씀에 응

---

20   김종렬, 『설교를 위한 신학, 신학이 있는 설교』(서울: 대한기독교서회, 2021), 506, 각주 29.
21   Thomas Oden, *Kerygma and Counselling*, 이기춘, 김성민 역, 『케리그마와 상담』(서울: 전망사, 1983), 21.

답하는 것으로 이해한 것처럼, 투르나이젠도 하나님의 말씀을 다루는 것이 신학의 실천적 과제라고 인식하였다.[22]

> 실천적 진리를 전달하여야 할 신학은 하나님의 말씀이 인간에게 전달된 다는 사실을 연구하는 학문이다. 하나님의 말씀에 대한 증언은 언제나 계속되어야 하며 이 말씀에 대한 증언은 말씀의 선포, 설교를 통해 이루어지 게 된다. 이러한 맥락에서 하나님의 말씀의 신학에서는 케리그마, 즉 말씀의 선포가 중요한 의미를 갖게 된다.

이처럼 하나님 말씀의 신학은 케리그마를 강조함으로써 목회와 더 나아가 목회상담의 중심과제도 교회 내에서의 말씀선포에 가장 큰 비중을 두었다.[23] 즉 그는 목회상담의 본질은 설교에 포함되어 있다고 보았으며, 교인들 한 사람 한 사람에게 선포된 메시지를 설교의 형태로 특별하게 전달하는 것이라고 보았다. 목회상담은 하나님의 말씀을 전제로 한 대화, 즉 하나님의 말씀에서 시작하여 말씀으로 끝나는 대화이다.

이러한 투르나이젠의 말씀의 신학에 기초한 목회상담 이해는 당시 프로이트의 분석심리학을 적극적으로 수용했던 오스카 피스터 Oskar Pfister 의 분석적 목회상담 이해와는 대비를 이룬다. 투르나이젠은 피스터가 치료에만 초점을 맞춘 나머지 목회상담의 핵심인 구원의 문제를 소홀히 했다고 비판하면서, 심리학은 목회상담에 있어서 인간이해를 위한 하나의 "보조 학문"

---

22   최광현, "신학과 심리학(Theology and Psychology): Oskar Pfister와 Eduard Thurneysen을 중심으로," 『신학사상』 127 (2004), 257-85.

23   "목회는 교회 안에서 하나님의 말씀을 개개인에게 전달하는 데에 그 본질이 있다. 교회의 모든 정통 기능과 마찬가지로 목회도 교회에 주어진 살아 움직이는 하나님의 말씀에 바탕을 두고 있다. 그러므로 이 말씀이 여러 가지 모양으로 전달되어야 한다." [Eduard Thurneysen, *Die Lehre von der Seelsorge*, 박근원 역, 『목회학원론』(서울: 성서교재간행사, 1997), 7].

일 뿐이라고 보았다.[24] 이러한 비판은 자연신학^{특히 인간론}에 대하여 반대하였던 변증법신학의 영향이라고 할 수 있다.

2. 스마트

캐나다 출신의 구약성서 학자이며 기독교교육학자인 스마트는 자유주의신학에 반기를 든 바르트의 변증법적 신학사상과 성서신학 운동의 영향 하에 기독교교육을 신학적 기반에서 실천신학적 관점과 연계하여 전개하는데 많은 노력을 기울였다. 『교회의 교육적 사명』¹⁹⁵⁴은 기독교교육 운동에서 가장 큰 영향력을 끼친 책으로, 바르트의 하나님 말씀의 신학으로부터 큰 영향 받았다.[25] 그는 이 책에서 심리학과 같은 세속학문에서 출발하는 코우를 비롯한 종교교육학자들과는 대조적으로 기독교의 가장 포괄적인 교리인 삼위일체론, 보다 구체적으로는 "삼위일체론적 말씀의 신학"을 통하여 기독교교육의 기초를 세우려고 노력하였다.[26] 하나님은 교회를 자신의 말씀을 통하여 만드셨고, 이런 맥락에서 교회는 계속 하나님의 말씀을 듣고 순종해야 한다. 교회의 사역은 하나님의 말씀 사역이다. 그런데 교회가 하나님의 말씀에 응답하는 방식은 실천신학의 여러 분야에서 다르게 드러난다. 설교, 교육, 목회돌봄 등 교회가 수행하는 사역^{교역, ministry}은 잃은 자를 찾으시는 목자, 하나님 나라의 전령, 모든 이들의 종이라는 하나님의 말씀이신 예수 그리스도가 행하셨던 사역에 기초한다.[27]

---

24   최광현, "신학과 심리학(Theology and Psychology): Oskar Pfister와 Eduard Thurneysen을 중심으로," 263.

25   James Smart, *The Teaching Ministry of the Church*, 장윤철 역, 『교회의 교육적 사명』(서울: 대한기독교교육협회, 1990).

26   위의 책, "서문," 8.

스마트에 의하면 하나님의 말씀에 응답하는 사람들은 두 가지 봉사를 수행해야 한다. "첫째는 자기들에게 임한 하나님의 말씀을 전파하는 일이요. 둘째는, 이것을 가르치는 일이다. …곧 설교와 교육, 예언과 가르침이 늘 공존해야 한다."[28] 이처럼 교회의 하나님 말씀 선포 사역과 교육적 사명은 밀접하게 연계되어 있지만 동시에 구분된다. 전자는 "주로 믿지 않는 이들을 상대로 하여 하나님의 말씀을 선포하는 일"이며, 후자는 "주로전적으로 그런 것이 아니라 이미 회개하고 하나님에게 돌아온 사람들, 혹은 신자의 자녀로서 아직 불신앙면을 많이 가지고 있으면서 부모의 감화로 어느 정도의 신앙을 가지게 된 아이들에게 행해지는 것이다."[29]

이런 맥락에서 하나님의 말씀 사역으로서 실천신학의 한 영역에 속하는 기독교교육은 다음과 같은 세 가지 목적을 지향한다. 첫째, 복음을 친밀한 일대일의 개인적 관계에서 전하는 것이다. 둘째, 교회의 구성원들에게 복음과 진리를 좀 더 충분히 가르치고, 하나님과 자기 자신과 세상의 모든 것을 이해하는데 있어서 잘못된 옛 생각을 버리게 하려는 것이다. 셋째, 교인들을 제자로 훈련시키기 위함이다교역자 양성. 즉 교회의 구성원들은 예수와 같은 임무를 행하기 위하여 마음과 사상을 훈련받아야 한다.[30] 이러한 목적은 20세기 초 종교교육 운동에서 강조되었던 성품계발, 인격성장, 사회 변혁 등과는 대조된다.

27   James Smart, *The Rebirth of Ministry* (Philadelphia: The Westminster Press, 1960), 20.
28   Smart, 『교회의 교육적 사명』, 21-22.
29   위의 책, 22-23.
30   위의 책, 112-14.

Ⅲ. 비판적 프락시스 유형

1960년대 후반과 70년대 초, 유럽의 정치신학과 위르겐 몰트만^{Jürgen} Moltmann의 "희망의 신학", 더 근원적으로는 근대 유럽 식민주의의 폭력과 경제적 착취에 대한 저항으로 태동된 해방신학은 신학 전반에 특히, 실천 신학에 지대한 영향을 끼쳤다. 해방신학은 하나의 신학이론 혹은 신학체계 가 아니라 "신학을 불의, 억압, 그리고 엄청난 인간 고통이라는 역사적 상 황에서 생겨난 사회-정치적 관심과 통합하는 하나의 운동"이다.[31] 아시아 신학자인 피터 판^{Peter Phan}은 세계적인 차원에서 고난의 구체적인 상황이 다 르기에 다양한 형태의 불의, 차별, 억압, 착취, 자연 파괴 등에 저항하는 여 러 형태의 해방신학이 존재한다고 보았다.[32]

인종차별에 대항하는 **흑인신학**, 문화적 식민주의에 대항하는 **아프리카신학**, 경제적 억압에 대항하 는 **남미신학**, 가부장제도와 남성중심주의에 대항하는 **다양한 여성신학**, 카스트제도에 대항하는 **달리트신학**, 주변화와 소수 부족의 착취에 대항하는 **부족신학**, 독재와 자본주의에 대항하는 **민중 신학**, 국가안보 이데올로기에 대항하는 **투쟁신학**, 환경 악화에 대항하는 **생태신학**

특히 남미 해방신학의 "기초공동체"^{base community}는 1차 신학^{first-order} theology의 중요성과 모든 담론이 지닌 정치적 성격 등을 강조하였다. 남미

---

31 Randolph Miller, ed., *Theologies of Religious Education* (Birmingham, AL: Religious Educa-tion Press, 1995), 288.

32 Peter Phan, *Asian Christianities: History, Theology, Practice* (Maryknoll: Orbis Books, 2018), 112, 안교성, 『아시아 신학 산책』(서울: 대한기독교서회, 2022), 181에서 재인용.

해방신학은 경제적 선진국에 대한 남미의 경제적 종속으로 인한 구조적 가난과 문맹, 비인간화 등의 상황에서, "가난하고 억눌린 자들을 편애하시는 하나님의 사랑"에 기초하여 이들의 경험을 공유하고, 이들과 연대하는 비판적 프락시스 신학으로 시작되었다. 브라질의 해방교육자 파울로 프레이리Paulo Freire, 1921-1997는 문맹퇴치 교육을 통하여 인간화를 지향하는 가운데 억눌린 자들이 자신의 삶에 주체가 되도록 돕는 의식화 교육에 선구적인 역할을 하였다.[33] 신학 외부에서의 급격한 변화와 맞물려 있는 이러한 변화는 실천신학의 지평을 확장시켰으며, 특히 상황과 경험을 지식의 주요 원천으로 인식하도록 만들었다.

1. 쉬파니

아르헨티나 출신의 목회 상담학자이며 종교교육학자인 다니엘 쉬파니Daniel Schipani에 의하면 인간해방을 지향하는 기독교교육은 공동체적, 대화적, 예언적, 종말론적, 프락시스 지향적, 변증법적-해석학적 특성을 지니며, 복음적 프락시스, 즉 하나님의 해방 활동에 기초한 행동-성찰-행동의 과정이다.[34] 인간해방을 지향하는 기독교교육은 다음과 같은 특성을 지닌다.[35] 첫째, 해방신학적 종교교육의 교육적 컨텍스트는 기초공동체이다. 기초공동체인 교회는 눌린 자, 소외된 자, 이방인과 주변인의 편을 들며, 종교교육의 특별한 컨텍스트로 작용한다. 해방신학적 종교교육은 인식론적 회심을

---

33 Paulo Freire, *Pedagogy for the Oppressed*, 남경태 역, 『억눌린 자를 위한 교육학』(서울: 그린비, 2002).

34 Daniel Schipani, "Liberation Theology and Religious Education," in *Theologies of Religious Education*, ed. by Randolph Miller (Birmingham, AL: Religious Education Press, 1995), 286-87.

35 위의 책, 300-306.

요구하며, 신학적, 교육적 컨텍스트인 교회는 대안공동체로서 반문화적인 의식의 형성과 변형이 이루어지는 장이다.[36]

둘째, 해방신학적 종교교육의 총체적 목적은 하나님 나라의 복음을 위한 훈련즉, 개인적이고 공동체적 수준에서의 형성, 변형, 헌신이다. 이러한 총체적 목적은 자유와 정의와 더불어 평화라는 하나님 나라의 유토피아샬롬를 지향하며, 예배, 공동체 형성, 선교라는 세 가지 근본적인 기능을 수행한다.[37]

셋째, 해방신학적 종교교육의 과정과 내용은 신앙-프락시스로서의 제자화와 교육적 과제로서의 신학함doing theology이다. 전자는 자유, 평화, 정의를 위하여 우리 세계 안에서 하나님의 윤리와 정치에 참여하는 것으로 이루어진 프락시스적인 앎의 과정과 내용을 정의한다. 후자는 해방하시고, 재창조하시는 하나님의 성령과의 신실한 동역 안에서 오늘의 역사적 상황 및 경험을 성서 및 전통과 맞물리게 하는 해석학적이고 변증법적인 상호작용이다.[38]

2. 문동환

한국의 상황에서 해방신학은 1970, 80년대 군부독재와 자본주의의 모순에 저항하는 민중신학의 형태로 전개되었다. 문동환1921-2019은 『아리랑 고개의 교육』에서 민중신학에 기초한 기독교교육을 제안한다. 한풀이 신학으로서 민중신학은 인류의 구원을 위하여 선택된 백성을 민중이라고 본다. 민중은 "하느님이 주신 삶의 주권이 짓밟혀 한 맺힌 자들"인데 이들

---

36 위의 책, 301-303.
37 위의 책, 303-304.
38 위의 책, 304-306.

이 사실은 "하느님의 역사 갱신의 주역"이 된다.[39] 즉, 민중신학은 역사의 주체로서 민중의 메시아적 사명을 강조한다. 민중이란 구약의 "암하아레쯔"와 신약의 "오클로스"와 상통하며, 정치, 경제, 문화적으로 소외되고 수탈을 당하여 한이 맺힌 자들이지만 미래에 대한 소망을 가지고 몸으로 살아가는 자들이다. 가진 자나 지식인도 자신의 기득권을 버리고 "민중들의 사회전기를 자기들의 것으로 삼고 그들에게 배우는 만큼" 민중이 되어간다.[40]

문동환은 교육은 해방하는 교육이 아니면 길들이는 교육이라고 역설했던 프레이리의 주장에 동의하면서 모든 교육행위를 인간해방에 초점을 맞추어서 전개하였다. 인간해방을 위한 교육이란 "밖으로는 정치적 해방운동인 동시에, 안으로는 인류를 파멸로 이끄는 산업 문화의 가치관과 삶의 스타일에서의 해방"이다.[41] 이러한 맥락에서 민중교육의 목적은 "민중과 더불어 그의 뜻이 지배하는 하느님 나라를 이룩하려고 오늘도 역사 속에서 일하시는 야훼 하느님을 만남으로써 민중으로 하여금 새역사 창조 대업에 주체가 되도록 협조하는 일이다."[42]

민중이 하나님의 새역사 창조 사역에 주체가 될 수 있도록 협력하는 민중교육_{아리랑 고개의 교육}은 다음의 내용에 초점을 맞춘다. 첫째, "관심의 초점을 한 맺힌 무리들이 아우성치는 곳에 맞추는 것이다." 둘째, 민중들을 "삶에 있어서 가장 소중한 것이 무엇인지 몸으로 터득한 자로 존경해야 한다." 셋째, 민중들이 "가치의 혼돈이 있는 사회 안에서 악을 악으로, 그리고 선

---

39 문동환, 『아리랑고개의 교육: 민중신학적 이해』(서울: 한국신학연구소, 1985), 13.

40 위의 책, 36. 문동환은 한을 "삶을 짓밟는 악한 세력을 향한 영혼의 꺼질 줄 모르는 분노의 불길이요, 못다 산 삶에 대한 끊을 수 없는 미련의 줄이요, 사람다운 삶을 살게 해달라는 영원한 호소"라고 정의한다. 위의 책, 49.

41 위의 책, 16.

42 위의 책, 64.

을 선으로, 참된 것을 참된 것으로, 거짓을 거짓으로 명확히 볼 수 있도록 도와야 한다." 넷째, 민중이 스스로 "새 사회의 청사진을 그리도록 도와야 한다."[43]

문동환에 의하면 민중의 해방을 위해서는 민중을 추상적이며 객관적 인식이 아니라, "민중의 사회전기"를 참여-반성 praxis 의 방법을 통하여 이해 해야 한다. 그는 주로 이야기 방법, 보다 구체적으로는 "두 이야기의 합류" 라고 하는 민중신학의 방법론을 사용한다. 즉 성서와 인간해방의 역사 가 운데 나타나는 민중의 고난과 해방의 이야기와 오늘의 아리랑 고개의 이야 기 민중의 한, 억압, 고난, 해방의 이야기 가 함께 만나서 하나님의 새로운 해방의 역사에 민중들이 주체로 참여하도록 돕는 것이다. 프락시스 방법의 특징은 "삶으 로 행동화하고 그것을 반성해서 깨달음을 얻고 그 깨달음을 토대로 해서 다시 행동으로 옮기는 일을 반복하는 과정을 통해 우리의 깨달음은 심화되 고 우리의 삶은 새롭게 된다"는 것이다.[44]

3. 밀러-맥리모어

해방신학과 여성신학은 목회돌봄과 목회신학 분야에서 공적 전환 pub- lic turn 에 크게 기여하였다. 이러한 신학은 사회에 대한 거시적 분석을 그동 안 목회신학, 목회돌봄, 목회상담에서 오랫동안 기여해왔던 개인의 경험과 실재에 연결시켰다. "이제 관심은 개인들의 특정 고통에 초점을 두는 것보 다는 인간의 웰빙에 주요 장애가 되는 가부장제, 인종차별, 계급주의, 자민

---

43   위의 책, 64-66.
44   위의 책, 30.

족 중심주의ethnocentricism와 같은 억압적인 지배적 규범들을 제시하는 것으로 옮겨진다."[45] 목회신학과 실천신학자인 바니 밀러-맥리모어는 이러한 해방신학과 여성신학, 그리고 이에 대하여 비판적 상관관계 신학의 관점에서 보이슨의 유명한 "살아있는 인간문서" 메타포를 "살아있는 인간망"living human web으로 확대하는 작업을 시도하였다. 즉 그녀는 상호 연결성의 관점에서 "개인 중심적이며 심리 내적intraspychic 범주를 넘어, 보다 포괄적으로 개인 갈등의 현장과 개인의 관계망을 다루는 목회돌봄"을 지향하였다. 살아있는 인간망은 "돌봄과 치유, 바람직한 양육에 있어서 상호연결성 및 공동체의 중요성"을 강조한다.[46] 이제는 더 이상 한 명의 개인이 아니라 "그를 둘러싼 상황context 속에서 전체적인 인간의 관계 및 인간을 둘러싼 생태적, 사회문화적 환경의 망"을 연구해야 한다는 것이다.[47]

살아있는 인간망은 여성주의 목회신학의 관점에서 목회신학이 "가부장적 사회 구조에 의해 고통당하는 여성들에 대한 학대나 사회적 성역할에 대한 비판적 관점"에 기초한 문화와 차별적인 이데올로기를 분석한다. 더 나아가 정책적, 사회구조적 변혁에까지 나아갈 것을 추구한다. 따라서 이는 정치적인 성격을 지닌다.[48] 결국 밀러-맥리모어가 살아있는 인간망의 은유를 통하여 추구하는 것은 전인적 차원에서의 영혼 돌봄을 위하여 "관계적 환경을 변화시키고, 침묵하는 이들의 목소리를 적극적으로 학문 속에 끌어들임으로써 불이익 가운데 있는 이들이 힘의 북돋움empowerment에 참여"하는 것이다.[49] 이런 맥락에서 그녀는 전통적 목회돌봄에서 강조되는 치

45 Nancy Ramsay, *Pastoral Care and Counseling Redefining the Paradigms*, 문희경 역, 『목회상담의 최근 동향』(서울: 그리심, 2012), 32.
46 한국목회상담학회, 『현대목회상담학자연구』, 443.
47 위의 책.
48 위의 책, 446.
49 위의 책, 447.

유, 지지, 안내, 화해라는 기능을, "저항"resistence, "힘의 북돋움"empowering, "양육"nurturing, "해방"liberating 등의 4가지 기능으로 새롭게 이해한다. "저항"은 특정한 집단이 반복적으로 재생산하는 불의한 사회구조에 도전하고 저항하는 것이다. "힘의 북돋움"은 이런 구조 속에서 존엄성과 목소리를 상실한 이들을 변호하고 돌보며 성장할 수 있는 자원과 수단을 제공하는 것이다. "양육"은 이들과 연대하며 변화를 위한 공간을 만들어 나가는 것이다. "해방"은 불의하며 원치 않는 고통이 발생하는 현실에서 벗어나서, 하나님이 창조, 구원, 사랑하신 백성으로 온전성을 회복하는 것이다.[50] 따라서 그녀의 실천신학적 방법론은 "논리적 일관성을 위해 고난의 현실과 신앙의 주관성을 멀리하려는 전통적인 신학의 방법론"과 차별성을 보인다.[51]

Ⅳ. 세 가지 유형의 실천신학에 대한 비판적 평가

이상에서 20세기 초에 출현한 개신교 자유주의신학 유형에서 시작하여, 신종교개혁신학 유형, 그리고 비판적 프락시스 유형에 이르기까지 세 가지 유형의 실천신학을 기독교교육학과 목회상담학을 중심으로 살펴보았다. 이제 1) 시대적 상황과의 관계, 2) 신학과의 대화, 3) 학제적 대화, 4) 실천 이해 등을 중심으로 이들에 대한 비판적 평가를 시도한다.

---

50   Bonnie Miller-McLemore and Brila Gill-Austern, *Feminist and Womanist Pastoral Theology* (Nashville: Abingdon Press, 1999), 80.
51   한국목회상담학회, 『현대목회상담학자연구』, 457.

1. 시대적 상황과의 관계

모든 종류의 신학이 그러하듯이, 앞에서 살펴본 세 가지 유형은 특정한 시대적 상황에서 유래하는 도전과 위기에 직면하여 출현하였다. 세 가지 유형의 실천신학은 다양한 시대적 도전에 직면하였는데, 그 가운데 "근대성"이 가장 심각한 도전이었다고 할 수 있다. 개신교 자유주의신학 유형은 개별적인 차이가 존재하지만, 코우, 니버갈, 보이슨에게서 잘 나타나듯이 근대성의 도전에 직면하여 이에 대하여 저항하거나 도피하기보다는, 오히려 대화, 순응, 동화라는 적극적 소통과 수용의 길을 선택하였다.[52] 근대성을 기독교에 적대적인 것으로 바라보지 않고 이를 통하여 하나님 나라의 이상을 이 땅에서 펼쳐 나가기 위한, 보다 구체적으로는 사회개혁을 위한 통로 혹은 동반자로 간주하였다.[53] 이러한 과정에서 기독교 신앙과 실천의 정체성 차원 혹은 독특성이 의도치 않게 약화된 것은 중요한 약점으로 인정할 수밖에 없을 것이다. 근대적 합리성에 부합하는 현실 적합성 혹은 관계성의 차원에 집중한 결과, 실천신학의 기독교적 정체성의 차원을 많이 놓치게 된 것이다.

반대로 신종교개혁신학 유형은 근대성에 대한 자유주의적 동화를 비판하면서 기독교적 정체성의 강화라는 방향으로 나아갔다. 개신교 자유주의신학 유형이 기독교 신앙의 보편성과 낙관적 인간관과 세계관을 강조한

---

52 로저 허딩 같은 학자도 20세기에 전개된 목회상담 패러다임을 신학과 심리학의 관계에 기초하여 동화, 반동, 대화 등으로 유형화했는데, 보이슨의 경우는 동화 모델의 대표적인 학자로 분류하였다. 즉, 보이슨은 목회상담에 심리학을 적극적으로 수용하려는 노력을 한 결과 중요한 신학적 주제들에 대하여 무관심하였다고 보았다. Roger Hurding, *The Tree Healing: Psychological & Biblical Foundations for Counseling and Pastoral Care*, 김예식 역,『치유나무: 목회돌봄 및 상담치료에 대한 종합적 이해』(서울: 장로교출판사, 2000). 249-53.

53 코우의 경우, 후기에는 근대성의 여러 부정적 모습에 대하여 비판하였으나, 그것은 근대성에 대한 거부라기보다는 실현되지 못한 근대성의 이상이 제대로 실현되게 하려는 건설적 비판이었다고 할 수 있다. 차이는 있지만 하버마스가 근대성에 접근하는 방식과 유사하다고 할 수 있다.

반면, 신종교개혁신학 유형은 특히 라인홀드 니버의 기독교 현실주의적 입장에서 잘 드러나듯이, 기독교 신앙의 독특성과 현실적 인간의 죄성을 강조하였다. 이는 제1, 2차 세계대전의 엄청난 비극, 경제적 착취, 폭압적 식민주의 등과 같은 근대성의 부정적 결과가 자유주의 신학자들의 소망과는 다르게 너무나 비극적이며 파괴적이었기 때문이다. 개신교 자유주의신학 유형에 대한 신종교개혁신학 유형의 비판은 단순히 신학적 견해만의 차이가 아니라, 바로 이러한 실제적 현실 이해로 인한 것이다. 그러나 신종교개혁신학 유형에 속하는 실천신학자들의 이러한 현실적이고 비판적 자세는 개신교 자유주의신학 유형처럼 현실개혁을 위한 열정적 노력, 혹은 불의한 현실에 대한 예언자적 변혁으로 이어지지 못하고, 교회 공동체를 위한 실천신학이라는 한계를 노출하였다.

비판적 프락시스 유형은 메시아적 유토피아 사회에 대한 비전하에 근대성의 부정적 산물인 식민주의에서 유래한 여러 부정적 유산 청산을 위한 저항과 변혁에서 시작되었으나, 시대별로 유사하면서도 차별성을 띠고 있다. 초기¹⁹⁷⁰⁻¹⁹⁸⁵의 경우는 개인적 차원의 실천 패러다임이 정치적이며 관계적으로 변화되는 시기였다.[54] 중기¹⁹⁸⁵⁻¹⁹⁹⁵는 정치, 경제, 문화적으로 나타난 급속한 변화로 인하여 해방신학의 목적, 범위, 방법론 등이 수정되는 시기로, 여성과 남성 유색인종, 백인 여성 학자들이 많이 유입되기 시작하였다. 학제적 대화에 다양한 비판적 이론이 도입되어 젠더, 인종, 계급, 성에 있어서 권력 문제를 분석하는데 사용되었다. 후기는 1995년 이후 최근의 시기로 그 초점이 권력과 정체성의 문제에서 문화비평과 인식론으로 전환되는 시기이다.[55] 이처럼 비판적 프락시스 유형은 세 가지 유형 가운데

---

54 여성 신학자 레티 러셀(Letty Russell)과 흑인 신학자 에드워드 윔블리(Edward Wimbley), 가톨릭 신학자 토마스 그룸(Thomas Groome), 그리고 민중 신학자 문동환 등이 여기에 속하는 실천신학자이다.

가장 활발하고 역동적으로 근대성뿐 아니라 포스트모던적 쟁점들과의 대화를 통한 변혁에 참여해 왔다.

2. 신학과의 대화

사라 리틀Sara Little은 기독교교육에 대한 신학의 역할을 1) 내용source 으로서의 신학, 2) 보조자료resource 로서의 신학, 3) 규범 norm 으로서의 신학, 4) 교육함으로서의 신학함doing theology as educating, 5) 신학과 교육의 대화 등 5가지로 유형화하였는데, 이는 실천신학에서 신학의 역할을 이해하는 데도 도움이 된다.[56] 개신교 자유주의신학 유형의 경우, 모두가 그런 것은 아니지만 신학은 대체적으로 보조자료, 즉 여러 가지 선택 가능한 자료 중의 하나라는 역할에 더 가까워 보인다. 코우, 니버갈, 보이슨의 경우 모두 심리학을 비롯한 타 학문과의 대화에 신학보다 더 큰 역할을 부여하였다고 할 수 있다. 코우를 비롯하여 종교교육운동 전통에 속한 다른 학자들도 이러한 모습을 보였다.

신종교개혁신학 유형의 경우, 신학은 기독교교육학과 목회상담학의 내용과 방법의 규범 역할을 감당하였다고 할 수 있다. 하나님 말씀의 신학을 강조한 투르나이젠의 경우, 신학의 내용이 곧 실천신학의 내용으로 인식되었다. 스마트의 경우, 교회의 실천은 사회과학적 관점과 방법보다는 삼위일체론과 같은 기독교의 중요한 교리의 인도를 받아야 하는 것으로 보

---

55 Nancy Ramsay, "Ch. 17: Emancipatory Theory and Method," in *The Wiley Blackwell Companion to Practical Theology*, ed. Bonnie Miller-McLemore (Chichester, West Sussex: John Wiley & Sons, 2014), 184-90.

56 Sara Little, "Theology and Education," in *Harper's Encyclopedia of Religious Education*, ed. by Iris Cully and Kendig Cully (San Francisco: Harper&Row, 1990), 649-55.

았다. 신학이 기독교교육학과 목회상담학의 내용과 규범 역할을 감당한다고 할 때, 실천신학의 학문적 정체성에 대한 문제가 생겨나게 되며, 실천신학은 방법의 문제만을 다루는 응용신학이라는 차원에 머물게 될 가능성이 높아진다. 더 나아가 이는 다양하고 창조적인 실천신학 방법론을 선택하는 데도 어려움을 야기시킨다.

비판적 프락시스 유형의 경우는 기초공동체 혹은 민중 공동체의 고난, 억압, 소외 등의 경험에 기초한 1차 신학의 중요성을 강조함으로써 "신학함"의 전형적인 모델에 해당한다. 신학은 이론을 현장에 적용하는 것이 아니라, 현장의 실천에서 시작하여 이에 대한 비판적 성찰과 새로운 실천이라는 해석학적 순환 구조 속에서 이해되었다. 이를 통하여 실천신학뿐 아니라 신학 전반에 걸쳐 실천성 회복에 지대한 공헌을 하였다. 특히 비판적 프락시스의 후기 유형에서는 목회자의 전문성에 초점을 맞춘 실천성에서 벗어나서, "하나님 백성 전체의 실천"과 "일상의 삶에서의 실천"이라는 차원이 부각되어 기독교 실천의 지평이 더욱 확대되고 심화되었다고 할 수 있다.

3. 학제적 대화

개신교 자유주의신학 유형의 경우, 당시에 새롭게 출현한 인격주의 철학, 진화론, 교육학, 심리학, 심리치료 등을 적극적으로 수용하면서 이를 통하여 당대의 세속적 세계관, 가치관, 인간관 등과의 소통을 시도하였다. 오늘의 공공신학적 차원에서 본다면 실천신학의 공적 사명, 즉 세상과의 대화 및 복음의 소통을 적극적으로 수행하기 위하여 노력했다고 할 수 있다. 이로 인하여 실천신학의 경험적 방법론을 비롯하여 학문적 발전에도 크게 기여하였다.

신종교개혁신학 유형은 복음과 문화 사이의 질적 차이를 강조하는 바르트의 변증법적 신학의 영향으로 신학과 타 학문 사이의 대화가 위축되었다. 많은 미국 목회 상담학자들이 트루나이젠의『목회학 원론』에 대하여 비판을 제기한 이유는 특별히 신학과 심리학 사이의 이분법 때문이었다. "이러한 이분법은 예컨대 투르나이젠의 기본적 논지, 즉 '목회는 심리학 및 정신치료와는 맞바꿀 수 없는 전혀 성격이 다르고 독자적인 새로운 요소를 지니고 있다'는 주장에 잘 나타난다."[57] 즉, 신학과 타 학문 사이의 소통과 대화보다는 "통약불가성"incommensurability 을 강조한 관계로 학제적 대화와 신학의 공적 역할이 약화되는 결과를 초래하였다. 그 결과 신앙공동체 내에서 복음의 내용을 전달하는 열정에 비하여, 이를 사회와 공적 영역에서 타 학문과의 대화를 통하여 효과적으로 변증하고 대화하는 차원은 약화되었다. 또한 내용의 전달에 있어서도 일방적인 소통방식이 선호되어 상호성이 약화되었다.

비판적 프락시스 유형은 학제적 대화에 있어서 신학과 타 학문, 특히 "종속이론", "비판이론"과 같은 비판적 사회과학과의 대화를 통하여 불의하고 불평등한 현실을 거시적 차원에서 비판적으로 분석하는 일에 노력을 많이 기울였다. 그러나 더 나아가 기독교적 해방실천의 전통과 일반역사 속에서 나타난 인간 해방실천 전통 사이의 대화를 강조하였다.[58] 앞에서 살펴본 민중신학의 두 이야기의 합류가 대표적인 실례이다. 이 과정에서 출현

---

57   이재현, "다시 연결시켜 보는 칼 바르트 신학과 심리학,"『장신논단』45(4) (2013), 310.
58   레베카 챱은 자유주의적 수정주의 신학이 공통적 인간 경험과 전통을 강조하는데 이는 중산층 백인 남성의 경험과 전통에 불과하다고 비판하면서 여성을 비롯하여 억눌리고 소외된 자들의 경험을 강조한다. Rebecca Chopp, "Practical Theology and Liberation," in *Formation and Reflection: The Promise of Practical Theology*, ed. by Lewis Mudge and James Poling (Philadelphia: Fortress Press, 1987), 120-38.

한 비판적 프락시스의 방법은 현장에 대한 일차적 성찰을 강조하는 신학 방법론에 강력한 영향력을 끼쳤고, 신학의 실천성에 대한 인식이 새롭게 대두되었다. 그러나 사회변혁과 인간해방을 지향하는 학제적 대화에서 비판적 합리성에만 지나치게 의존한 결과, 기독교적 합리성이 축소되는 모습을 보이기도 하였다.

4. 실천 이해

실천신학이 기독교 실천을 다루는 학문이라고 할 때, 실천에 대한 이해는 가장 핵심적인 주제 가운데 하나이다. 먼저 개신교 자유주의신학 유형에서는 그리스도인 개개인의 현재적 경험에 기초한 실천이 매우 중요하다. 여기에서 실천은 자신이 지금 여기에서 경험하고 있는 것과 밀접하게 연결되어 있다. 실천은 개개인의 현재 경험의 반영이므로 더욱 실제적인 것이 된다. 이것은 선포된 혹은 전달받은 하나님의 말씀대로 살아가는 것을 실천으로 보는 신종교개혁신학 유형과는 대조가 된다. 그러나 비판적 프락시스 유형에서의 실천이 현재적 경험에 지나치게 집착하게 될 때, 교회 공동체의 전통적인 지혜와 단절되고 성서와 기독교 전통에 기초한 생명력 있는 하나님의 말씀을 경청하는 것을 방해할 수 있다.

신종교개혁신학 유형에서 기독교 실천은 오늘날 실천신학 논의에서 많이 사용되고 있는 "하나님의 프락시스"로서의 실천 이해의 선구적인 실례라고 할 수 있다. 하나님의 프락시스라는 개념은 실천신학이 전통적으로 타학문, 특히 사회과학적 실천 이해에 지나치게 의존하는 것을 반성하면서, 실천의 기독교적 정체성을 회복하기 위한 노력이다. 예를 들어, 교육과 목회돌봄은 삼위일체 하나님의 창조, 구원, 영화의 프락시스를 궁극적인 규범으로 삼아야 하는 기독교적 실천이다. 이처럼 신종교개혁신학 유형은 특히 스마트의 경우, 교회의 사역에 대한 규범을 삼위일체 하나님에게서 발견하는 것을 볼 수 있다. 그러나 하나님의 프락시스를 규범으로 하는 신종교개혁신학 유형의 실천은 실제로 그 범위가 교회 공동체를 넘어서서 사회와 공적인 영역으로 확대되지 못하는 한계를 가지고 있다. 에드워드 팔리가 지적한 것처럼 "실천의 교직화 현상" 혹은 "실천의 교회화 현상"을 보였다고 할 수 있다. 이는 스마트가 삼위일체 신학이 지닌 넓은 지평을 인식하지 못하고 교회적인 차원으로 축소시킨 결과가 아닌가 하는 의문을 가지게 한다. 즉, 신학적 지평이 좁아질 때 실천의 범위도 함께 축소되는 결과를 초래한 것이라 할 수 있다.

비판적 프락시스 유형에서의 실천은 경험에 기초한 실천이다. 그런데 이 경험은 자유주의에서 강조하는 소위 백인 중산층 남성의 보편적인 인간 경험이 아니라, 여성을 포함하여 정치, 경제, 사회, 문화적으로 억눌리고 소외된 자들의 경험이다. 이들과 연대하여 하나님의 해방의 이야기에 참여하면서, 인간해방을 위한 존재론적 소명을 수행하는 것이 바로 올바른 실천 orthopraxis 이다. 이러한 실천은 목회자의 전문성에 기초한 실천성과 신종교개혁신학 유형에서의 신앙공동체 중심의 실천 개념을 넘어 사회적, 공적, 생태적 차원까지 확장된다는 차원에서 실천신학의 실천 지평의 확장에 기여한 바가 크다.

개혁신학의 관점에서 볼 때, 기독교 윤리는 복음의 직설법에서 명령법이라는 순서를 따르는데, 기독교 실천도 이와 유사하다고 할 수 있다. 그런데 개신교 자유주의신학 유형에서의 기독교 실천은 복음의 직설법에서 명령법의 순서가 아니라 그 반대로 역전될 수 있다. 즉, 기독교적 실천을 이해할 때 하나님의 구원의 은혜에 기초한 응답보다는 인간의 주체적 행위라는 차원에 더 큰 비중을 둘 위험성이 있다. 또한 비판적 이성에 기초한 현실 변혁적 차원의 실천에만 매달리게 될 때, 하비투스^{habitus}로서의 실천, 즉 신앙공동체에서의 삶, 예전, 이야기 등의 공유를 통한 장기간의 기독교적 품성의 형성, 그리고 더 나아가 신학에서 가장 중요한 송영^{doxology} 차원의 실천이 약화될 가능성이 있다.

나가는 말

프린스턴신학대학원에서 오랜 기간 기독교교육학과 실천신학을 가르쳤던 리차드 오스머는 실천신학이란 "기독교 공동체의 지체들에게 특별한 사회적 맥락 안에서 어떤 실천을 수행하는 방법과 교회의 사명을 구현하는 법을 가르치는 기독교 신학의 한 분과"라고 정의한다.[59] 그런데 여기에서 "특별한 사회적 맥락"과 관련하여 실천신학은 기독교적 정체성과 시대적 적합성 사이의 창조적 관계를 추구해야 하는 과제를 가진다. 우리가 살펴본 세 가지 유형의 실천신학은 근대성이라는 거대한 도전에 직면하여 그 방향과 방법은 상이했지만, 기독교적 정체성과 시대적 적합성을 함께 붙잡기 위한 과제를 나름대로 최선을 다하여 수행했다고 할 수 있다. 그러한 노력이 얼마나 성공적이었는가에 대한 비판적 평가는 별도의 문제이지만, 시대적 도전과 치열하게 씨름한 이들의 학문적, 실천적 열정은 높이 사야 할 것이다. 실천신학의 역사를 연구하는 이유는 디지털 혁명, 제4차 산

---

[59] Richard Osmer, "Ch. 13: Practical Theology," in *Mapping Modern Theology*, ed. by Kelly Kapic and Bruce McCormack,, 박찬호 역, "13장: 실천신학," 『현대신학 지형도: 조직신학 각 주제에 대한 현대적 개관』(서울: 새물결플러스, 2016), 535.

업혁명, 포스트 코로나, 포스트 휴머니즘 등과 같은 오늘의 시대적 도전에 대하여 실천신학은 어떻게 응답하고 있으며, 바르게 응답하고 있는가를 다시금 성찰하고 미래의 방향을 모색하기 위함이다. 20세기에 출현한 세 가지 유형의 실천신학은 이러한 응답과 미래 방향 모색을 위한 매우 귀중한 유산이다.

참고문헌

김종렬. 『설교를 위한 신학, 신학이 있는 설교』. 서울: 대한기독교서회, 2021.

문동환. 『아리랑고개의 교육: 민중신학적 이해』. 서울: 한국신학연구소, 1985.

———. 『인간해방과 기독교교육』. 서울: 한신대학 출판부, 1991.

손승희. "한국교회 교육신학의 어제와 오늘." 『신학과 교회』 2 (2014), 145-79.

안교성. 『아시아 신학 산책』. 서울: 대한기독교서회, 2022.

유경동. "라인홀드 니버의 기독교 변증법과 기독교 공동체 윤리." 『장신논단』 52(5) (2020), 153-74.

이재현. "다시 연결시켜 보는 칼 바르트 신학과 심리학." 『장신논단』 45(4) (2013), 307-28.

이효주. "안톤 보이슨의 생애와 공헌." 『목회와 상담』 38 (2022), 187-227.

장신근. 『통전적 기독교교육의 이론과 실천현장』. 서울: 장로회신학대학교출판부, 2017.

———. 『공적실천신학과 세계화시대의 기독교교육』. 서울: 장로회신학대학교 출판부, 2007.

최광현. "신학과 심리학(Theology and Psychology): Oskar Pfister와 Eduard Thurney-sen을 중심으로." 『신학사상』 127 (2004), 257-85.

한국목회상담학회. 『현대목회상담학자연구』. 서울: 돌봄, 2011.

Ballard, Paul, and John Pritchard. *Practical Theology in Action*. London: SPCK, 2020.

Boys, Mary. *Educating in Faith: Maps and Visions*. Kansas City, MO: Weed and Ward, 1989.

Cahalan, Kathleen, and Gordon Mikoski. *Opening the Field of Practical Theology: An*

Introduction. New York: Rowman and Littlefield, 2014.

Campbell, Charles. *Preaching Jesus*. 이승진 역. 『프리칭 예수』. 서울: 기독교문서선교회, 2001.

Chopp, Rebecca. "Practical Theology and Liberation." In *Formation and Reflection: The Promise of Practical Theology*, edited by Lewis Mudge and James Poling, 120-38. Philadelphia: Fortress Press, 1987.

Farley, Edward. *Theologia: The Fragmentation and Unity of Theological Education*. 윤석인 역. 『신학교육의 개혁』. 서울: 부흥과개혁사, 2020.

Freire, Paulo. *Pedagogy of the Oppressed*. 남경태 역. 『억눌린 자를 위한 교육학』. 서울: 그린비, 2002.

Gerkin, Charles. *The Living Human Document*. 안석모 역. 『살아있는 인간문서』. 서울: 한국심리치료연구소, 1998.

Graham, Elaine, Heather Walton, and Frances Ward, eds. *Theological Reflection: Methods*. London: SCM Press, 2005.

Hurding, Roger. *The Tree of Healing: Psychological & Biblical Foundations for Counseling and Pastoral Care*. 김예식 역. 『치유나무: 목회돌봄 및 상담치료에 대한 종합적 이해』. 서울: 장로교출판사, 2000.

Hutchison, William. *The Modernist Impulse in American Protestantism*. Durham, NC: Duke University Press, 1992.

Jang, Shin-Geun. "Understanding G. A. Coe's Religious Educational Thought in Rhetorical Key and Its Implications for the Current Korean Christian Education." 『장신논단』 46(3) (2014), 277-302.

Keely, Barbara, ed. *Faith of Our Foremothers*. 유재덕 역. 『현대기독교교육과 선구자들』. 서울: 하늘기획, 2017.

Little, Sara. "Theology and Education." In *Harper's Encyclopedia of Religious Education*, edited by Iris Cully and Kendig Cully, 649-55. San Francisco: Harper&Row, 1990.

Livingston, James. *Modern Christian Thought*. 이형기 역. 『현대기독교사상사(1)』. 서울: 한국장로교출판사, 2000.

Mikoski, Gordon, and Richard Osmer. *With Piety and Learning: The History of Practical Theology at Princeton Theological Seminary 1812-2012*. Münster: LIT Verlag, 2011.

Miller-McLemore, Bonnie, ed. *Feminist and Womanist Pastoral Theology*. Nashville: Abingdon Press, 1999.

Miller, Randolph, ed. *Theologies of Religious Education*. Birmingham, AL: Religious Education Press, 1995.

Oden, Thomas. *Kerygma and Counselling*. 이기춘, 김성민 역. 『케리그마와 상담』. 서울: 전망사, 1983.

Osmer, Richard, and Friedrich Schweitzer. *Religious Education between Modernization and Globalization: New Perspectives on the United States and Germany*. Grand Rapids, MI: William B. Eerdmans Pub. Co., 2003.

_____. "Ch. 13: Practical Theology." In *Mapping Modern Theology*. Edited by Kelly

Kapic and Bruce McCormack. 박찬호 역. "제13장: 실천신학." 『현대신학 지형
도: 조직신학 각 주제에 대한 현대적 개관』. 서울: 새물결플러스, 2016, 533-71.

Phan, Peter. *Asian Christianities: History, Theology, Practice*. Maryknoll: Orbis Books, 2018.

Ramsay, Nancy. "Ch. 17: Emancipatory Theory and Method." In *The Wiley Blackwell Companion to Practical Theology*, edited by Bonnie Miller-McLemore, 183-92. Chichester, West Sussex: John Wiley & Sons, 2014.

_____. *Pastoral Care and Counseling: Redefining the Paradigms*. 문희경 역. 『목회상담의 최근 동향』. 서울: 그리심, 2012.

Rauschenbusch, Walter. *A Theology for the Social Gospel*. 남병훈 역. 『사회복음을 위한 신학』. 서울: 명동, 2012.

Schipani, Daniel. "Ch. 14: Liberation Theology and Religious Education." In *Theologies of Religious Education*. Edited by Randolph Miller. 고용수, 박봉수 역. "제14장: 해방신학과 종교교육." 『기독교 종교교육과 신학』. 서울: 한국장로교출판사, 1998, 286-87.

_____. *Religious Education Encounters Liberation Theology*. Birmingham, AL: Religious Education Press, 1988.

Smart, James. *The Rebirth of Ministry*. Philadelphia: The Westminster Press, 1960.

_____. *The Teaching Ministry of the Church*. 장윤철 역. 『교회의 교육적 사명』. 서울: 대한기독교교육협회, 1990.

Thurneysen, Eduard. *Seelsorge im Volzug*. 박근원 역. 『목회학 실천론: 목회실천의 원리와 방법』. 서울: 한국신학연구소, 1977.

_____. *Die Lehre von der Seelsorge*. 박근원 역. 『목회학원론』. 서울: 성서교재간행사, 1997.

20세기 실천신학의 세 가지 유형 탐구 (2):
비판적 상관관계 신학, 해석학적, 신앙 공동체적 형성 유형

들어가는 말

　이 장에서는 제2장에 이어서 20세기에 출현한 또 다른 세 가지 유형의 대표적인 실천신학에 초점을 맞춘다. 물론 20세기 실천신학의 유형을 모두가 동의하는 유형으로 정확하게 구분하여 제시하는 것은 불가능한 작업이라 할 수 있다. 하지만 당대의 주요한 시대적 도전, 신학적 경향, 대표적 학자들과 같은 일정한 기준에 의하여 눈에 띄는 유형들을 구별하여 비판적으로 고찰하는 것은 실천신학의 미래 과제를 모색하는데 있어서 필수적인 작업이다. 동시에 기독교교육학을 비롯하여 실천신학의 다른 하위분야들목회상담학, 예배, 설교학, 영성신학 등 사이의 활발한 대화가 여전히 부족한 현실을 고려할 때, 이러한 역사적 연구는 실천신학의 미래를 위하여 지속적으로 수행되어야 할 것이다.

　이러한 점을 염두에 두고 이 장에서는 "비판적 상관관계신학 유형"쉐릴, 힐트너, 브라우닝, "해석학적 유형"그룹, 거킨, "신앙 공동체적 형성 유형"웨스터호프, 켐벨 등과 같은 세 가지 유형의 실천신학 사이의 비교를 통한 비판적 논의를 시도한다. 특히 여기에서는 근대성의 도전에 대한 응답을 시도하였던 20세기 전반과는 다르게, 여러 차원에서 다원주의적 경향이 심화되기 시작한 20세기 후반의 포스트모던 상황에 대하여 이러한 세 가지 유형의 실천신학이 어떻게 응답하였는가에 주목한다. 이를 위하여 먼저 기독교교육학, 목회상담학, 그리고 설교학 분야에서 각 유형별로 2-3명의 대표적 학자를 선별하여 중심 사상을 유형별 특징과 연관하여 논의한다. 그리고 시대적 상황, 신학과의 관계, 학제적 대화, 그리고 실천이라는 주제를 중심으로 각 유형에 대한 비판적 평가를 시도한다.

I. 비판적 상관관계신학 유형

비판적 상관관계신학 혹은 수정주의신학은 "중재의 신학자", "문화
신학자", 혹은 "경계선상의 신학자"로 불리는 폴 틸리히 Paul Tillich, 1886-1965 의
상관관계신학에서 그 기원을 찾을 수 있다. 상관관계신학의 목적은 "기독
교가 종교적으로 회의적이고 문화적으로 현대적이며 감성적으로 세속적인
사람들에게 이해되고 설득되도록 만드는 것"이었다[1]. 틸리히는 문화와 종
교, 보다 구체적으로는 심리학 또한 실존철학 과 기독교 사이의 상관관계를 통하
여 전자는 인간의 실존에 대한 질문을 소외, 수용, 치료, 불안 등과 같은 심
리학의 개념을 통하여 제시하고, 후자는 이에 상응하는 궁극적 대답을 제
시하는 신학방법을 제안하였다. 그는 "구체적인 현실 속에서 '종교'와 '문
화'는 언제나 하나의 단일체로서 '종교의 형식'이 문화가 되고 문화의 실체
가 종교가 되기 때문에 이 양자를 연관 짓는 일이 가능하다"고 보았다. 이
에 따라 그의 조직신학은 "이성과 계시", "존재와 하나님", "실존과 그리스
도", "삶/생명과 성령", "역사와 하나님 나라" 등과 같이 실존철학적 질문
과 이에 상응하는 신학적 응답이라는 상관관계 속에서 수행된다[2].

---

1   David Kelsey, "Paul Tillich," in *The Modern Theologians: An Introduction to Christian Theology since 1918*. 3rd ed., ed. by David Ford and Rachel Muers, 김남국 외 3인 역, "폴 틸리히," 『현대 신학자 연구』 (서울: CLC, 2022), 116.
2   Paul Tillich, *Systematic Theology*, Vol. 4 (Chicago: University of Chicago Press, 1963).

상관관계신학은 시카고 대학교 신학부 교수였던 데이비드 트레이시 David Tracy에 의하여 "비판적 상관관계신학" 혹은 "수정주의신학"으로 이어졌다. 트레이시는 철학이 질문을 제시하고 신학이 단순히 이에 상응하는 답을 제시하는 틸리히의 상관관계 방법은 너무 일방적이라고 보고, 양자 사이의 상호성을 강조하였다. 즉, 신학과 타 학문 양자가 상호적으로 비판적인 질문과 대답을 주고받을 수 있어야 진정한 학제적 대화가 가능하다는 것이다.

같은 시카고 대학교 신학부의 종교심리학 교수였으며 실천신학자인 단 브라우닝도 오늘의 다원주의적 상황에서 신학을 공적 담화public discourse 로 정의하면서, 신학과 타 학문의 대화에 있어서 양자는 상호적인 비판적 관계를 지향해야 한다고 보았다. 실천신학 분야에서 상관관계신학의 관점에 기초하여 기독교교육을 전개한 학자는 루이스 쉐릴이며, 비판적 상관관계신학에 기초한 목회상담학의 선구자는 씨워드 힐트너라고 할 수 있다. 이는 이후에 단 브라우닝에 의하여 본격적으로 전개되었다.

1. 상관관계신학 유형: 쉐릴

틸리히의 상관관계신학 접근은 미국의 장로교 기독교교육 학자인 루이스 쉐릴1892-1957의 저서에 잘 나타난다. 그는 "불안정, 비탄, 절망에 고민하는 곤란의 시대" 상황에서 심리학과의 대화를 통한 "만남"encounter의 기독교교육을 시도하였다. 이를 위하여 신생아부터 노년기까지 종교적 삶의 심리적 차원을 기술한 『만남의 종교심리 (1981)』The Struggle of the Soul, 1953에서는 실험심리학이나 발달심리학보다는 정신분석학을 통하여 인간 본성에 대한 이해를 시도하였다. 그가 정신분석학을 선택한 이유는 인간의 본성에 대하여 관계적 언어를 사용함으로써 보다 총체적인 이해가 가능하다고 보았기 때문이다. 이 과정에서 쉐릴은 불안anxiety, 지각perception, 관계relationship, 양면 감정ambivalence, 동일화identification 등의 주제를 중심으로 인간 본성에 대한 이해를 시도하고, 이들과 하나님과의 만남을 통한 신앙적 양육의 차원을 연계시켰다.

『만남의 기독교교육(1981)』The Gift of Power, 1955 에서는 1) 위기의 신호, 2) 신학적 쇄신에 대한 요청, 3) 현대적 삶의 심층에 대한 탐색 등과 같은 쉐릴의 고유한 수사적 표현을 발견할 수 있다.[3] 쉐릴은 『만남의 기독교교육』뿐 아니라 자신의 여러 책에서 근대성이 수반하는 위기들을 지적하면서 근대성을 긍정의 눈으로 바라본 자유주의 신학자들과는 다르게 현실주의적 평가를 내린다. 그는 이러한 현실에 대한 교회의 응답은 신학적 쇄신이어야 한다고 주장하면서, 종교개혁 신학의 중심 주제를 회복하기 위하여 틸리히를 비롯하여 니버 형제, 에밀 부르너, 죄렌 키에르케고어Søren Kierkegaard의 신학에 기초한다. 그는 이러한 신학적 주제의 회복을 위해서, 문화의 심층적 차원에 있어 신프로이트 심리학자인 캐런 호니Karen Horney와 해리 설리번Harrry Sullivan 등의 심층심리학과 같은 문화적인 근대성의 자료들resources을 통하여 질문하고, 이를 기독교적 대답과 상관 관계시키는 만남의 기독교교육 모델을 제안한다.[4]

쉐릴에 의하면 심리학적으로 볼 때, 인간은 "자기 초월과 창조적, 가능적 존재"potential self 이면서 동시에 "불안에 떠는 실존적 자아"existing self 이다. 신학적으로 인간은 "하나님의 형상"으로 지음 받은 존재이지만, 동시에

---

3 Richard Osmer and Friedrich Schweitzer, *Religious Education between Modernization and Globalization: New Perspectives on the United States and Germany* (Grand Rapids, MI: William B. Eerdmans Pub. Co., 2003), 128-30.

4 위의 책, 129.

94   포스트시대의 실천신학과 기독교교육학

"타락"한 존재이다. 즉, 인간은 하나님의 형상으로 지음 받은 "가능적 자아"이면서, 동시에 불안에 떠는 "실존적 자아"로서 타락한 존재라는 역설적 양면성을 지닌다. 하나님으로부터 분리된 실존적 인간은 존재화를 위협하는 존재론적 불안, 신경증적 불안, 상황적 불안 등에 빠지게 되는데, 이는 하나님의 계시를 요청한다. 니버에 의하면 계시란 하나님과 인간 사이의 변형적 만남이다.[5]

기독교교육의 과제는 하나님과 인간 사이의 관계 회복, 혹은 인격적 만남을 통하여 "실존적 자아"가 "가능적 자아"로, 혹은 "타락한 인간"이 "하나님의 형상을 회복한 인간"으로 변화되도록 지원하는 것이다. 이러한 만남을 통한 변화는 가정과 교회로 대표되는 "기독교 공동체"communion 안에서 복음의 커뮤니케이션을 통하여 이루어진다. 쉐릴은 복음의 커뮤니케이션에 있어서 성서의 다양한 상징의 중요성을 강조한다. 하나님과 인간의 만남에 있어서 상징은 하나님의 계시, 인간의 곤경, 하나님과 인간 사이의 만남 이야기의 공통적 매개체를 제공한다.[6] 성서 교육법에서도 쉐릴은 틸리히처럼 창조, 주권, 소명, 심판, 구속, 재창조, 섭리, 신앙생활 등 성서에 나타나는 다양한 주제들themes을 인간의 곤경predicament과 대응correspondence 또는 상호연관 시키는 방법을 제안한다.[7]

---

5   Lewis Sherrill, *The Gift of Power*, 김재은 역, 『만남의 기독교교육』(서울: 대한기독교출판사, 1981), 124-26.

6   위의 책, 153-73.

7   위의 책, 227-37.

2. 비판적 상관관계: 힐트너, 브라우닝

목회상담학에서 비판적 상관관계 접근은 먼저 씨워드 힐트너[1909-1984]에게서 찾아볼 수 있다. 그는 틸리히의 상관관계신학의 영향으로 신학적 주제와 심리학적 주제를 연관시키는 법을 배웠으나. 사실상 자신의 방법을 틸리히의 방법과 구별한다. 즉, 틸리히는 신학[신앙]과 문화[심리학]의 대화에서 해답은 항상 신학으로부터 온다고 가정하는 오류를 범하고 있다.[8] 힐트너는 이러한 대화에서 쌍방통행이 가능하다고 보면서 "… 문화에 의해서 제기된 문제에 대해 신앙이 해답을 가지고 있다고 주장할 수 있는 것과 마찬가지로, 신앙에 의해 제기된 문제에 대해서 문화가 해답을 찾을 수 있다고 말하는 것이 필요하게 되었다"라고 주장한다.[9] 즉 틸리히의 상관관계 방법은 "신학적 입장에서 심리학을 이해하는 방법이지만, 힐트너의 방법은 인간의 실존을 이해하기 위해 심리학과 신학을 상호비판적으로 사용한다는 점에서 수정된 상관관계방법[revised method of correlation]에 가깝다"라고 할 수 있다.[10]

비판적 상관관계 방법을 본격적으로 시도한 목회상담학자는 단 브라우닝[1934-2010]이다.[11] 그는 오늘의 목회적 돌봄이 이중적 위기에 처했다고 본다. 첫째는 돌봄이 기구적, 개념적, 상대적으로 자율화된 영적, 심리적, 육체적 영역으로 분화되었다[지원의 분화화 현상]. 둘째는 다원주의적 문화와 사회적

---

8 Don Browning, ed., *Practical Theology*, 이기춘 역, 『실천신학』(서울: 대한기독교출판사, 1986), 239-49.

9 위의 책, 243.

10 손운산, "시워드 힐트너(Seward Hiltner)," 한국목회상담학회, 『현대목회상담학자연구』(서울: 돌봄, 2012), 68.

11 이하 내용은 장신근, "제2장: 공적신학과 공적실천신학의 세 가지 모델," 장신근, 『공적실천신학과 세계화시대의 기독교교육』(서울: 장로회신학대학교출판부, 2007), 60-63에서 많은 부분을 가져왔다.

상황이다.[12] 이러한 상황에서 브라우닝은 실천신학이 이와같이 파편화된 분야들을 하나로 통합할 수 있는 방법을 제공해야한다고 역설한다. 즉, 목회적 돌봄은 오늘의 다원주의 상황에서 보편적인 차원의 "실천적 도덕 이성"practical moral reasoning에 기초하여 기독교 전통과 교회 내부와 공적 세계의 상황을 비판적으로 상관시켜서 합의를 이끌어낼 수 있는 방법이어야 한다.

브라우닝은 트레이시의 수정주의 또는 비판적 상관관계 방법론에 기초하여 "기독교적 증언의 해석에서 나타나는 인간행위와 성취에 대한 규범들"과 "일상의 인간경험에 대한 다양한 해석에서 나타나는 행위와 성취에 대한 규범들" 사이를 상호연관 시킨다.[13] 실천신학은 이러한 두 가지를 "보편적인 실천 도덕 이성"universal practical moral reasoning을 통하여 상호 비판적으로 연계시킴으로서 교회와 공적 세계 모두를 포괄하는 공적인 성격을 지니게 된다. 이러한 상호 비판은 1) 문제에 대한 경험experience of problem, 2) 집중과 청취attention and listening, 3) 비판적 분석과 비교critical analysis and comparison, 4) 결정과 전략decision and strategy 등의 네 가지 단계[14]를 거치면서 진행된다. 보다 구체적으로, 상호 비판적 상관관계는 다음과 같은 실천적 도덕 이성의 다섯 가지 차원에서 이루어진다.

1) "비전적은유적 차원"visional dimension은 우리가 어떠한 세계에 살고 있으며 우리에게 가장 궁극적인 것은 무엇인가에 초점을 맞추는 것으로 세계관을 형성하고 표현하는 신화들과 이야기들을 포함한다.

2) "의무적 차원"obligational dimension은 우리는 무엇을 해야 하는가에 초점을

---

12   Browning, ed., 『실천신학』, 13.
13   Don Browning, *Religious Ethics and Pastoral Care* (Philadelphia: Fortress Press, 1983), 50.
14   위의 책, 51-52.

맞추는 것으로 윤리적 차원을 뜻한다.

3) "경향성-욕구 차원" tendency-need dimension 은 도덕적인 선에 앞서서 pre-moral 우리가 우리 자신의 생존을 위하여 가지고 있는 경향성과 기본적인 욕구들을 충족해 나감에 있어서 어떠한 것들이 도덕적으로 정당화될 수 있는가에 초점을 맞추는 것이다.

4) "상황적-사회적 차원" environmental-social dimension 은 우리를 둘러싸고 있는 상황은 무엇인가에 초점을 맞추는 것으로 물리적, 인간적 환경의 차원을 뜻한다.

5) "규칙-역할 차원" rule-role dimension 은 우리의 도덕적인 목적을 이루기 위하여 우리가 따라야 할 의사소통의 구체적인 역할, 규칙, 과정은 무엇인가에 초점을 맞추는 것으로 우리의 실천이 따라야 할 패턴들을 뜻한다.[15]

즉, 목회상담에서 가장 중요한 신학과 심리학 사이의 대화는 1) 문제에 대한 경험, 2) 집중과 청취, 3) 비판적 분석과 비교, 4) 결정과 전략의 4단계와 실천적 도덕 이성의 다섯 가지 차원에 기초하여 상호비판적으로 진행된다.

---

15   위의 책, 53-71.

II. 해석학적 유형

　　모든 인간 경험이 지닌 해석의 본성에 대한 비판적 성찰로서의 해석학은 신학, 특히 실천신학에 지대한 영향을 끼쳤다. 트레이시에 의하면 실천신학은 "기독교적 사실의 해석된 이론이나 프락시스와 현대적 상황의 해석된 이론 및 프락시스 사이의 상호비판적인 상관관계"이다.[16] 이처럼 실천신학이 기독교의 역사, 전통, 실천을 오늘의 상황과 매개하는 작업이라고 한다면, 이는 해석학적 의미를 지닌다고 할 수 있다. 해석학은 실천신학의 메타 학문적 차원뿐 아니라 경험적 연구조사를 비롯한 다양한 방법론에도 지대한 영향력을 발휘하였으며, 현재도 여전히 중요한 위치를 차지하고 있다. 여기에서는 기독교적 종교교육을 주창한 가톨릭 종교교육학자인 토마스 그룹의 공유적 실천이론과 찰스 거킨의 해석학적 목회상담학에 초점을 맞추어 논의하기로 한다.

1. 그룹

　　토마스 그룹1945- 은 "공유적 실천"shared praxis 이론으로 널리 알려져 있는 가톨릭 기독교 종교교육학자이다. 그는 『기독교적 종교교육(1983)』에서 먼저 기독교적 종교교육은 "하나님 나라를 위한 교육", "기독교 신앙을 위한 교육", "인간 자유를 위한 교육" 등을 지향하는 교육임을 밝히면서 각각

16　위의 책, 85.

에 대한 성서적, 신학적, 기독교 교육학적 논의를 전개한다.[17] 그리고 이 책이 출판된 1980년대 당시의 기독교교육적 상황을 진단하면서 갈등 관계에 있었던 두 개념인 "사회화"와 "교육" 사이의 통합을 위한 공유적 실천이론을 제안하기 위하여 아리스토텔레스Aristotle, 그리스 주지주의 철학자들, 마르크스Karl Marx, 하버마스Jürgen Habermas, 그리고 파울로 프레이리 등의 프락시스 개념을 고찰한다. 그룸은 이를 통하여 공유적 실천에 기초하여 해석학적 과정으로서 기독교 종교교육이 지향하는 앎은 사변적, 추상적, 혹은 객관적 앎이 아니라, 성서에 나타나는 관계적, 경험적, 성찰적 앎이라고 주장한다. 또한 이러한 앎은 이론과 실천 사이의 상호성과 인간해방과 자유를 추구하는 실천적 앎이다.

공유적 실천은 교육적 의도로 구성된 해석 활동이라 할 수 있는데, 해석학적 원리에 따라서 기독교 이야기와 비전Story & Vision 의 조명하에 학습자들의 현재 프락시스 또는 이야기stories 에 대한 비평적 성찰을 변증법적으로 대화시킨다. 공유적 실천 모델은 "인간의 나눔의 본성에 대한 강조", "공적 신앙으로의 전환", "새롭게 부각하는 접근법", "신앙 문화화" 등의 특징을 지니고 있다. 그룸은 『나눔의 교육과 목회 (1997)』를 통해 자신의 초기 저서에서 제안한 5가지 무브먼트에 "초기화 활동"을 추가하고 수정하여 정교화하였다.[18]

"초기화 활동"은 커리큘럼의 주제특히 발생적 주제, generative theme 를 명료화시키고, 주제가 미리 정해지지 않은 경우 참석자들과 함께 주제와 방향을 정하

---

17 Thomas Groome, *Christian Religious Education*, 이기문 역, 『기독교적 종교교육』 (서울: 한국장로교출판사, 1983).

18 Thomas Groome, *Sharing Faith: A Comprehensive Approach to Religious Education and Pastoral Ministry*, 한미라 역, 『나눔의 교육과 목회』 (서울: 기독교대한감리회 홍보출판국, 1997).

는 단계이다.

1) "현재 프락시스^삶를 표현하기"는 학습자^{참여자}들이 현재의 행동 혹은
삶, 사회적 행위, 위치 등을 언어와 상징, 마임, 춤 등 기타 여러 방법을
사용하여 표현해 보는 단계이다.

2) "현재 삶에 대한 비판적 성찰"은 제 1무브먼트에서 표현된 것을 비판
적, 분석적, 역사적 사고뿐 아니라, 창의적이고 사회적인 상상력까지 사
용하여 성찰하는 것이다.

3) "기독교 이야기와 비전에 접근하기"는 성서, 전통, 예식과 같은 기독교
의 이야기와 하나님의 통치의 비전을 초기화 활동에서 정한 주제 혹은
상징들에 적용하는 단계이다.

4) "기독교 이야기와 비전의 자기화"는 제 3무브먼트에서 배운 기독교 이
야기와 비전을 개개인의 현재 프락시스에 적용하는 단계이다. 즉, "자
신의 삶과 기독교 이야기와 비전을 변증적 관계에서 해석한다."[19] 변증
적 해석이란 "참여자가 자신의 삶, 역사적 상황에 기독교 이야기와 비
전을 적용해 보는 단계로서 그 결과 그 이야기와 비전을 자기화 할 수
있게 된다."[20]

5) "실천적 신앙을 위한 결단/응답"은 "제 4무브먼트에서 자기화 시킨 기

---

19 위의 책, 56-57.
20 위의 책, 57.

독교 이야기/비전을 실제로 실현시키기 위한 전략을 세우는 단계"이
다. 여기에서 참여자들은 대화를 통하여 각자의 기독교적 실천의 몫을
정한다.

　이처럼 그룹의 공유적 실천 과정은 연속되는 해석의 과정으로 이루어
져 있다. 참여자들은 먼저 초기화 활동에서부터 자신의 현재 삶 가운데서
중요한 주제를 선택하는데^{발생적 주제}, 이러한 선택 행위 자체가 참여자의 삶
과 경험과 연계된 해석적 과정의 결과라고 할 수 있다. 그리고 이러한 삶에
대한 비판적 성찰 과정과, 이를 기독교의 이야기 및 비전의 빛 아래에서 변
증법적으로 대화하는 과정, 참여자와 기독교의 이야기와 비전 사이의 만남
을 통하여 이루어지는 지평융합의 과정, 참여자들이 앎의 결과를 실천하는
과정 모두가 해석적 과정이다. 공유적 실천은 개인적 차원과 더불어 참여
자들의 공동체적 차원의 해석과정을 중시하는데, 참여자는 해석적 활동의
주체이며 교사는 이들의 해석과정을 촉진하고 지원하는 동반자 역할을 한
다.

　그룹의 공유적 실천은 다음과 같은 해석학적 인식론을 전제하고 있
다. 즉 "앎이란 객관적이고 가치중립적으로 일어나는 것이 아니라, 인식하
는 사람의 삶과 경험, 그리고 사회적 상호작용들이 떼려야 뗄 수 없게 연결
된 순환의 관계에 있고, 그렇기 때문에 앎은 인격과 연결되고, 이론은 실천
과 순환관계에 있으며, 앎은 행위와 불가분리의 관계 안에 있다. …"[21]

21　양금희, 『해석과 교육』(서울: 장로회신학대학교출판부, 2007), 180.

2. 거킨

에모리 대학교 캔들러 신학대학원의 임상목회교육 교수였던 찰스 거킨[1922-2004]은 단 브라우닝, 제임스 랩슬리[James Lapsley], 존 패튼[John Patton]과 더불어 1980년대부터 본격적으로 시작된 목회상담의 신학적, 신앙적, 교회적 정체성 회복운동에 앞장선 인물이다.[22] 이 운동은 그동안 목회상담학이 지나치게 심리학을 비롯한 사회과학에 의존해 온 것을 반성하면서 목회상담학의 기독교적 정체성을 정립하기 위한 것이었다. 그는 오랜 기간에 걸친 목회상담, 위기목회, 학제적 임상경험 등을 통하여 해석의 문제에 관심을 가지게 되었고, 이를 학문적으로 발전시켜나갔다.[23] 그는 목회현장에서 만나는 사람들의 위기체험[crisis experience]에 대한 해석을 중요시하였는데, "신학을 심리치료 이론에 종속시키지도 않고, 심리치료적 언어를 섣불리 신학적 용어나 하나님 이야기 속에 종속시키지도 않는 방법"을 고민하였다.[24]

이러한 맥락에서 거킨은 『살아있는 인간문서(1998)』에서 신학적 언어와 심리학적 언어를 통합하기 위하여 제3의 메타언어로서의 해석학을 목회상담학에 도입하여 이를 해석학적으로 구성하여 전개하였다. 인간이란 근본적으로 "해석하는 인간"[hermeneutic person], 즉 "의미를 만들어 가는 사람"[meaning maker]이라고 보았던 거킨은 안톤 보이슨의 용어인 "살아있는 인간문서"라는 개념에 기초하여, 목회상담이란 상담자가 내담자의 삶을 텍스트로 보고 이를 해석하는 과정이라고 보았다. 즉, 목회상담이란 "상담자와 내담자가 모두 참여하여 두 사람의 언어의 세계를 넘나들며 교류하는 대화의

---

22 Charles Gerkin, *The Living Human Document*, 안석모 역, 『살아있는 인간문서』(서울: 한국심리치료연구소, 1998), 259.
23 위의 책, 32-43.
24 위의 책, 39.

해석학적 과정"이라는 것이다.[25] 그런데 이러한 대화는 상담자와 내담자 사이에서 일어나지만, 상담자 안에서 더욱 빈번하게 일어난다.

거킨의 해석학적 상담학에서 가장 중요한 도구는 환경 setting 혹은 분위기 atmosphere, 플롯 plot, 인물 character, 톤 tone 등의 특징을 지닌 이야기이다.[26] 그는 자신의 목회상담 경력 초기에 일탈 청소년들을 진단하는 방법으로 투사적 성격 검사법의 일종인 "이야기하기" 방식을 사용하였고, 그 후에 웨슬리 코트 Wesley Kort, 존 도미닉 크로산 John Dominic Crossan, 노드롭 프라이 Northrop Frye 등의 이야기 이론과 문예비평 이론 등을 목회상담과 접목하였다. 거킨은 이야기를 일차적으로 "사물에 대한 언어적 모사"로 본다. "더 나아가 그것은 단순한 모사가 아니라, 사물과 사건 사이의 인연과 결과를 담고 있는 모사다 … 더 나아가 그 의사전달자를 형성하고 변혁시키는 인간형성의 도구이기도 하다."[27]

이러한 맥락에서 거킨에게 상담이란 내담자가 상담자와 이야기를 나누고 해석하는 가운데 내담자의 이야기가 변화되는 과정이다. 이때 내담자뿐 아니라 상담자도 자신의 이야기전이해를 상담의 현장에 가지고 온다. 이러한 두 이야기 사이에는 가다머가 주장한 것처럼 의미와 이해의 "지평융합" 혹은 "상호주관적 합병"이 이루어진다.[28] 내담자의 이야기와 상담자가 가지고 온 하나님의 이야기가 지평융합을 이루어 "대안 이야기"가 생겨나며, 혹은 두 이야기가 합류되면서 이야기의 변화가 일어난다. 상담은 사람들의 이야기를 성서에 기초한 하나님의 이야기 안에 포함시키는 과정이다.[29] 상담자의 역할은 내담자가 자신의 이야기를 해석하고, 이것을 성서의

25   위의 책, 31.
26   위의 책, 143-44.
27   안석모, 『이야기 목회, 이미지 영성』 (서울: 도서출판 목회상담, 2002), 179.
28   Gerkin, 『살아있는 인간문서』, 55.
29   Charles Gerkin, *Widening the Horizons: Pastoral Responses to a Fragmented Society* (Philadel-

이야기에 의하여 창조적으로 재구성 혹은 새롭게 이야기하도록 도와주는 해석적 안내자interpretive guide 이다.[30]

여기에서 성서의 이야기는 세상의 모든 이야기를 포괄하는 이야기 overarching narrative 이며, 사람들에게 토대를 제공하는 이야기 grounding narrative 이며, "하나님이 의도하시는 목적과 방향인 플롯"의 관점에서 세계를 바라보게 해준다.[31] 상담은 개인 대 개인의 만남이기도 하지만 이야기와 상식을 공유하는 교회 공동체의 사역이다. 그는 이러한 맥락에서 상담을 다음과 같이 정의한다. "기독교공동체와 그 공동체가 구현하는 이야기를 자원으로 한 사람의 이야기를 새롭게 보고, 새롭게 이야기하며, 그 이야기의 변화를 통해 그 사람의 삶의 형성과 변혁을 도와주는 것"이다.[32]

Ⅲ. 신앙공동체적 형성 유형

신앙공동체적 형성 유형은 신학적으로는 서로 구분되면서도, 신앙공동체에 대한 강조에서는 공통점을 지닌 두 가지 접근을 포함한다. 첫째는 보다 초기의 형태로, 해방신학적 관점에 기초한 존 웨스터호프[1933- 의 "신앙공동체" 혹은 "종교사회화/신앙문화화" 모델이다. 이 모델은 두 번째 모델과는 다르게 비판적 상관관계신학에 대한 명시적인 비판으로 시작하기

---

phia: Westminster, 1986), 54.

30   Charles Gerkin, *An Introduction to Pastoral Care*, 유영권 역, 『목회적 돌봄의 개론』(서울: 은성, 1999), 133-34.
31   Gerkin, *Widening the Horizons*, 48-51.
32   안석모, 『이야기 목회, 이미지 영성』, 186.

제3장 20세기 실천신학의 세 가지 유형 탐구 (2): 비판적 상관관계 신학, 해석학적, 신앙 공동체적 형성 유형   **105**

보다는, 기독교적 신앙생태계가 상실되어가는 1960년대 미국의 상황에서 기독교 신앙공동체를 통한 신앙의 양육을 지향하는 모델이다. 신앙공동체인 회중의 맥락에서 모든 세대가 성서의 이야기, 예전, 삶의 경험 등의 공유를 통한 신앙 양육을 지향한다는 점에서 두 번째 모델과 유사하다. 하지만 신학적 입장에서는 해방신학을 채택함으로써 차이를 보인다.

두 번째는 바르트신학, 알래스데어 맥킨타이어^{Alasdair MacIntyre}의 공동체적 덕윤리, 비트겐쉬타인^{Ludwig Wittgenstein}의 언어철학, 클리포드 기어츠^{Clifford Geertz}의 문화인류학 등에 기초한 후기 자유주의 신학과 깊이 연관되어 있는 설교학자 찰스 켐벨의 모델이다. 한스 프라이^{Hans Frei}, 조지 린드백^{George Lindbeck}, 윌리암 플래쳐^{William Placher}, 스탠리 하우어와스^{Stanley Hauerwas} 등은 넓은 의미의 후기 자유주의 신학자로 볼 수 있다. 이들은 인간의 종교적 경험의 보편성을 강조한 비판적 상관관계 신학자들의 주장에 이의를 제기하고, 기독교적 정체성과 독특성, 신앙의 문화-언어적 차원, 공동체를 통한 신앙적 품성 형성 등을 강조한다.

1. 웨스터호프

웨스터호프는 1960년대 신정통주의신학과 이에 기초한 기독교교육 운동, 주일학교의 쇠퇴와 함께 미국 사회의 급속한 변화의 소용돌이 가운데서 대안적 형태의 기독교교육을 모색하였다. 그는 *Values for Tomorrow's Children* (1970)과 기독교교육학의 역사에서 전환점을 마련한 『교회의 신앙교육 (1983)』이라는 자신의 저서에서 당시 기독교교육학이 직면한 현실을 진단한다. 그리고 미국의 역사에서 오랫동안 신앙교육의 핵심적인 역할을 해왔던 주일학교가 병들어 죽었다는 충격적인 선언을 하였다. 교회학교는 급격한 사회적 변화와 도전 앞에서 교사에 의한 일방적인 가르침 위주의 제도화된 학교식-교수 패러다임 schooling-instruction paradigm 에 지나치게 의존함으로써 다음 세대의 신앙계승에 실패하였고, 그 결과 수많은 젊은 세대가 교회와 신앙을 떠나버렸다. 그는 다음 세대를 위한 신앙계승의 실패는 교회가 신앙의 생태환경이 무너지는 시대적 상황에서도 여전히 상호적 의사소통이 없는 학교식의 형식화된 교수방법에 의존함으로써 신앙교육의 핵심인 인격적이고 공동체적인 특성을 놓쳐버렸다고 강하게 비판하였다.

웨스터호프에 의하면 이러한 상황에서 문제의 본질은 학교식-교수 패러다임을 부분적으로 개선하는 것이 아니라 근본적으로 그 패러다임을 전환하는 것이다. 이에 대한 대안으로 제안된 것이 바로 "신앙-문화화 공동체의 패러다임" community of faith-enculturation paradigm 또는 "종교사회화" religious social-ization이다. 여기에서 사회화란 "사람들이 어떤 사태와 사항에 직면하여 획득하거나 자기의 삶의 방식을 체득하는 경우에 작용하는 모든 의도적이고, 무의도적인 영향 관계의 과정 전부"를 지칭한다.[33] 넓은 의미에서 "신앙공동체 이론"이라고 불리는 이 모델은 신앙이란 개인적인 교수를 통하여 가르쳐지는 것이 아니라, 신앙과 가치관을 공유하는 신실한 신앙공동체 안에서 예배의식, 경험, 행동 등을 통한 역동적인 상호작용을 통하여, 즉 문화화 혹은 사회화를 통하여 자연스럽게 내면화가 된다는 것이다. 여기에서는 명시적 커리큘럼보다는 잠재적 커리큘럼이 더욱 중요하다.

웨스터호프는 기독교교육의 핵심 현장으로 간주되는 신앙공동체인 교회는 먼저 "친교 속에서 그리스도인이 된다는 것이 무엇인가?"를 질문해야 한다고 강조한다. 즉, 그리스도인이 된다는 것은 신앙공동체 안에서 자

---

33   John Westerhoff III, *Will Our Children Have Faith?*, 정웅섭 역, 『교회의 신앙교육』(서울: 대한기독교교육협회, 1983), 43.

신의 사고방식과 삶의 방식을 타인에게 강요하는 것이 아니라 나누어 주는 것이며, 이를 통하여 서로에게 배우는 것이다.[34] 성인과 어린이는 예전, 봉사, 친교, 기도, 활동 등을 통하여 서로에게 배운다. 그는 "크리스챤으로서 타인과 함께 산다는 것, 그것이야말로 이미 본래적으로 교육적 사건이 아닌가?"라고 반문한다.[35] 다음 세대를 향한 신앙 계승은 신앙에 대해서 가르치는 것이 아니라, 공동체의 친교라는 맥락에서 함께 살아가는 과정에 참여할 때 가능하다.

> 신앙은 마음을 열고 그것을 행위하고 살아가는 방법이 아니고는 파악될 수 없는 사항이다. … 오히려 신앙은 역사 속에서 신앙의 전통을 담당하며 살아가는 공동체와 연결되어, 지금 여기에서 그 같은 믿음을 서로 나누는 사람들에 의해 단적으로 표명되며, 개혁되며, 새로운 의미를 획득해가는 일이다.[36]

웨스터호프는 초기에 이러한 신앙공동체 이론의 신학적 기초로 해방신학을 제안하는데, 그 이유는 해방신학이 종교교육운동의 신학적 기초인 자유주의신학과 기독교교육 운동의 신학적 기초인 신정통주의신학을 통합할 수 있는 가능성을 가지고 있기 때문이라고 주장한다.[37] 그는 해방신학적 반성의 결과로 기독교교육의 새로운 모델, 즉 "신앙-문화화 공동체의 패러다임"을 위한 방향성을 제시한다. 1) 신앙공동체는 "명확한 목적과 의도를 가지며, 계약에 기초하고 순례자의 길을 선택하며, 과격하고도 저항 문화

---

34 위의 책, 50.
35 위의 책, 51.
36 위의 책, 54.
37 위의 책, 67.

적이며, 한편 전승을 담당하면서도 개인과 공동체 생활의 전 영역을 포함하는 것이다." 2) 기독교교육의 방법은 행동인데, 이것은 "신앙으로 사는 사람들 상호 간의 행동이며, 다시 신앙의 전개를 뒷받침하고, 사람들로 하여금 예수 그리스도를 따르는 자로서 이 세계에서 근본적으로 또한 철저하게 살아갈 수 있도록 준비하는, 그러한 자리, 환경 속에서 행해지는 행동이다."[38]

구체적으로 이러한 신앙공동체는 첫째, "공통적인 기억memory 혹은 전승tradition과 삶에 관한 공통의 이해와 삶의 방식, 공통의 목적과 의지를 공유"하며, 둘째, "그 구성원들이 의미와 목적을 지닌 상호작용interaction을 유지할 수 있을 정도로 소규모"300명 정도여야 하며, 셋째, 조부모, 부모, 자녀 세대 등 "세 개의 세대three generation 사람들이 함께 존재하고, 그 사이에 상호작용이 일어날 필요"가 있으며, 넷째, "그 각 세대가 다하는 역할의 모두를 통합unite"해야 한다.[39] 이러한 신앙공동체에서는 의식ritual, 경험experience, 제반 활동들activities과 같은 공동생활의 세 가지 국면에 기초한 교육이 이루어져야 한다.[40] 그리고 신앙공동체의 구성원들은 신앙의 다양한 유형 또는 형태에 따라서 "경험적 신앙"유아기, "귀속적 신앙"아동, 청소년기, "탐구적 신앙"초기 성년기, "고백적 신앙"초기 성년기 이후 등의 형성을 위해 노력해야 한다.[41]

2. 켐벨

설교학자인 찰스 켐벨은 『프리칭 예수 (2001)』에서 찰스 라이스Charles

---

38 위의 책, 96-97.
39 위의 책, 102-105.
40 위의 책, 105-24.
41 위의 책, 143-78.

Rice, 프레드 크래독Fred Craddock, 에드문트 스테임멜Edmund Steimle, 유진 로우리 Eugen Lowry 등과 같은 당시의 서사적 설교학자들이 서사를 부적절하게 전용하고 있다고 비판한다. 이들이 주장하는 서사적 설교의 공통점은 1) 인간의 체험에 대한 강조, 2) 성경의 세계와 오늘의 세계의 연결, 3) 비유와 서사적 줄거리plot에 대한 강조 등이다. 오늘의 설교학에 대한 여러 가지 공헌에도 불구하고 이들은 설교를 개인적이고 체험적인 사건으로 이해함으로써 결국 자유주의적인 "신학적 연결주의"theological relationalism를 초래하는데, 이는 인간의 체험 없이는 하나님을 인정하지 않는 것을 뜻한다.

그래서 복음서의 서사를 통하여 그분의 정체성이 드러나는 예수 그리스도 안에 계시는 하나님 보다는, 바로 인간의 경험이 설교의 핵심으로 자리 잡게 된다. ⋯ [그 결과] 기독교의 하나님은 더 이상 성경적인 이야기들 속에서 하나님이 감당하고 있는 독특한 역할에 의하여 인식되지 않고, 하나님과 서로 관련을 맺고 있는 인간의 체험 속에서만 인식될 뿐이다.[42]

결론적으로 최근 서사 설교에서의 체험에 대한 강조는 "하나님을 지나치게 즉각적인 인간의 체험에 의존하도록 만드는 신학적 관계주의[연결주의]를 야기한다Campbell, 2001:229." 이와 더불어 켐벨에 의하면 최근의 서사적 설교학은 다음과 같은 부가적 문제를 가지고 있다. 첫째, "기독교 신앙을 개인의 영역에만 국한시키려는 결과를 초래"하였다. 둘째, "말씀-사건이라는 개념을 인간의 체험과 연결시키면서 설교의 언어를 매우 제한된 관점에서 이해"하였다. 셋째, 설교에서 개인적인 체험적 사건에 대한 강조와 동

---

42   Charles Campbell, *Preaching Jesus*, 이승진 역, 『프리칭 예수』(서울: 기독교문서선교회, 2001), 227-28. 이하 (Campbell, 2001:페이지)로 표시.

시에 설교의 역할을 신앙공동체를 세우는 것으로 보는 것 사이의 모순을 보인다. 넷째, 변화와 체험의 사건을 불러오는 설교학적 기교에 대한 맹목적 확신 등이다Campbell, 2001:229-32. 즉, 켐벨은 최근의 설교학은 "개인주의적이고 경험 중심적인 사건을 강조하며" 설교가 "근본적으로 신학적인 행위Campbell, 2001:20"임에도 불구하고 설교에 대한 분명한 신학적 반성이 부족하며, 설교신학도 부적절함을 지적하면서 후기 자유주의 신학자인 프라이의 문화-언어학적 접근에 기초하여 대안적 형태의 설교를 제안한다Campbell, 2001:20.

바르트신학에 큰 영향을 받은 프라이의 신학은 근대의 자유주의신학에 대한 비판에서 시작한다. 프라이에 의하면 "자유주의적이고 변증적인 신학은 오히려 기독교의 믿음이 갖는 종교적이고 도덕적인 의미를 보편적인 인간의 필요나 공통적인 인간의 경험과 관련지어서 주장하는 것을 지속적인 목표로 삼는다Campbell, 2001:68." 또한 프라이는 신정통주의신학에서도 벗어나서 "자유주의의 결점을 극복할 수 있는 탈자유주의적신학post-liberal theology을 비변증적인 방식으로 새롭게 발전시키려고 하였다Campbell, 2001:67." 프라이의 이러한 탈자유주의후기 자유주의신학에 기초한 설교학은 "기독교에 대한 문화-언어적 모델cultural-linguistic model과 공동체적 해석학"a communal herme- neutics Campbell, 2001:23 이라고 불린다.

이런 맥락에서 문화-언어적 설교는 먼저 "나사렛 예수의 정체성을 형성하고 있는 복음서의 특정 서사Campbell, 2001:296", 즉 예수 그리스도의 이야기를 다시 반복적으로 구현하는 것이며, 그 이야기가 설교의 내용과 형식을 형성한다Campbell, 2001:344. 설교는 이러한 나사렛 예수의 길을 따르려는 그리스도인들에게 예수의 정체성을 형성하는데 중요한 수단이다Campbell, 2001:296. 그런데 문화-언어적 설교는 그리스도인이 되어가는 것을 "특정한 문화-언어적 공동체 안에서의 사회화 과정 또는 문화화enculturation의 과정"

이라고 본다. 마치 어린이가 언어를 습득하는 것처럼 설교는 "기독교 공동체 안에서 한 사람의 경험과 이해, 그리고 삶을 형성시키는 언어와 실천들을 적절하게 사용할 줄 아는 능력을 습득하는 것의 문제"이다 Campbell, 2001:120. 이런 맥락에서 켐벨은 "교회의 설교는 신앙공동체의 공동의 삶을 형성하는데 필요로 하는 공적인 하부구조를 구축하는 것"을 돕는 것이라고 보는 월터 브루그만Walter Brueggmann 의 주장에 깊이 공감한다Campbell, 2001:356. 설교에서 중요한 것은 "종교적 체험이나 청중의 삶의 문제에 대한 실존적 응답이 아니라, 그리스도의 정체성이 교회 안에 구현되어 가는 공동체적 과정"이다Campbell, 2001:7.

켐벨에 의하면 설교는 "근본적으로 사람을 세워가는 작업 Campbell, 2001:350"인데, 이를 통하여 "청중 개개인에게 경험적인 사건을 느끼도록 해 줄 것이 아니라, 오히려 교회를 세워가는 것이어야 한다Campbell, 2001:345 ." 즉, 설교는 그리스도인들로 하여금 그들이 "언어를 올바로 사용할 수 있도록 그들을 훈련시킴으로써 교회를 세워가는 작업"이다Campbell, 2001:373. 문화-언어적 설교모델에서 언어는 자유주의 설교학자들이 주장하는 것처럼 "무언가를 불러일으켜 내거나 표현하려는 상징들의 집합체계 보다는 공적이고 공동체적인 행동에 대한 일종의 단체적인 지침"으로 이해된다Campbell, 2001:363. 설교의 언어는 "수행적이고 변혁적이며 참여적인 특성"을 지닌다 Campbell, 2001:373." 따라서 설교는 "예수 그리스도를 발견하고 그것을 구현해 내는 것에서부터 시작하여 그 뒤를 따라가는 교회를 세워나가는 것에까지 나가야한다Campbell, 2001:346 ."

이러한 맥락에서 켐벨은 프라이의 신학에 기초하여 전통적 설교와 귀납법적 설교를 넘어서서 "해석 공동체의 역할", "언어-문화적 모델", "언어적 하부구조", "본문 내향적 해설", "비트겐슈타인의 언어이론" 등을 강조하는 탈자유주의적후기 자유주의적 설교를 제안한다Campbell, 2001:12-15.

Ⅳ. 세 가지 유형의 실천신학에 대한 비판적 평가

여기에서는 1) 시대적 상황에 대한 응답, 2) 신학과의 대화, 3) 학제적 대화, 4) 실천의 문제 등 네 가지의 주제에 초점을 맞추어서 앞에서 논의한 20세기 후반의 세 가지 유형의 실천신학에 대한 비판적 평가를 시도한다.

1. 시대적 상황에 대한 응답

모든 신학이 상황적이라는 사실은 실천신학의 논의에서 더욱 분명하게 드러난다. 20세기 전반과 중반에 출현한 "개신교 자유주의 유형", "신종교개혁 유형", "비판적 프락시스 유형" 등의 실천신학이 대체로 "근대성"의 도전에 대한 응답과 관련되어 있다면, 이 장에서 다룬 세 가지 유형은 예외적인 경우가 있긴 하지만 대체적으로 시대적 변화에 따른 "포스트모던 상황" 혹은 "후기 근대성"에 대한 응답과 연관되어 있다.

비판적 상관관계신학 유형의 경우, 1950년대에 등장한 쉐릴은 여전히 근대성의 도전에 대한 문제들가정의 높은 이혼율, 가정생활의 내적 긴장 증가, 근대적 삶에 널리 퍼져 있는 불확실성, 불안, 죄책감, 절망 등과 씨름하였다. 하지만 브라우닝은 1970-80년대를 전후로 미국 사회가 급격히 다원화, 다문화화 되어감에 따라서 다원적 가치관과 또한 돌봄의 기구들이 다원화되어 가는 포스트모던 상황을 중요한 도전으로 간주한다. 이러한 맥락에서 브라우닝은 비판적 상관관계의 방법에 기초한 목회상담학을 그 해결책으로 제시한다. 접근 방법에서는 차이가 있지만, 비판적 상관관계 신학 유형에서는 근대성을 보다 긍정적으로 바라보고 동화적 모습을 보인 개신교 자유주의 유형과 유사하게, 다른 유형보다 기독교 신앙과 신학의 보편성과 개방성의 차원을 강조하는 가운데 포스트모던적 도전을 더욱 적극적으로 수용하며 대화하는 모습을 볼 수 있다.

해석학적 유형 역시 이 시기의 급격한 사회 변화를 반영한다. 그룸은 신학의 중요한 과제를 하나님 나라의 비전에 기초한 총체적 인간해방으로 제시하는데, 이는 근대화 과정에서 나타난 가난과 억압의 구조적 모순으로 인한 비인간화를 중요한 신학적 맥락으로 인식했던 해방신학의 현실 인식을 반영한다. 이러한 해방신학적 현실 이해는 개인적 차원의 영적 해방뿐 아니라 정치적, 경제적, 문화적, 사회적, 성적 차원의 체제적, 구조적 변혁을 포괄하는 전인적인 해방이다. 그룸의 해방신학적 현실 이해는 지배 이데올로기의 거대 담론에 대한 해체와 인간해방을 지향하는 포스트모던 사상가들-예를 들어, 미완의 근대성의 완성을 지향하는 하버마스와 같은-과 큰 틀에서 맥을 같이하며, 그 결과 공유적 실천이라는 비판적 프락시스를 중요시하는 교육모델로 연결되었다고 할 수 있다.

거킨의 경우『살아있는 인간 문서』에서 포스트모던적 다원주의 상황에 대한 당시 목회상담학자들의 응답이 지나치게 동화적이라고 보고, 즉 심리학에 지나치게 의존하는 목회상담학에 대한 우려를 표시하면서 그 대안을 모색한다. 그 결과 "해석학적 우회"와 더불어 "신학적 우회"를 강조하면서 "순례", "성육신", "삼위일체" 등과 같은 성서적·신학적 개념, 상징, 은유 등을 목회상담학에 적극 도입한다. 이는 일반 상담과는 구별되는 목회상담학의 고유한 기독교적 합리성을 회복하기 위한 노력이었다고 평가할 수 있다. 보다 구체적으로, 거킨은 목회상담에 있어서 신앙공동체, 전례, 예배 등을 통한 양호[돌봄]를 강조함으로써 포스트모던적 상황에서 심리학과의 대화뿐 아니라 기독교적, 신앙적 정체성의 회복을 통한 보다 통전적인 목회상담학을 지향하였다고 평가할 수 있다.[43]

신앙공동체적 형성 유형에 속한 웨스터호프의 경우, 1970년대 미국의 상황에서 시대적 변화로 인한 신앙생태계의 해체를 중요한 상황으로 다루고 있다. 과거 미국 사회는 가정, 교회, 학교, 지역사회가 기독교 신앙을 중심으로 동질의 생태환경을 구성하고 있었으며, 이러한 환경 속에서 다음 세대의 신앙양육은 아주 자연스럽게 이루어졌다. 그러나 웨스터호프는 급격한 산업화, 문화적 다원주의, 급속한 핵가족화, 민권운동, 공립학교에서의 종교교육의 어려움, 세속 매스 미디어의 파급력 확산, 지역사회의 중심으로서 교회의 역할 상실 등으로 인하여 이러한 신앙 생태환경이 급격하게 와해 되어가는 상황에서 교회학교의 학교식 교육을 통한 다음 세대의 신앙 전수와 양육은 실패할 수밖에 없었다고 주장한다.[44] 이에 대한 실천신학적 응전은 비판적 상관관계 유형과는 대조적으로, 신앙 양육의 모판이 되는 대항적 문화 공동체인 신앙공동체의 강화를 통한 강한 기독교 신앙 정체성의 형성이라는 방향으로 나아갔다.

　　켐벨의『프리칭 예수』에 나타나는 시대적 상황은 웨스터호프의 시대보다 포스트모던적 다원주의와 세계화가 더욱 확고하게 자리를 잡은 20세기 말이다. 이러한 상황에서 켐벨은 비판적 상관관계 유형과는 대조적으로, 후기 자유주의적 신학의 관점에서 기독교 신앙의 정체성 강화를 통하여 다원주의적 도전에 응답한다. 즉, 십자가와 부활을 비롯한 예수 그리스도의 이야기에 나타난 그분의 정체성에 기초한 설교 실천을 통하여 신앙공동체와 그 구성원들을 하나님의 증인으로 신실하게 세워나가는 것이 다원주의적 도전을 극복하는 길이라고 본다.

43　Gerkin,『살아있는 인간문서』, 17.
44　Westerhoff III,『교회의 신앙교육』, 38-43.

2. 신학과의 대화

비판적 상관관계신학 유형은 상관관계신학에서 시작되었으나, 신학과 타 학문文化 사이의 상호 비판적 관계를 강조하는 신학으로 계승되었다. 비판적 상관관계신학은 다음의 다섯 가지 명제에 기초한다. 첫째, 신학의 핵심적 원천으로서 기독교의 텍스트와 공통적 인간경험과 언어. 둘째, 이상의 두 가지의 연구 결과에 대한 비판적 상관관계. 셋째, 공통적 인간 경험과 언어 속의 종교적 차원에 대한 현상학적 연구 방법. 넷째, 기독교적 전통에 대한 역사적, 해석학적 방법을 통한 연구. 다섯째, 두 가지 원천의 연구 결과에 대한 진리 여부 검증을 위한 초월적 또는 형이상학적 유형의 성찰적 사고 등이다.[45] 이런 맥락에서 신학은 공적 담화로써 오늘의 다원주의 상황에서 어떻게 여러 차원의 공동선에 기여할 수 있는가를 적극적으로 모색한다. 따라서 오늘의 다원주의 현실에서 기독교 신앙, 신학의 보편성, 기독교 진리에 대한 변증을 통한 사회와의 소통에 초점을 맞춘다. 이는 오늘의 한국교회가 경험하고 있는 신앙과 실천의 개인주의화, 사사화 현상, 세상과 소통의 어려움 등을 극복해 나가는 데 있어서 중요한 신학적 모델이 될 수 있다.

해석학적 유형은 철학적 해석학과의 대화를 통한 실천신학의 구성을 시도한다. 철학적 해석학은 메타이론으로 이 장에서 다루는 해석학적 유형의 실천신학뿐 아니라, 대부분의 실천신학 유형과 연관되어 있다. 해석학적 유형은 신학, 특히 실천신학의 해석학적 특성을 강조하는 유형으로, 그룹의 경우는 해방신학과 비판적 상관관계 신학의 해석학적 전제에 기초하

---

45 David Tracy, *Blessed Rage for Order: The New Pluralism in Theology* (New York: The Seabury Press, 1975), 43-56.

여 자신의 공유적 프락시스 모델을 제안한다. 해방신학은 프락시스 인식론을 통하여 신학 전반에 걸쳐 신학의 실천성에 대한 새로운 이해에 가장 큰 공헌을 하였다고 할 수 있다. 해방신학의 "신학함"doing theology 개념은 신학에서 이론과 실천 사이의 이분법적 구분을 극복하는데 결정적인 기여를 하였는데, 공유적 프락시스 모델shared praxis model은 이러한 신학함의 방법을 구체적으로 잘 보여주는 교육모델이라 할 수 있다.

거킨의 경우, 해석은 해석자의 이해지평 안에서만 일어나기에 목회상담자는 자신의 이해를 위하여 성서적, 신학적 기초가 중요하다고 본다.[46] 그러나 거킨은 신학을 명시적으로 사용하기보다는 "삶의 비전과 실천을 형성하고, 태도와 조망 그리고 행동의 근원이 되는 자기 이해를 형성"하는 "패러다임적인 이미지"를 사용하면서 목회상담을 종말론적 순례의 과정으로 인식한다.[47] 그는 틸리히의 상관관계 신학에 기초한 "영적인 임재"Spiritual presence와 위르겐 몰트만의 삼위일체적 생태적 신학에 기초한 "인간해방"을 패러다임적 이미지로 사용한다. 전자의 경우 삶의 모든 것에서 궁극적인 것을 지향하게 하고, 삶의 다차원적 통일성을 가져오며, 힘의 언어와 의미의 언어리쾨르의 통합을 가능하게 한다고 주장한다. 후자는 "역사의 경험적 실존"이며 동시에 "종말론적 정체성"을 지닌 인간 실존의 역설을 통합하게 해준다. 목회상담의 방법은 결국 이러한 "통합을 위한 관계의 촉진과 전환"과 관련된다. 이처럼 거킨의 해석학적 유형에서도 비판적 상관관계 신학의 특성이 잘 드러난다.

신앙공동체적 형성 유형은 신앙공동체의 중요성을 강조하지만, 웨스터호프와 캠벨은 각각 상이한 신학적 입장에서 출발한다. 웨스터호프의 경

---

46   Gerkin, 『살아있는 인간문서』, 17.
47   위의 책, 71.

우, 『교회의 신앙교육』에서 해방신학을 신앙공동체 모델의 신학적 기초로 삼는다. 그에 의하면 해방신학은 자유주의신학과 신정통주의신학을 통합할 수 있는 신학으로 간주된다. 그러나 그는 이 책 이후에는 해방신학과의 대화를 거의 시도하지 않았고, 명시적으로 자신의 입장을 특정 신학적 입장과 동일시하지 않았다. 그러나 공동체, 의례, 이야기 등에 대한 그의 강조는 후기 자유주의적인 입장과 매우 가까워 보인다.[48] 따라서 그는 기독교교육을 위한 신학적 대안을 모색하는 과정에서 해방신학을 일시적인 대화의 파트너로 삼은 것으로 보인다.

켐벨의 경우 프라이의 후기 자유주의신학을 자신의 설교학 출발점으로 삼는다. 그 결과 그리스도인이 되는 것은 인지적이며 명제적 진리에 대하여 지적으로 동의하는 것을 넘어서서, 특정한 공동체 안에서 예수 그리스도의 이야기에 나타나는 정체성에 기초해 설교를 통하여 독특한 언어와 실천을 지속적으로 터득해 나가는 과정이라고 주장한다. 즉, 후기 자유주의신학은 다원주의 상황에서 신앙공동체를 통한 그리스도인의 정체성 강화를 위한 토대를 제공한다. 하지만 후기 자유주의 신학자들은 폴리스^{polis}로서 교회 공동체의 정치적 성격을 강조하지만, 그 역할과 실천에 대한 구체적이고 체계적인 제안은 매우 모호하다. 다시 말하자면, 교회의 교회됨은 강조하지만, 그것이 공적영역에서의 공동선에 어떻게 기여하는가를 제대로 다루지 않음으로써 분파주의적 한계성을 보인다는 비판을 받게 되는 것이다.

---

48 신앙공동체 맥락에서 신앙형성의 중요성을 강조하는 유사한 입장은 소위 "급진정통주의"를 표방하는 제임스 스미스에게서 찾아볼 수 있다. 김은주, "습관 형성으로서의 예배에 대한 기독교교육적 이해," 『기독교교육논총』 70 (2022), 239-65. 유은희, "James. K. A. Smith가 제안하는 기독교교육 및 형성에 관한 고찰," 『기독교교육논총』 60 (2019), 153-93.

3. 학제적 대화

비판적 상관관계신학 유형에서 신학이란 "공통적인 인간경험과 언어에 나타나는 의미들과 기독교적 사실에 나타나는 의미들에 대한 철학적 반성"이다.[49] 신학자는 이 두 가지 원천source을 해석학적으로 해석하며, 이들을 종교가 사사화 되어버리고 종교의 진리 주장truth claim이 진리로서 진지하게 논의되지 않는 다원주의 문화의 상황에서 비판적으로 상호 연관시키는 과제를 수행해야 한다.

신학과 타 학문 사이의 학제적 대화에서 이러한 상호적, 비판적 관계의 강조는 타 학문과 더욱 적극적이며 개방적인 대화를 가능하게 하는 장점이 있다. 이런 면에서 비판적 상관관계신학은 신학의 학제적 대화를 가장 긍정적이며 적극적으로 지지하는 신학이라 할 수 있다. 신학에서의 학제적 대화가 타 학문을 향한 신학의 일방적인 짝사랑처럼 진행되는 경우가 많은 현실에서, 비판적 상관관계 방법은 상호적 대화를 위한 하나의 중요한 모델이 될 수 있다.

그러나 신학과 타학문 사이의 학제적 대화 과정에서 비판적 상관관계신학 유형은 타 학문특히 실천철학의 체계를 무비판적으로 과도하게 채택하는 경향을 보인다. 이로 인하여 학제적 대화에서 선별적이며 임시적 관계를 강조하는 *ad hoc* 상관관계 방법을 사용하는 후기 자유주의 신학자들로부터 강한 비판을 받게 되었다고 할 수 있다. 이에 더하여 비판적 상관관계신학에서는 중산층 백인 남성들이 주도하는 신학의 이론과 타 학문 이론 사이의 추상적이며 현실 유지적status quo 대화에 불과하다고 비판하면서, 기독교의 해방실천 전통과 일반 역사 속에서의 해방실천 전통 사이의 비판적

---

[49]   Tracy, *Blessed Rage for Order*, 43.

대화를 주장한 레베카 챱Rebecca Chopp을 비롯한 여성 해방신학자들의 비판을 경청해야 할 것이다.

해석학적 유형에서 그룹은 아리스토텔레스 철학, 헤겔Georg W. F. Hegel의 비판 철학, 마르크스주의, 가다머Hans-Georg Gadamer와 하버마스의 철학적 해석학 전통 등과의 대화를 시도한다. 해석학적 유형은 학제적 대화에서 비판적 상관관계신학과 많은 점을 공유하지만, 학제적 대화를 통하여 불의한 현실에 대한 비판적 분석과 인간해방의 차원을 더욱 강조한다는 점에서 차이점을 보인다. 즉, 비판적 상관관계 유형은 가다머의 해석학에 좀 더 가깝다고 볼 수 있고, 그룹의 경우는 특히 『기독교적 종교교육』에서 나타나는 것처럼, 마르크스주의와 비판이론을 비판적으로 통합한 하버마스의 해석학 전통에 좀 더 근접한다고 할 수 있다.

거킨에 의하면 목회상담학은 "해석의 과학이자 예술의 연장"이며, 그가 추구하는 목적은 "살아있는 인간문서의 해석 과제를 더 넓은 해석학적 전통과 연결시키는 것"이다.[50] 거킨은 텍스트의 해석에서 "인간 자료의 해석"이라는 차원으로 해석의 지평을 확장시키는 작업을 목회상담학이라고 보았다. 그런데 목회상담학은 1) "성서적/신학적 기독교 전통", 2) "내[목회상담자] 자신/내 삶의 딜레마", 3) "나의 상담경험/거기서 부딪힌 문제들" 사이의 해석학적 대화 과정이며, 이러한 것은 지속적인 문제 제기, 교정, 정교화, 통합의 과정을 거치게 된다.[51] 이처럼 살아있는 인간문서에 대한 상담자의 해석은, 가다머가 주장하듯이, 내담자와의 대화 과정, 즉 의미와 이해의 지평융합혹은 "이해의 상호주관적 합병"을 통하여 이루어진다. "양호[돌봄]란 자신의 이해의 지평을 열어 다른 사람의 세계가 들어오게 허용하고, 그

---

50 Gerkin, 『살아있는 인간문서』, 67.
51 위의 책, 73.

럼으로써 진정으로 무엇인가 새로운 것이 생겨나기를 기대하고 예상하는 것이다."[52] 이러한 이해의 지평융합 과정은 거킨이 심리학과 목회상담학이 서로에게 창조적으로 기여할 수 있다고 인식했던 것처럼, 비판적 상관관계에서의 학제적 대화 방법과 유사하다.[53]

거킨은 가다머와의 대화에 더하여 인간문서의 해석과 변화를 위하여 폴 리꾀르의 "힘의 언어"와 "의미의 언어"라는 개념을 활용한다. 전자는 "우리의 삶을 형성하고 삶의 윤곽과 실존적인 정체감 specificity 을 주는 언어"이며, 후자는 "사회, 문화적으로 통용되는 이미지의 상징, 신화의 메타포에 의존하며 또 그것을 사용하는 것"이다.[54] 여기에서 목회상담자의 역할은 "신앙과 궁극적인 목적의 물음"에 기초하여 "어려움을 당한 사람들의 편에 서서 삶의 구조를 재건하여주고, 그들의 의미 언어를 재건하도록 해석해주고 안내해주는 것이다."[55]

거킨은 위기에 처한 내담자들을 먼저 심리학의 관점에서 개인적 차원의 "내면심리"에 초점을 맞추어서 인식하였다. 그러나 여기에서 더 나아가 사회학에 기초하여 이들을 "사회적 힘", "문화적 영향력"개인 사회, 문화 공동체 이라는 더 넓은 관점으로 바라보았다. 이러한 맥락에서 훗날 보니 밀러-맥리모어가 제안했던 "살아있는 인간망"living human web의 개념을 선구적으로 제안했다고 할 수 있다.

한 가지 더 지적할 사실은 그룹과 거킨은 모두 해석학적 교육과 목회상담의 과정에서 이야기를 중요한 매체로 사용하였다. 비록 구체적인 내용에 있어서는 차이가 있지만, 두 사람 모두 이야기를 통하여 개인의 삶과 성

52   위의 책, 55.
53   위의 책, 256-57.
54   위의 책, 64-65.
55   위의 책, 65.

서적, 신학적 차원의 규범적 이야기와의 만남을 통한 변형을 추구하였다는 차원에서 공통점을 지닌다. 그런데 그룹과 거킨의 경우, 인간의 아래로 부터의 이야기와 하나님의 위로부터의 이야기 사이의 만남에서 양자의 상호적 차원을 상대적으로 강조한 반면, 켐벨을 비롯한 후기 자유주의신학에서는 바르트적인 입장에서 후자의 우선성과 중요성을 강하게 주장하였다는 차이점을 발견할 수 있다.

신앙공동체적 형성 유형에서도 다양한 타 학문과의 대화를 시도하지만, 웨스터호프와 켐벨은 조금 상이한 접근을 시도한다. 웨스터호프는 신앙 문화화라는 관점에서 신앙형성의 중요한 통로를 공동체 안에서 전 세대가 함께 참여하는 예배, 다양한 의례들, 전통과 성서 이야기의 공유, 공동활동으로 보면서 사회학과 문화인류학의 통찰을 많이 활용한다.

켐벨의 경우는 네오 아리스토텔레스적 공동체 윤리, 문화인류학, 사회학, 언어학, 문학이론노스롭 프라이 등과 같은 다양한 학문들과의 대화를 통하여 품성, 덕, 공동체 형성의 중요성을 역설한다. 여기에서는 언어적인 차원, 특히 이야기가 가장 중요한 위치를 차지한다. 공동체적 신앙형성은 언어를 배우는 과정과 유사하며, 예수 그리스도의 이야기에 참여함으로 이루어진다. 그런데 켐벨에게 있어서 학제적 대화는 위에서 언급한 것처럼 *ad hoc*의 형태, 즉 임시적 형태로 나타난다. 타 학문과의 대화에서는 비판적 상관관계 신학과 대조적으로, 특정한 학제와 임시적인 관계를 설정하여 부분적으로 동의하거나 필요한 부분만을 채택하여 대화를 진행하며, 타 학문을 지속적으로 그리고 하나의 전체적인 체계로 수용하지는 않는다.

4. 실천의 문제

세 가지 유형은 모두 이해에는 해석이 내재되어 있고, 해석에는 적용이 내재되어 있다는 가다머의 철학적 해석학을 공유한다. 가다머는 "실천지"實踐知로 번역되는 "프로네시스"phronesis를 강조하였는데, 이는 이론-실천이 시간적 순서에 의해 원인과 결과로 이분화 될 수 없다는 것이다. "실천으로의 적용은 이해 이후에 생기는 행위가 아니라는 것이다. …해석에 있어서의 지평융합은 현재 우리가 가지고 있는 문화적 실천적 물음 및 전 이해들이 텍스트가 가지고 있는 의미와 이미 융합되어 있는 과정을 말한다."[56] 이처럼 실천-이론-실천의 순환적 관계에 대한 이해는 오늘의 신학에서 이론-실천의 상호 의존적 관계를 재정립하는데 큰 공헌을 하였다. 특히 이는 이론에서 실천이라는 일방적 관계를 전제하는 근대 신학백과사전적 이해에 기초한 응용신학으로서의 실천신학 패러다임을 극복하는 데 큰 공헌을 세웠다고 할 수 있다.

세 가지 유형은 이러한 해석학적 전제를 공유하지만, 학자들 사이에서는 차이가 존재한다. 즉, 비판적 상관관계신학 유형에 속하는 브라우닝과 해석학적 유형의 거킨은 그룹보다는 상대적으로 전통과의 대화를 통한 실천 이해에 더 많은 관심을 기울인다. 또한 양자는 목회상담과 돌봄이라는 실천의 지평을 개인적이고 교회적인 차원을 넘어서서 사회적 차원으로 연계하고 확대해 나가는 데도 공헌하였다. 이들은 상담과 돌봄이라는 실천이 상담자와 내담자 사이의 개인적 관계에 한정되지 않고, 교회, 사회, 문화, 정치적 상황들과 깊이 연계되어 있는 교회적, 사회적, 공적 차원이 존재

---

56   김동건 외, 『신학이란 무엇인가: 구약학에서 신학의 조망까지』(서울: 대한기독교서회, 2010), 208.

함을 강조하였다.

반면, 해석학적 유형에 속하는 그룹은 하버마스의 비판 사회철학과 해방신학의 관점에서 전인적 인간해방을 지향하는 현실 변혁적 차원의 실천, 즉 비판적 프락시스를 더욱 강조했다고 할 수 있다. 이러한 현실변혁을 지향하는 인간해방의 비판적 프락시스는 "존재론적 소명"으로 간주되었다. 그러나 신앙공동체 형성의 유형에 속한 실천신학자들의 관점에서 볼 때, 이러한 비판적 프락시스는 지나치게 개인적인 차원의 주체성과 이성적 차원의 비판적 성찰에 강조점을 두기 때문에 실천의 전인성과 공동체적 형성차원이 부족하다고 비판할 수 있을 것이다.

신앙공동체적 형성 유형에서 웨스터호프의 경우, 기독교적 정체성을 형성하기 위해 특정한 신앙공동체 내에서 공유된 전통적 실천들이 강조된다. 특히 온 세대가 함께 참여하는 신앙공동체의 공동 예전과 활동들은 신앙형성에 핵심적인 실천들이다.[57] 또한 신앙공동체는 웨스터호프가 직접 언급하지는 않았지만, 기독교적 전통과 실천을 통합하는 능력인 프로네시스가 형성되는 핵심적인 현장으로 간주된다.

한편, 켐벨은 자유주의신학이 전제하는 인간의 보편적 종교경험과 이에 수반하는 개인주의적 실천을 비판하면서 기독교적 실천이 지닌 구체적인 공동체적 특성을 주장한다. 그는 매킨타이어의 실천 개념에 기초하여 설교는 특정 신앙공동체 안에서 "사람을 세워가는 실천"이라고 정의한다. 여기에서 사람이란 개인적 차원도 포함하지만, 이들의 모임인 공동체적 차원도 포괄하므로 설교는 공동체를 세워가는 building up, oikodomein 실천이다. 그리고 종말론적으로 교회를 세워가는 실천은 영적인 차원만을 지칭하는 것

---

57   장신근, "통전적 신앙형성을 위한 교리교육의 재개념화," 『기독교교육논총』 68 (2021), 175-216.

이 아니라, 예수의 정체성을 공적으로 구현하는 것이며, 구체적이며 공적인 형태의 사회단체 혹은 고대 폴리스 형태와 같은 사회정치적 공동체를 포괄한다.[58] 그러나 앞에서도 지적한 것처럼, 여전히 사회 변혁을 지향하는 공적이고 정치적 차원의 실천에 대한 구체적 제안은 분명하지 않은 것처럼 보인다.

── 나가는 말

20세기 후반의 실천신학에 대한 연구를 통하여 실천신학자들이 시대적 도전에 어떻게 응답하였는지를 살펴보면서, 그 이전의 실천신학적 유형들과 비교해 볼 때, "근대성의 도전"이 "포스트모던적 도전"으로 옮겨가는 것을 확인할 수 있었다. 오늘날 실천신학이 직면한 도전은 이에서 더 나아가 4차 산업혁명, 디지털 혁명, 생태적 위기, 포스트 코로나, 세계화의 쇠퇴로 인한 신냉전 등의 또 다른 시대적 도전에 직면해 있다. 따라서 오늘의 실천신학, 특히 기독교교육학은 신학적으로는 생태신학, 성례전신학, 후기식민주의신학, 포스트휴먼신학, 기술신학, 사이버신학, 몸의 신학 등과 대화하면서 신앙적, 신학적 정체성과 관계성 혹은 시대 적합성 사이의 갈등을 해결하기 위한 상호적 대화에 적극적으로 참여해야 할 것이다. 학제적 대화의 차원에서도 횡단적 모델과 같이 신학적 정체성을 충실히 지켜나가면서도, 타 학문과 상호 건설적이며 창조적 관계성을 지향하는 모델을 잘

---

58   Campbell, 『프리칭 예수』, 349.

모색할 필요가 있다. 마지막으로 실천적 차원에서도 평신도, 제자, 혹은 하나님 백성의 실천, 목회자의 실천, 교회의 실천 등을 비롯하여 사회적, 공적, 생태적, 그리고 디지털의 차원까지도 아우르는 폭넓은 실천에 대한 연구가 지속적으로 시도되어야 할 것이다.

참고문헌

김동건 외. 『신학이란 무엇인가: 구약학에서 신학의 조망까지』. 서울: 대한기독교서회, 2010.

김은주. "습관 형성으로서의 예배에 대한 기독교교육적 이해." 『기독교교육논총』 70 (2022), 239-65.

손운산. "시워드 힐트너(Seward Hiltner)." 한국목회상담학회. 『현대목회상담학자연구』. 서울: 돌봄. 2012, 64-88.

안석모. 『이야기 목회, 이미지 영성』. 서울: 도서출판 목회상담, 2002.

양금희. 『해석과 교육』. 서울: 장로회신학대학교출판부, 2007.

유은희. "James. K. A. Smith가 제안하는 기독교교육 및 형성에 관한 고찰." 『기독교교육논총』 60 (2019), 153-93.

장신근. "통전적 신앙형성을 위한 교리교육의 재개념화." 『기독교교육논총』 68 (2021), 175-216.

_____. "제2장: 공적신학과 공적실천신학의 세 가지 모델." 장신근. 『공적실천신학과 세계화시대의 기독교교육』. 서울: 장로회신학대학교출판부, 2007, 47-88.

Browning, Don, ed. *Practical Theology*. 이기춘 역. 『실천신학』. 서울: 대한기독교출판사, 1986.

Campbell, Charles. *Preaching Jesus*. 이승진 역. 『프리칭 예수』. 서울: 기독교문서선교회, 2001.

Gerkin, Charles. *An Introduction to Pastoral Care*. 유영권 역. 『목회적 돌봄의 개론』. 서울: 은성, 1999.

_____. *The Living Human Document*. 안석모 역. 『살아있는 인간문서』. 서울: 한국심리치료연구소. 1998.

_____. *Widening the Horizons: Pastoral Responses to a Fragmented Society*. Philadelphia: Westminster, 1986.

Groome, Thomas. *Christian Religious Education*. 이기문 역. 『기독교적 종교교육』. 서울: 한국장로교출판사, 1983.

_____. *Sharing Faith: A Comprehensive Approach to Religious Education and Pastoral Ministry*. 한미라 역. 『나눔의 교육과 목회』. 서울: 기독교대한감리회 홍보출판국, 1997.

Hurding, Roger. *Roots and Shoots: A Guide to Counseling and Psychotherapy*. 김예식 역. 『치유나무』. 서울: 한국장로교출판사, 2000.

Kelsey, David. "Paul Tillich." In *The Modern Theologians: An Introduction to Christian Theology Since 1918*, 3rd ed. Edited by David Ford and Rachel Muers. 김남국 외 3인 역. "폴 틸리히." 『현대 신학자 연구』. 서울: CLC, 2022, 116-36.

Murphy, Deborah. *Teaching that Transform: Worship as the Heart of Christian Education*. Grand Rapids, MI: Brazos Press, 2004.

Osmer, Richard, and Friedrich Schweitzer. *Religious Education between Modernization and Globalization: New Perspectives on the United States and Germany*. Grand Rapids, MI: William B. Eerdmans Pub. Co., 2003.

Ramsay, Nancy, ed. *Pastoral Care and Counseling: Redefining the Paradigms*. 문희경 역. 『목회상담의 최근동향』. 서울: 그리심, 2012.

Sherrill, Lewis. *The Gift of Power*. 김재은 역. 『만남의 기독교교육』. 서울: 대한기독교출판사, 1981.

_____. *The Struggle of the Soul*. 정웅섭 역. 『만남의 종교심리』. 서울: 전망사, 1986.

Tillich, Paul. *Systematic Theology. Vol.4*. Chicago: University of Chicago Press, 1963.

Tracy, David. *Blessed Rage for Order: The New Pluralism in Theology*. New York: The Seabury Press, 1975.

Westerhoff III, John, and William Willimon. *Liturgy and Learning Through the Life Cycle*. 박종석 역. 『교회의 의식과 교육』. 서울: 베드로서원, 1992.

_____. *Will Our Children Have Faith?*. 정웅섭 역. 『교회의 신앙교육』. 서울: 대한기독교교육협회, 1983.

Woodward, James, and Stephen Pattison, eds. *The Blackwell Reader in Pastoral and Practical Theology*. 권수영 외 역. 『목회신학과 실천신학의 이해』. 서울: 대한기독교서회, 2007.

제 4 장

포스트식민주의 실천신학과 오늘의 기독교교육학의 과제

들어가는 말

오늘의 상황에서 포스트식민주의 실천신학에 대한 연구가 필요한 이유는 무엇인가? 식민주의는 고대 이집트나 로마제국에서 시작된 것으로 보기도 하지만, 15-16세기 스페인의 콩키스타도르의 정복을 시초로 보기도 한다. 그러나 일반적으로 근대 산업혁명 시대에 들어와서 제국들의 식민지 경영을 정의하는데 사용된다.[1] 즉, 식민주의는 유럽 열강에 의하여 15세기경에 본격적으로 시작되었고, 산업혁명 시대를 거쳐, 지리적으로는 20세기에 들어와서 2차 세계대전 전후로 종말을 고했다. 하지만 그 영향력과 유산은 지금도 여전히 남아 있고, 또 다른 형태의 식민주의가 변형된 모습으로 진행되고 있다. 따라서 신학에서 포스트식민주의적 관점과의 대화는 여전히 유효하다고 할 수 있다. 특히 실천신학적 관점에서 포스트식민주의 담론이 활발하게 논의되었던 1980, 90년대의 역사적 상황에서 실천신학이 어떠한 응답을 제시했는지를 살펴보는 것은 매우 중요하다. 그리고 이러한 대화는 오늘에도 지속되고 있는 다양한 차원의 신식민주의 도전에 대하여, 또한 정신적, 신앙적, 신학적 탈식민화를 위하여 어떠한 실천신학적 노력이 요청되는지를 모색함에 있어서 중요한 지침이 된다.

이 장에서는 포스트식민주의 담론의 기원과 전개 과정을 에드워드 사이드의 오리엔탈리즘, 호미 바바의 혼종성, 양가성, 제3의 공간, 가야트리 스피박의 서발턴 개념 등을 중심으로 개관한다. 이어서 포스트식민주의에

---

1   "식민주의," 〈나무위키〉 https://namu.wiki/w/식민주의 [2025년 8월 1일 접속].

기초한 수기르타라자의 성서비평과, 포스트식민주의 담론과 제3세계 페미니즘 사이의 비판적 대화를 강조한 강남순의 포스트식민주의 페미니스트 신학에 대하여 살펴본다. 이러한 논의에 기초하여 포스트식민주의 실천신학의 3가지 주제, 즉, "혼종성과 제3의 장소를 지향하는 세례", "해방적 실천으로서의 상호문화 목회상담", "독립성을 탈학습하는 상호의존적 실천" 등에 대하여 논하고, 결론적으로 포스트식민주의 실천신학으로서의 기독교교육이 오늘날 수행해야 할 주요 과제들을 제안한다.

I. 포스트식민주의 담론의 기원과 전개

1. 비평과 이론으로서의 포스트식민주의

포스트식민주의postcolonialism의 "post"는 두 가지 의미로 해석할 수 있다. 첫째는, "after", "이후"라는 뜻으로, 16세기 유럽 열강에 의하여 시작된 영토 제국주의로 인한 식민주의가 형식적으로 종식된 20세기 중반 이후^{대략} ^{세계 2차대전 이후}의 시기를 지칭한다. 이런 맥락에서 포스트식민주의는 "식민주의 연장선상에서 파악해야 할 일종의 유산"으로 이해된다. 둘째는, "be-yond", "탈피", "초극"이라는 뜻으로, "식민주의의 해체와 극복이라는 새로운 정체성"의 획득과 연관이 있다.[2] 전자는 시간적 차원을 나타내며, 연대

---

2   이경원, "탈식민주의 계보와 정체성," 고부응 편, 『탈식민주의: 이론과 쟁점』(서울: 문학과 지성사, 2003), 24. 이 책에서는 "postcolonialism"을 "포스트식민주의"로 표기한다. 다만 인용의 경우 원저자들이 사용하는 "탈식민주의"를 그대로 표기한다. 이러한 경우 탈식민주의는 "decolonialism"이 아닌 "postcolonialism"을 지칭한다.

기적 의미에서 "coming after"를, 후자는 비평적 차원을 나타내며, 인식론적 의미에서 "going beyond"를 뜻한다.[3]

포스트식민주의는 흔히 단순히 서구의 포스트모더니즘과 탈구조주의의 지류로 인식되는 경우가 많다. 제3세계의 식민지 역사와 문화를 서구 이론에 기초하여 해석한, 소위 포스트식민주의 이론의 삼총사라 불리는, 사이드, 바바, 스피박을 포스트식민주의 담론의 시작으로 보는 시각이 바로 그것이다. 그러나 포스트식민주의는 이론과 담론 이전에 "저항적 실천"이었음을 반드시 기억해야 한다. 예를 들어, 유럽의 인종주의와 식민주의 이데올로기에 저항하면서 범아프리카주의를 주창한 뒤부아[Du Bois], 네그리튀드[흑인의식]로 불리는 흑인 정체성 회복 운동을 전개한 세제르[Aime Cesaire], 세네갈의 대통령을 지낸 셍고르[Sedar Senghor], "정신의 탈식민화와 민족 해방을 위한 이론적, 이념적 기반"을 마련한 프란츠 파농[Franz Fanon] 등은 포스트식민주의 이론의 뿌리로서 제3세계의 민족해방 운동과 서구의 민권운동에 큰 영향을 끼쳤다.[4] 그 외에도 제3세계의 자생적이며 주체적인 독립운동은 훗날 포스트식민주의 이론의 뿌리 역할을 하였다.[5] 그리고 여기에는 미국 할렘의 르네상스와 영연방 문학까지도 포함한다. 요약하자면 탈식민주의 이데올로기적 뿌리는 "탈구조주의와 해체론이 아닌 제3세계 민족주의와 반식민주의"라 할 수 있다.[6]

이러한 맥락에서 이경원은 현재의 포스트식민주의는 "민족주의와 포스트모더니즘 사이에 태어난 혼종"으로, "제3세계의 민족주의의 이념적 토대 위에 제1세계 포스트모더니즘의 이론적 얼개를 올려놓는 것"이라고 주

---

3   위의 책, 28.
4   위의 책, 38.
5   위의 책, 38-39. Richard Young, *Postcolonialism: An Historical Introduction* (Oxford: Blackwell, 2001).
6   위의 책, 41-42.

장한다.[7] 바트 무어-길버트Bart Moore-Gilbert는 사이드 이전을 "탈식민주의 비평," 그 이후를 "탈식민주의 이론"으로 구분하기도 한다. 그러나 그는 양자를 포괄하여 탈식민주의는 "비평이자 이론"이라고 결론을 내린다.[8] 그리고 넓은 의미에서 포스트식민주의를 "식민주의의 비판과 극복을 위한 담론적 실천"이라고 정의한다면, 그 실천의 주체가 누구인가에 따라 탈식민주의의 계보나 정체성이 달라지게 된다.[9]

2. 포스트식민주의 담론의 전개: 사이드, 바바, 스피박

이러한 점을 염두에 두고 포스트식민주의 담론의 선구적인 이론가들로 간주되는 파농, 사이드, 바바, 스피박의 이론을 간략하게 살펴보기로 한다. 먼저, 포스트식민주의 이론의 선구자 중의 한 사람인 프란츠 파농[1925-1961]은 프랑스령 마르티니크 섬에서 흑인 아버지와 프랑스인 어머니 사이에서 출생하여 리옹대학에서 의학, 철학, 정신분석학, 마르크스 사상 등을 공부하였다. 그는 정신과 의사, 정신분석학자, 그리고 반식민주의 사회철학자로 당시 프랑스의 식민지였던 알제리의 독립운동에도 헌신했다. 파농은 프랑스 해군에 근무하면서 인종차별에 대한 문제를 인식하게 되었고, 프랑스의 식민지였던 알제리에 관심을 가지고 알제리 민족해방전선FLN의 이론적 지도자의 역할을 하였다. 그는 또한 아프리카의 흑인들과 아메리카 대륙의 흑인들이 공유하는 식민지 경험을 토대로 이들의 연대감을 강화하는

---

7   위의 책, 44.
8   Bart Moore-Gilbert, *Postcolonial Theory: Contexts, Practices, Politics*, 이경원 역, 『탈식민주의!, 저항에서 유희로』(서울: 한길사, 2001), 45-107, 347-414.
9   위의 책, 32.

데 기여한 혁명가이기도 하였다.

그는 1952년에 출판된 『검은 피부, 하얀 가면』을 통하여 흑인들의 내면세계를 정신분석학을 통하여 분석하면서 식민주의의 본질을 해명하려고 노력하였다. 그는 알제리에서 정신과 의사생활을 하면서 흑인들의 정신질환이 백인들의 "문화적 폭력"의 결과라는 사실을 발견한다. 백인들은 자신이 흑인보다 우월하다고 생각하고, 흑인들은 자신들이 그들보다 열등하다는 이분법적 사고에 갇히게 되고, 이에서 벗어나기 위하여 흑인들은 자신들의 사고방식과 행동양식을 백인들에게 맞추려고 노력한다. 이러한 과정에서 정신적인 문제가 발생한다는 것이다.[10]

파농은 식민지 유색인종들을 정신분석학적으로 분석하면서 언어 문제의 중요성을 지적한다. 예를 들어, 프랑스의 식민지인 서인도 제도의 유색인들은 프랑스어를 모국어처럼 잘 구사할수록 백인에 가까워진다고 믿는다. 이들은 자신들을 지배하는 나라의 문화적 규범을 자기의 가치라고 생각하며 살아간다. 다시 말하자면, 자신들의 검은 피부와 미개발 상태를 부정하면 할수록 그만큼 백인에게 더 가까워진다고 믿는다.[11] 흑인들은 프랑스어를 통하여 자신을 프랑스인의 정체성과 동일시하려는 욕망을 가지게 되는데 이것은 자기 콤플렉스의 징후라는 것이다. 흑인과 백인 남녀 사이의 관계에서도, 흑인들은 자신의 개별성에서 소외되어 상대인 백인에게 동화되어가는 사실을 발견한다.

파농은 이러한 분석을 바탕으로, 흑인들이 지닌 소외와 콤플렉스에서 해방되기 위해서는 그들이 "자신의 정체성에 대해서 미리 결정하지 않고, 스스로 자신의 존재에 대해 끊임없는 질문을 던질 때 진정한 자신 모습을

---

10 Franz Fanon, *Peau noire, masques blancs*, 이석호 역, 『검은 피부, 하얀 가면』(서울: 인간사랑, 1998), 15.
11 위의 책』, 19-20.

찾을 수 있다"고 보았다.[12] 그는 흑인들의 콤플렉스에 관한 연구를 통하여 반식민지 저항에 뛰어들게 되었고, 인간의 존엄성을 지키기 위해서는 폭력, 즉 무장 투쟁이 불가피하다고 주장하였다. 패배 의식에 매몰되어 있는 민중들이 역사의 주체가 되도록 하는 것이 무장 투쟁이라고 보았다. 그는 동시에 민중에게 아첨을 해서는 안 되며 이들의 어리석음과도 투쟁해야 한다고 역설하였다.[13]

흔히 포스트식민주의 이론의 선구자로 잘 알려진 에드워드 사이드 1935-2003는 역사적으로 동양에 대한 서구인들의 전형적인 사고방식이 사실은 편견과 왜곡에 물든 허상이라고 비판한 사상가였다. 그는 1978년에 출판된 자신의 책 『오리엔탈리즘』에서 오리엔탈리즘이란 먼저 "서양이 동양에 관계하는 방식으로서, 유럽 서양인의 경험 속에 동양이 차지하는 특별한 지위에 근거하는 것"이라고 정의한다.[14] 그리고 이것은 "'동양'과 대체로 '서양'이라고 하는 것 사이에서 만들어지는 존재론적이자 인식론적인 구별에 근거한 하나의 사고방식"이며Said, 2012:16-17, "동양을 지배하고 재구성하며 억압하기 위한 서양의 방식"이라고 주장한다Said, 2012:18. "오리엔탈리즘이란 동양이 서양보다도 약했기 때문에 동양 위를 억누른, 본질적으로 정치적인 교의이고 그것은 동양이 갖는 이질성을 그 약함에 관련시켜 무시하고자 하는 것이었다Said, 2012:353-54." 사이드는 유럽인의 동양관이 갖는 헤게모니가 있는데, 그것은 "동양인의 후진성에 대한 유럽인의 우월성을 주장하는 것"Said, 2012:26이라고 본다.

이러한 맥락에서 사이드는 『오리엔탈리즘』을 통하여 동양에 대하여

---

12   문용식, 『그리스도인을 위한 문화이해』(서울: 예영커뮤니케이션, 2005), 369.
13   위의 책, 369-71.
14   Edward Said, *Orientalism*, 박홍규 역, 『오리엔탈리즘(25주년 기념판)』(서울: 교보문고, 2012), 15. 이하 (Said, 2012:페이지)로 표시.

서양이 지니고 있는 사고, 인식, 표현의 본질에 대하여 비판적으로 분석한다. 그리고 이것이 동양에 대한 서양의 지배와 직결되어 있다는 사실을 해명하고, 푸코의 지식-권력 이론, 그람시의 헤게모니 이론과 대화하면서 앎과 힘 혹은 지성과 권력의 관계를 식민지적 상황에서 논의한다. 즉, 사이드는 "푸코에게서는 동양을 담론화하는 서구의 역사적 문헌들의 권력 의지를, 그람시에게서는 서양과 동양의 문화가 불균등하게 만나는 지점에서 생기는 문화적 헤게모니를 읽어낸다."[15] 서양이 만들어 낸 동양론인 오리엔탈리즘은 동양은 열등한 타자이며 서양은 우월한 자아라고 하는 "불평등한 이분법"을 기초로 만들어졌으며, 서양의 동양 지배를 정당화하는 정치적 목적을 현실화한다. 그러나 사이드는 오리엔탈리즘이 식민지 지배를 합리화하고 용인하는 수단에 앞서서 식민 지배를 정당화하고 식민지를 창조해내는 요인이었다고 본다.

사이드는 오리엔탈리즘을 "잠재적 오리엔탈리즘"과 "명백한 오리엔탈리즘"으로 구분한다. 전자는 고대 헬레니즘에서부터, 헤브라이즘, 중세 기독교문화, 근대 인본주의, 계몽주의, 그리고 포스트모더니즘에 이르기까지 줄곧 내적 일관성을 유지하고 있는 동양을 향한 서양의 거의 무의식적인 권력 의지이다. 반면 후자는 구체적 텍스트, 작가, 문화권에 따라서 색채를 달리하는 오리엔탈리즘이다. 그런데 사이드는 동양에 대한 서양의 지식 체계 변화는 후자에 머물러 있을 뿐 전자의 합의, 고정성, 지속성에 영향을 끼치지 못한다고 비판한다.[16]

대표적인 포스트식민주의 문화 이론가인 호미 바바[1949-]는 탈구조주의 이론의 영향권에 있으면서도 동시에 서구 중심적 한계를 넘어서기 위하

---

15   문용식, 『그리스도인을 위한 문화이해』, 373.
16   이경원, "탈식민주의의 계보와 정체성," 54-55. Said, 『오리엔탈리즘(25주년 기념판)』, 349-88.

여 노력하면서, 프로이트 Sigmund Freud 와 라캉 Jacques Lacan 의 정신분석 이론과 푸코 Jacques Lacan 의 권력이론, 파농의 반제국주의 이론 등을 재해석한 자신의 포스트식민주의 이론을 전개한다. 특히 그는 제국주의와 민족주의 혹은 식민자와 피식민자 사이의 이항대립을 넘어서는 "혼종성"과 "제3의 공간"을 제안한다.

바바는 전통적인 식민 담론과는 다르게 식민자와 피식민자 사이의 상호성에 주목하면서 양자의 관계를 "양가성" ambivalence, "정형화" stereotype 등의 개념으로 설명한다. 식민주의화를 통하여 서구의 식민지배자는 자신의 시선으로 피식민자에게 오리엔탈리즘적인 정체성을 부여하려고 노력한다. 그러나 그러한 시선에 의해서 피식민자의 진정한 정체성은 보여지지 않고, 대신 그것은 실종된 인격이나 정체성으로 남게 된다. 이러한 과정에서 살아남은 "피식민자 타자의 눈은 식민주의적 시선을 혼란시키는 '응시'로서 되돌아온다."[17]

이 같은 실패로 인하여 식민주의자의 시선은 양가적으로 분열되어 공포를 느끼게 되며 상징적 대체물을 찾아내는데, 이것이 식민자가 피식민자를 예속화하는 과정인 정형화이다. 그러나 피식민자를 향한 식민자의 일방적인 시선과 정형화는 "그것에 의해 완전히 지워지지 않는 피식민자의 물질적 차이의 반작용에 의해 이주성에 직면하게 된다."[18] 예를 들어, 흑인은 "야만인 식인종 인 동시에 또한 가장 순종적이고 고상한 하인 음식을 나르는 사람"으로, "걷잡을 수 없는 성적 욕망을 드러내고 있지만 또한 어린아이처럼 천진스러운 존재"로, 또한 "신비스럽고 원시적이고 단순하면서도, 가장 세속적이고 능숙한 거짓말쟁이이자 사회적 힘의 조종자"로 정형화된다.[19]

---

17   이찬석, "탈식민지론과 아시아 신학: 피에리스와 호미 바바를 중심으로," 『신학사상』 141 (2008), 13.
18   위의 책, 14.

양가성은 식민자뿐 아니라 피식민자에게도 나타난다. 피식민자에게
는 양가성이 "모방"mimicry과 "혼종성"hybridity의 형태로 나타난다. 모방은 재
현이 아닌 반복이며, 피식민자가 서구 문명을 흉내 내면서 식민자를 닮은
순응적 주체가 되는 것을 뜻한다. 이 과정에서 피식민자는 자신의 문화를
서구문화와 비교할 때 무엇인가 결여된 것으로 인식하고, 서구문화의 상징
계에 자신을 동화하려는 노력을 기울인다. 그러나 이것은 응시의 위협에
의하여 분열되면서 식민주의에 완전히 동화되지 않고 소멸되지 않은 토착
문화의 반작용에 직면한다.[20]

> 즉 식민주의적 시선에 대한 응시, 그 이질적인 물질적 차이의 반격에 의
> 해, 모방된 상징들은 양가적으로 분열되는 것이다. 차이의 반작용의 과정
> 에서 부인되었던 토착문화는 서구의 신문명을 모방한 상징들을 분열시키
> 면서 되돌아 온다. … 결국 식민지적 모방을 통하여 형성되어지는 상징적
> 질서는 혼종적인 것이다.[21]

서구문화가 근대문명의 순수한 원이라면 그것을 수용하여 만들어 낸
식민지 문화는 잡종적이라고 할 수 있다. 그러나 식민지의 잡종적인 문화
는 동일성과 대립의 논리를 넘어선, 즉, 이항대립을 넘어선 "교섭"negotiation
과 "전이"translation의 과정을 거쳐 탈영토화된 제3의 공간에서 만들어진 또
다른 주체적 문화라 할 수 있다.[22] 교섭이란 서구 문명이 다른 장소에서 다

---

19   Homi Bhabha, *The Location of Culture*, 나병철 역, 『문화의 위치(수정판)』(서울: 소명출판,
     2012), 192.
20   이찬석, "탈식민지론과 아시아 신학: 피에리스와 호미 바바를 중심으로," 14.
21   위의 책, 14.
22   문화적 교섭은 "이질적인 문화들이 다른 문화 속에 타자로서 침투하여 순수한 동일성을 깨뜨
     리는 작용"을 뜻하고, 전이는 "자신의 문화를 동일성 내부가 아니라, 다른 문화의 언어로 번
     역하는 위치, 즉 타자의 위치에서 이해하는 것을 말한다. 전이의 과정은 자신의 상징계 내부

시 쓰여지면서 "상호텍스트적으로 혼성화되는 과정"인데, 바바에 의하면 이러한 "교섭과 혼성화 과정이 피식민자의 문화의 위치이고 그런 역동성 속에 저항의 계기가 포함되어 있다."[23] 바바에게 있어서 해방된 문화는 이 처럼 제3의 공간에서 나타난다.

> 문화의 의미의 짐을 나르는 것은 상호^{inter}의 공간_{전이와 교섭의 첨예한 가장자리, '사이}
> _{에 낀[in-between]' 공간}이라는 사실이다. 그 공간은 민족적이면서 반민족주의적
> 인 '국민 people'의 역사를 구성하는 일을 시작 할 수 있게 해준다. 그리고
> 그 같은 제3의 공간을 탐색함으로써, 우리는 양극성의 정치학을 벗어날
> 수 있으며, 우리가 우리의 자아의 타자들로서 나타날 수 있을 것이다.[24]

인도 캘커타 출신의 탈식민주의 페미니스트 학자인 가야트리 스피박 1942-은 과거 유럽의 식민지로 수탈을 당하다가 20세기 후반에 독립한 국 가들은 여전히 유럽 식민주의의 영향하에 있으며, 이것이 이들 국가의 사 회, 정치, 경제적 삶을 계속 굴절시키고 있다고 주장한다. 동시에 반식민주 의 민족주의도 부르주아적으로 변질되고 이로 인하여 식민지 치하에서의 사회적, 정치적 불평등이 재생산되고 있다고 본다.[25] 이러한 맥락에서, 스피 박은 오늘의 문학 해석과 문화 해석, 그리고 사유방식에 잔재하는 식민주 의 유산에 도전하기 위해서 문학과 비평이론을 정치적으로 이용한다. 그녀 는 사이드와 바바처럼 서구 지배문화의 주변부로 밀려난 소수집단의 목소

에 폐쇄되는 것이 아니라 다른 문화의 상징계와 교섭하는 과정에서, 실재계와 상호작용하는 위치가 얻어짐을 나타낸다." 이찬석, "탈식민지론과 아시아 신학: 피에리스와 호미 바바를 중 심으로," 15.

23 나병철, "역자 저문," Bhabha, 『문화의 위치(수정판)』, 17.

24 위의 책, 101.

25 Stephen Morton, *Gayatri Chakravorty Spivak*, 이운경 역, 『스피박 넘기』(서울: 도서출판 앨피, 2005), 13.

리와 문화 텍스트를 옹호하면서 기존의 문학비평과 강단 철학, 예를 들어, 서구세계가 비서구 사회보다 더 우월하다고 보는 그러한 지배적 관념들을 비판한다.[26]

스피박은 자크 데리다 Jacques Derrida 와 자신의 박사학위 지도교수이자 해체론의 권위자인 폴 드 만 Paul de Man 교수의 영향으로 해체적 비평 방법을 사용한다. 하지만 해체론이 탈정치적이라는 기존의 관념을 넘어서서 이를 정치적 무기와 이론적 도구로 사용한다. 즉, "진실과 현실에 대한 전통적 견해들을 고착화하는 수사학적 맹점이나 기본 오해들에 초점을 맞추는 것이다."[27] 예를 들어 지구화의 경우, "기술의 새로운 속도와 유연성이 사람과 돈, 정보의 초국적 순환을 가능하게 한다"고 보는 의견은, 사실상 지구상의 인구 절대다수가 가난과 억압에서 벗어나지 못하고 있다는 사실을 무시하는 것이다. 이에 스피박은 사실 "지구화라는 경제적 텍스트"가 봉사하는 정치적, 경제적 이해관계를 강조하면서, 지구화는 결국 여러 권리를 박탈당한 집단들을 배제하고 단지 제1세계를 위한 것임을 폭로한다.[28] 전 지구적 금융자본주의의 식민주의적 양상을 이해하기 위해서는 국민국가를 넘어 지구지역적으로 연결된 세계를 비판적으로 인식할 수 있는 "초국적 독해능력" transnational literacy 이 요구된다.[29] 이처럼 스피박은 해체론을 문학, 철학 텍스트 분석에서 경제적, 정치적 텍스트로 확장시킨다.

스피박의 포스트식민주의 페미니스트 이론에서 "서발턴" 하위주체, subaltern 은 중요한 위치를 차지한다.[30] "하층민", "소외층", "하위주체" 또는 "하위

---

26   Morton, 『스피박 넘기』, 11.

27   위의 책, 18.

28   위의 책, 18-19.

29   임옥희, 『타자로서의 서구: 가야트리 스피박의 "포스트식민 이성 비판" 읽기와 쓰기』 (서울: 현암사, 2012), 29, 239.

30   서발턴은 옥스포드 영어사전에 의하면 "영국 군대의 하급장교"를 뜻한다. 이탈리아의 마르크스주의자 안토니오 그람시는 검열을 피하기 위해 "군대 내의 지위가 낮은 졸병"을 의미하는

계층"으로 번역되는 서발턴에 관한 연구는 인도에서 아래로부터 역사를 다시 쓰는 서발턴 연구집단 역사학자들에 의하여 시도되어 왔다. 이는 계급과 젠더 문제에 무지한 인도의 엘리트 부르조아적 민족독립 상황을 바로잡기 위한 것이었다.[31] 스피박은 이러한 연구를 더 발전시켜서 인도의 공식 역사에서 삭제되어 버린 서발턴 여성들의 경험에 초점을 맞춘다. 그리고 남성 서발턴에 초점을 맞추는 마르크스의 사회 변혁 모델, 즉 서구의 비평 이론으로는 제3세계 여성들의 삶이 너무 복잡하고 비체계적이어서 제대로 이해할 수도 재현할 수도 없다고 비판한다. 그 결과, 고전적 마르크스주의 대신 해체론적인 성격을 지닌 포스트 마르크스주의적 입장과 제3세계 탈식민주의 페미니스트 관점에서 서발턴을 정의한다.[32]

3. 포스트식민주의 담론의 새로운 경향

1980년대 영문학 비평 분야에서 시작된 포스트식민 담론은 다양한 학문 분야로 확대되어 왔으며, 시대적 변화와 함께 다음과 같은 새로운 경향들이 나타나고 있다.[33] 먼저 첫 번째 4가지 변화는 실천방식의 변화, 식민주의 본성의 변화, 지정학적 상황의 변화, 구체적인 실천적 참여로의 변화 등을 들 수 있다. 첫째, 포스트식민주의를 "실천하는 방식의 변화"이다. 초

이 단어를 프롤레타리아를 대체하는 용어로 처음 사용했는데, "패권을 장악하지 못한 집단이나 계급," "하급자," "조력자"등의 의미를 지니고 있었다. 서발턴에 대한 연구를 더욱 발전시킨 역사학자들은 이를 "계급, 카스트, 나이, 젠더, 직위, 혹은 다른 어떤 방식으로 표현되든지 간에, 남아시아 사회에서 나타나는 종속의 일반적인 특성"으로 정의한다. 위의 책, 24-25. 임옥희, 『타자로서의 서구: 가야트리 스피박의 "포스트식민 이성 비판" 읽기와 쓰기』, 241.

31   Morton, 『스피박 넘기』, 21.

32   위의 책, 25.

33   R. S. Sugirtharajah, *Exploring Postcolonial Biblical Criticism*, 양권석, 이해청 역. 『탈식민주의 성서비평』(왜관: 분도출판사, 2019), 39-45.

기의 영국 제국주의와 연관된 남아시아 모델에서 구 유럽 제국과 일본으로, 또한 2차대전 후 미국의 제국주의, 러시아, 최근의 중국 등으로 논의의 범위가 확대되고 있다. 둘째, "식민주의의 본성의 변화"이다. 최근의 식민주의는 탈중심적, 탈영토적 특성을 가지고 있으며, 초국적 기구들, 환경식민주의 등의 형태로 나타나고 있다. 셋째, "지정학적 상황의 변화"이다. 소비에트 연방의 붕괴, 중국, 인도 브라질 등 새로운 경제 세력의 부상, 급속한 지구화와 자유시장경제 확대, 세계가 점차 일극적 단일적 체제로 변화되는 현상이다. 넷째, 비판적인 포스트식민주의 실천이 "일반적 이론화를 넘어서 더욱 구체적이고 심도 있는 실천적 참여의 단계"로 나아가는 현상이다. 실천의 범위는 법률 연구, 장애, 개발, 국제적 테러리즘, 환경주의, 영화, 관광, 대중음악, 춤, 서적 등으로 확대되고 있다.

다음으로 4가지 변화는 탈식민적 조건의 성격 변화, 새로운 메타 서사로의 변화, 학문적 헌신과 참여 사이의 연계로의 변화, 유용성과 용도의 변화 등이다. 다섯째, "탈식민적 조건의 성격이 근본적으로 눈에 띄게 변화"되고 있다. 예를 들어, 강압적 혹은 자발적 이주로 인한 디아스포라적 상황이다. 여섯째, 초기 포스트식민주의가 다룬 "서사들이 좀 더 새로운 거대 서사들로" 바뀌고 있다. 즉, 테러와의 전쟁, 인종 청소, 환경의 붕괴, 종교적 근본주의 등이 새로운 메타 서사로 등장하고 있다. 일곱째, "좁고 제한된 이론적 한계와 아카데미의 환경을 넘어서 학문적 헌신과 적극적 참여 사이에 다리를 놓으려는 움직임"이다. 위에서 아래가 아닌 아래로부터 방식으로의 이론 검토이다. 여덟째, "포스트식민주의 비평의 유용성과 용도의 변화"이다. 포스트 식민비평이 제3세계와 소수자에 국한되지 않고 차별적 관행에 직면한 모든 집단으로 확장되는 현상이다.

Ⅱ. 포스트식민주의와 신학의 대화: 성서비평과 여성신학

1. 포스트식민주의 성서비평: 수기르타라자

스리랑카 출신으로 영국 버밍엄 대학교 명예교수인 R. S. 수기르타라자는 위에서 살펴본 파농, 사이드, 바바, 스피박의 이론들과의 대화를 통하여 성서학 분야에 포스트식민주의 비평을 새롭게 도입한 신학자이다. 수기르타라자에 의하면, 포스트식민주의 비평은 1980년대 영문학 분야에서 시작되었으며, "반식민주의적 저항 작품, 마르크시즘, 페미니즘, 심리 분석, 탈구조주의 같은 비판적 전통들과 역사적 경험들을 포함하는 다양한 자원들"로부터 발전해 왔다.[34] 그러나 수기르타라자 역시 우리가 앞에서 살펴본 것처럼, 이러한 포스트식민주의 비평은 학문적 담론 이전에 반식민주의의 저항적 실천에서 유래했음을 지적한다. 그는 포스트식민주의가 이론으로써 다음과 같은 기능을 수행한다고 본다[Sugirtharajah, 2019:34]. 첫째, "식민주의 이전과 이후의 민족, 종족, 인종, 젠더 같은 사회적, 문화적, 정치적 조건들을 조사하고 설명한다." 둘째, "국가와 문화, 민족과 관련해 종종 한쪽으로 치우친 역사를 심문한다." 셋째, "'타자'의 재현 문제와 관련해서 그 재현들을 비판적으로 수정하는 일에 관여한다."

수기르타라자는 탈식민주의 성서비평을 "기본적으로 성서의 서사들 및 이 서사들이 해석되어 온 방식에 다른 차원의 질문을 제기하는 법"을 다루는 것으로 정의한다[Sugirtharajah, 2019:9]. 그리고 탈식민주의 성서비평은 본질

---

[34] 위의 책, 32. 이하 (Sugirtharajah, 2019:페이지)로 표시.

적으로 "누가 이야기할 권리를, 또한 누가 이를 해석할 권리를 지녔는지에 관한 탐구"이며, 다음과 같은 비평적 과제를 추구한다. 첫째, "정신의 탈식민화"이다. 다시 제국을 건설하기 위한 경쟁이 치열한 오늘의 상황에서, 지리적 탈식민주의 뿐 아니라, 정신의 탈식민화는 매우 시급하다^{Sugirtharajah, 2019:9}. 그는 이것을 "지역적 세계시민주의"^{vernacular cosmopolitanism}, 즉, "민중적이고 토착적인 지적, 문화적 자원들이 국제적인 차원들과 건강하게 비판적으로 상호작용하는 항상적 과정을 만들어 내는 일"이라고 주장한다^{Sugirtha-rajah, 2019:9}.

둘째, 식민시대의 역사를 비판적이며 성찰적으로 읽는 것이다. "식민주의 시대의 기록을 보관하고 있는 문서고를 습격하여, 자료를 다시 찾아내고 재해석해 내는 일"이다^{Sugirtharajah, 2019:10}. 이것은 과거 식민주의 역사를 망각시키고, 심지어 미화하는 일에 대항하여 그 역사를 급진적으로 다시 읽어내는 노력을 뜻하며, "성서와 신학이 제국의 식민주의적 기획과 어떻게 연루되어왔는지를 가장 비판적이고도 성찰적으로" 읽어내는 것이라고 주장한다^{Sugirtharajah, 2019:10}."

수기르타라자는 포스트식민주의에 기초하여 1) 대위법적 성서읽기, 2) 말년의 양식^{late style}, 3) 재현의 수사학 등과 같은 세 가지 형태의 성서읽기 실례를 제시한다. 첫째, "대위법적 성서읽기"는 ^{예를 들어 타종교와} 관계를 맺고 대화를 시도하려는 의도를 지니고 있으며, 조화를 추구하는 읽기가 아니라 "복잡함과 해결할 수 없는 차이들을 수용하는 읽기"이다. 이것은 복수의 텍스트 사이의 비교를 통하여 "더 넓은 텍스트의 세계로 인도해서 해석자가 텍스트들 상호 간의 연결점"을 인식하게 하는 것이다^{Sugirtharajah, 2019:183}. 이것은 "텍스트들이 상호 간에 유익을 얻고 각각의 텍스트들이 지닌 생명력을 잃지 않는 것"이다^{Sugirtharajah, 2019:190}. 또한 "하나의 텍스트에 매몰되어 있다면 가능하지 않았을 대안 세계를 상상할 수 있게" 해준다^{Su-}

girtharajah, 2019:193. 수기르타라자는 붓다와 예수의 탄생 이야기에 대한 대위법적 읽기를 실례로 제시한다.

둘째, "말년의 양식"은 사이드가 테오도르 아도르노^{Theodor Adorno}의 용어를 발전시킨 개념으로, 예술가와 작가들이 세월이 흐름에 따라 자신의 마음과 생각을 바꾸는 방식에 주목한다^{Sugirtharajah, 2019:182}. 수기르타라자는 사도 바울과 요한복음·요한계시록의 저자 요한의 말년과 초기 사상 사이의 모순을 해결하기 위한 읽기를 실례로 제시한다. 시대의 지배적인 정치질서에 대하여 사도 바울은 초기^{사도행전}의 국가에 대한 저항에서, 말년^{로마서}의 순응^{혹은 평온함, 성숙함, 조화로운 종합}으로 변화된다. 반면, 요한복음·요한계시록의 저자 요한은 초기의 순응^{요한복음}에서 후기^{요한계시록}의 반대 모습으로 변화되는 것을 보여준다.

셋째, "재현의 수사학"은 식민주의 신학의 주요 수사학적 장치이다. "재현은 '타자'에 대한 구성^{해석}인 동시에 이러한 구성들이 피식민자와 식민주의자 양쪽의 정체성을 인종과 계급, 젠더 같은 용어들과 종교적·성적 범주로 고정관념화"시키는 방법이다^{Sugirtharajah, 2019:205-206}. 이를 통하여 피식민자를 허위로, 식민주의자는 긍정적으로 묘사한다. 수기르타라자는 누가복음 16장 19-31절에 나오는 나사로의 비유를 재현의 수사학에 기초하여, 이 본문에서 부자와 가난한 자가 어떻게 "해석의 정치학과 신학적 설득, 이데올로기적 동기들에 의하여 지배되고 있는지"를 읽어낸다^{Sugirtharajah, 2019:206-207}. 재현의 수사학에 기초하여 이 비유에 대한 읽기를 시도한 결과, "가난한 자들은 부정적으로 재현되어 있으나 부자와 지배계급은 긍정적으로 제시"되어있음을 발견할 수 있다^{Sugirtharajah, 2019:209}.

이러한 포스트식민주의 성서읽기는 첫째, "텍스트와 텍스트에 대한 해석들을 고대와 현대의 식민지적 맥락에 위치"시키며, 둘째, "다른 종교전통에서 나온 텍스트도 포함"하며, 셋째, "주석과 해석을 단일하고 통합된 과정으로 다룬다"는 점에서 전통적 주석과 차이점을 보인다 Sugirtharajah, 2019:218-19.

2. 탈식민주의 페미니스트 신학

여성신학자 강남순은 한국 상황에서 탈식민주의와 페미니스트 신학 사이의 대화와 연대를 모색하는데, 그 이유는 양자가 "정치적 저항의 가능성 개진"이라는 점에서 유사성을 보이기 때문이다. 전자는 신/식민주의에 대한, 후자는 가부장제에 대한 총체적 저항이라는 차원에서 "저항담론"이라는 유사성을 지니고 있다는 것이다.[35] 그녀는 탈식민주의 담론 중에서 가장 중요한 주제인 "재현" representation에 초점을 맞추어서 식민주체에 의한 피식민주체의 '담론적 식민화'가 어떻게 생겨나는지를 논의한다 강남순, 2006:8. 그리고 탈식민주의 담론과의 대화를 통하여 한국 탈식민주의 페미니스트 신학의 과제를 모색한다.

먼저 강남순은 포스트모더니즘과 탈식민주의 사이의 깊은 관련성을 지적하면서 양자가 공유하는 것으로 "담론의 탈중심화, 유럽문화 중심의 거대서사에 대한 비판과 해체, 지식과 권력의 관계에 대한 예리한 분석, 그리고 경험의 구성에서의 언어와 글쓰기의 중요성에 대한 인식 등"을 지적한다 강남순, 2006:8. 하지만 양자는 정치적 의제에 있어서 상이성이 존재하는데, 전자는 "매우 모호한 정치적 의제"를 지니고 있으나, 후자는 "분명한 정치적 담론으로서의 의미"를 담고 있다 강남순, 2006:8.

---

35 강남순, "한국 탈식민주의 페미니스트 신학: 그 담론적 의미와 과제," 『신학사상』 132, (2006), 2. 이하 (강남순, 2006:페이지)로 표시.

강남순은 탈식민주의 담론에서 가장 중요한 재현의 문제에 초점을 맞추어 여성, 특히 제3세계 여성, 한국 여성이라는 피식민주체의 "담론적 식민화"가 어떻게 이루어지는가를 논의한다. 탈식민주의와 페미니즘은 "'가부장주의'와 '신/식민주의'에 의한 이중 또는 삼중적 식민경험을 하고 있는 여성들이 어떻게 이러한 식민상황을 넘어서서 하위계층 subaltern 으로서의 삶에 저항하고, 더 나아가서 그러한 삶으로부터의 해방의 지평을 확장할 수 있을 것인가를 모색하는 것"이라고 본다 강남순, 2006:8. 이를 위하여 "담론적으로 형성된 그룹으로서의 여성"과 "그들 자신의 구체적인 역사적 실체로서의 여성" 사이의 차이를 제대로 인식해야 한다. 흔히 서구 페미니스트들은 제3세계 여성을 후자보다는 전자에 의하여 재현하는데, 즉 "동종화를 통한 담론적 식민화"에 의하여 재현한다는 것이다.

강남순은 이러한 점들을 염두에 두고 한국 탈식민주의 페미니스트 신학의 과제를 다음과 같이 제안한다. 첫째, "내면화된 신오리엔탈리즘의 극복의 과제"이다. "한국/아시아 여성들 사이에 존재하고 있는 사회적 계층, 성적 성향, 종교의 상이성, 교육배경의 상이성 등에 따른 권력관계들"을 무시한 동질화된 여성, 예를 들어, 한 맺힌 여성의 이미지로 고착되지 않아야 된다 강남순, 2006:13.

둘째는, "옥시덴탈리즘 Occidentalism 의 극복의 과제"이다. 서구의 지적 식민주의에 대한 대안이 "우리 토착문화에 대한 무비판적 고양" 즉, 옥시덴탈리즘이 되어선 안 된다 강남순, 2006:14. 탈역사화된 토착주의는 "허구적인 한국인", "허구적인 한국적인 것"에 집착하게 하고, 고정된 과거 근대 이전의 과거 의 한국/동양을 계속 확대 재생산하게 만든다 강남순, 14. 우리의 과거는 "그 과거가 지닌 해방과 저항의 '위험한 기억'을 발굴해 내어 그것들이 우리에게 새로운 변혁에의 열정과 전거를 마련해 주는 점에서만 유효하다 강남순, 2006:15."

셋째, "다중적 식민화를 넘어서기 위한 저항과 해방담론의 창출"이다

강남순, 2006:15. 피식민지 여성들은 서구의 제국주의, 그들의 가부장제, 그리고 동족 남성들의 가부장제적 억압 등 이중, 삼중의 식민화를 경험한다. 이런 상황에서 오늘날 "다양하게 경험되는 외부적 신식민주의와 한국 내부의 가부장제, 그리고 종교 안에서의 가부장제적 권력들에 의한 '중층적 식민화'를 어떻게 파헤치고 극복할 수 있는가라는 대안과 전략을 모색하기 위한 실천적이며 인식론적인 과제를 지닌다강남순, 2006:17."

넷째, "전지구적 페미니스트 신학형성에 대한 기여"이다. 우리 속의 돌이킬 수 없는 서구의 영향력을 인정하되, 그것의 "식민화하는 구조들과 내재하는 종속적 구조들에 저항하고 그것을 넘어서는 양가적ambivalent 태도"가 요청된다강남순, 2006:18. "'나/우리'와 '너/그들' 사이의 사잇공간 즉 경계의 간극인 '제3의 공간'The Third Space을 적극적인 창조적 공간으로 만들어 감으로서, 동질화가 불가능한 차이들의 협상이 가능하게 되는 새로운 혼종적이고 전환적인 정체성-즉 '혼종성의 정체성'을 창출하는 것"이다강남순, 2006:18. 이를 통하여 갈등적 탈식민 상황에서 아시아/한국여성들의 중층의 식민화 경험들을 읽어내고 이를 해체하는 저항담론의 역할이 요청된다. 그리고 의도적 혼종화를 통하여 "우리 자신의 혼종성을 강력한 창조적 힘으로 전환시키면서 '재현'representation 하는 '신학적인 혼종화'가 요청된다강남순, 2006:17.

III. 실천신학에 대한 포스트식민주의 접근

포스트식민주의 실천신학은 리더십, 예배학, 목회신학, 목회상담학,

종교간 대화, 기독교교육학 등에서 다양하게 전개되어왔으나, 여기에서는 "혼종성과 제3의 공간으로서의 세례", "해방적 실천으로서의 상호문화적 목회상담", "독립성을 탈학습하는 상호의존적 실천" 등에 초점을 맞추어 논의하고자 한다.

1. 혼종성과 제3의 공간으로서의 세례

안덕원은 포스트식민주의 이론, 특히 호미 바바의 "혼종성"^{혼성성} 개념과 포스트식민주의 성서 비평을 활용하여 세례 예식이 지닌 사회, 정치, 문화적 의미를 모색한다.[36] 바바는 단일 개념으로 문화를 이해하려는 시도를 거부하면서 "다양한 문화의 공존과 혼종성^{hybridity} 이야말로 문화를 이해하는 핵심적 개념"이어야 한다고 주장한다. 이러한 혼종성은 앞에서 살펴본 것처럼 "이항대립의 체계를 무너뜨리고 '자아'와 '타자'의 차이를 없앤다^{안덕원. 2015:263-64}." 그런데 문제는 기독교 세례는 "차별화된 공동체로 들어오는 단절의 선언"이라는 의미를 지니고 있기에 안덕원은 차별성이라는 문제를 해결하는 방안으로 혼종성의 개념과 함께 "저항과 어파퍼시스"라는 개념을 제시한다.[37] 이를 통해 그는 갈라디아서 3장 26-28절과 고린도전서 12장 13절에서 사도 바울이 선포하는 세례의 특성을 분석하여 "바울과 더 나아가 교회공동체가 반드시 소유해야 했던 세례 받은 이들의 차별된 삶의

---

36 안덕원, "탈식민주의 이론으로 바라보는 기독교 세례예식 : 저항과 어파퍼시스(Apophasis) 그리고 제3의 공간을 중심으로," 『신학논단』 79 (2015.3), 257-82. 이하 (안덕원, 2015: 페이지)로 표시.

37 어파퍼시스(Apophasis)란 "양부음술(陽否陰述): 일종의 반어(irony); 어떤 사항에 대하여 언급하지 않겠다고 하면서 실제로는 넌지시 암시하는 어법." 안덕원. "탈식민주의 이론으로 바라보는 기독교 세례예식," 267.

모습을 재구성하고, 당시의 상황에 대한 탈식민주의적 접근을 통해 세례의 의미를 재조명"한다^{안덕원, 2015:263-64}.

당시 갈라디아와 고린도 교회는 "세상의 힘과 권력, 그레코-로만^{Greco-Roman}의 세계질서 속에서 생존과 정체성의 확립"이라는 과제에 직면해 있었고, 바울은 이러한 사회, 정치, 문화적 상황 속에서 그리스도인의 새로운 정체성을 선포하였다. 당시는 다양한 인종, 문화가 로마제국의 통치 이데올로기와 그레코-로만 문화 아래 종속되어있는 식민지적 상황이었다. 이러한 상황에서 바울은 차마 공개적으로는 말할 수 없는 기독교인의 정체성을 반어법적^{Apophasis} 화법을 사용하여 간접적으로 선언하며 저항하고 있다는 것이다.

안덕원은 또한 바바가 주장하는 "제3의 공간"이라는 개념에 기초하여 기독교의 세례를 정의한다. 즉, 세례를 "저항의 표현이며 대립과 갈등이 해결되는 장소"로 보게 되면, 전통적인 세례 예전은 사회적, 공적 의미를 지니게 된다^{안덕원, 2015:266-67}. 바울에게 있어서 로마는 선교의 현장으로, 이곳에서 차마 공개적으로 선포할 수 없는 "세례의 진취적, 혁명적 속성을 어파퍼시스로 표현"했다는 것이다. "교회 안에서의 차별과 소외, 여전히 흔들리는 신앙의 소유자들에게 정말 하고 싶은 이야기를 돌려서 표현한 것이었다^{안덕원, 2015:268}."

바울은 세례를 통한 성찬이 그리스도인들 자신을 세상과 구별하기 위한 공동체적 의례가 되는 것을 경계하였고, 세례를 당시 로마 사회가 피식민자들에게 강제로 부여한 유대인과 그리스도인, 종이나 자유자, 남자와 여자 등과 같은 차별을 혁명적으로 철폐하는 기능을 지닌 것으로 보았다. 바울은 어파퍼시스를 사용하여 "모든 소외와 차별을 생산하는 정치적, 사회적, 성적, 문화적 힘의 구조, 힘에 의해 강제적으로 주어진 정체성을 벗어나 참 자유를 얻는 예식이 바로 세례임을 알려준다^{안덕원, 2015:268-69}."

또한 안덕원은 바바의 "제3의 공간"이라는 개념을 통하여 세례에 대한 이해와 실천의 지평을 확장하기 위해 노력한다. 바바를 비롯한 탈식민주의 이론가들은 지배자와 피지배자를 이분법적으로 명확하게 구분하지 않고, "경계선상"borderline 혹은 "사이"in-between의 개념으로 설명한다. 이러한 제3의 공간은 "이분법의 한계를 극복하고, 권력을 가진 자와 가난한 자, 지배자와 피지배자, 피식민지와 식민지 모두에게 진리를 말하는 것을 목표로 한다speak the truth to both"는 것이다안덕원, 2015:271. 제3의 공간으로서 세례는 "권력과 힘의 거래와 합의가 이루어지는 자리, 이항 대립성이 해소되는 장소"가 된다. 즉, 교회 안의 부유하고 높은 사회계층에 속하는 자와, 낮은 사회계층에 속하는 자가 지배자와 피지배자로서의 "정체성을 완전히 내려놓고 통합의 자리로 나가는 출발점이며 통로이자 도착지점으로" 기능할 수 있다는 것이다.[38]

이상과 같이 저항, 어파퍼시스, 혼종성, 제3의 공간 등의 탈식민주의 개념과 이론에 기초하여 세례 사건을 이해하게 되면, 이는 단순한 종교적 의례를 넘어서서 "사회적 변혁, 정치적 저항, 기존의 문화에 대항하는 매우 입체적이며 전인적이고 포괄적이며 중차대한 사건임"을 더욱 분명하게 드러낼 수 있다는 것이다안덕원, 2015:273.

2. 해방적 실천으로서의 상호문화 목회상담

가나 출신의 목회신학자 임마누엘 라티Emmanuel Lartey는 "다원주의적이

---

[38] 위의 책, 272. "세례를 받는 이들이 기존의 정체성, 유대인, 헬라인, 남자, 여자, 자유인, 종 등의 문화적, 성적, 사회적 정체성을 유지하고 있지만 세례를 통해 제3의 정치적 주체성을 소유하게 된다는 것이다."

고, 포스트모던적이고, 포스트식민주의적인 세계 상황에서 목회적 pastoral "
이라는 용어가 실제로 무엇을 의미하는가에 대한 답변을 시도한다.[39] 유럽
과 북미의 목회신학자들이 목회사역과 신학이 문화의 문제와 깊이 연관되
어 있으며 여기에서 유래한다는 사실을 무시하고 자신들의 유럽 중심적 관
점만을 보편화시켜온 것을 비판하면서 해방신학과 포스트식민주의와의 대
화를 통하여 상호문화적 목회신학과 상담을 제안한다.

　　라티의 상호문화적 목회상담은 남미 해방신학의 영향을 강하게 받았
다. 특히, 1) 사회적 분석, 2) 해석학적 분석, 3) 실천 지향 등으로 이루어진
해방신학의 3단계 반성은 그의 상호문화적 목회상담 방법의 기본 틀이라
할 수 있다. 첫째는, "사회적 분석"이다. 해방신학은 가난의 원인을 사회-경
제적 차원에서 바라보면서 심리학보다는 사회과학을 많이 활용한다[Lartey,
2011:143]. 라티는 가난의 원인에 대한 사회분석을 위해서는 "정치적 및 역사
적 과정에 대한 인식"이 필요한데 여기에는 "식민주의, 팽창주의, 신식민주
의, 그리고 산업화의 주제들"이 반드시 포함되어야 한다고 주장한다. 남미
해방신학은 억압받는 사람들을 이해하기 위하여 마르크스주의에서 가져온
질문들, 방법들, 분석들을 사용한다. 라티에 의하면 초기 남미 해방신학은
사회-경제적 가난에 초점을 맞추었으나, 아시아, 아프리카의 해방신학자들
은 남미의 해방 신학자들이 "아메리카 원주민 인디안들과 흑인 남미인들이
겪었던 인종적 억압," 그리고 백인 여성들의 유색 여성에 대한 차별 등을
제대로 다루지 못했음을 비판하였다[Lartey, 2011:145]. 즉, 포스트식민주의 관점
에서 "인종적이고 문화적 억압"을 검토하는 "사회문화적 분석"을 더 많이
강조할 것을 요청하였다.

39　Emmanuel Lartey, *In Living Color*, 문희경 역, 『상호문화 목회상담』(서울: 도서출판 대서,
　　2011), 9. 이하 (Lartey, 2011:페이지)로 표시.

둘째는, "해석학적 분석"이다. 이 단계는 하나님은 이러한 현실에 대하여 어떻게 말씀하시는가에 관하여 다루는 것이다. 라티는 해방신학자 세 군도를 인용하여 하나님의 말씀을 다룰 때 "과거와 현재를 연결시켜주는 방법," 즉 해석학적 순환이 요구된다고 본다[Lartey, 2011:147]. 각각의 새로운 현실 가운데 하나님의 말씀을 새롭게 해석하고, 이에 따라서 현실을 바꾸고, 다시 하나님의 말씀으로 돌아가서 이를 재해석하는 노력이 필요하다는 것이다[Lartey, 2011:147]. 라티는 또한 성서의 재해석을 위해서 수기르타라자, 벰페니[Ishanand Vempeny], 송천성 등과 같은 다종교 사회인 아시아 신학자들의 성서해석을 소개한다.

셋째는, 실천지향이다. 이것은 "행동과 반성 사이의 지속적인 상호작용"인 프락시스에 기초한다. 해방신학은 정론[orthodoxy], 즉 올바른 이론이나 신앙고백이 아니라 변화를 위한 정행[orthopraxis]을 목표로 한다[Lartey, 2011:150].

라티는 이러한 해방신학적 관점에서 1) 구체적인 경험, 2) 사회적 분석, 3) 해석학적 분석, 4) 해방의 목회적 실천[프락시스] 등으로 구성된 상호문화적 목회신학 방법론과 이론적 틀을 제공한다[Lartey, 2011:151-65]. 첫째, 상호문화적 목회신학자들은 "인간 고난의 구체적 현실"에서 목회적 돌봄을 시작한다. 목회신학자는 인간 고통의 구체적 경험에 관하여 탐구함으로써 지나친 추상화와 일반화에서 벗어나야 한다. 예를 들어, 여성의 억압적인 경험도 각 문화, 나라, 인종, 계층에 따라서 다양함을 인정해야 한다. 물론 전 세계 여성의 경험이 지닌 공통점을 인식하는 것도 필요하지만, "어떤 특정 집단의 생생한 경험에 대해 진지한 관심"이 필수적이다[Lartey, 2011:156]. 따라서 "상호문화 목회적 돌봄이 해방적인 것이 되기 위해서는 귀납적이고, 집단적이고, 포괄적이어야만 한다[Lartey, 2011:154]."

둘째, 상호문화적 목회신학자들은 사회적 분석을 필요로 한다. 전통적으로 목회상담은 사회 체계보다 "개별적 행동, 개인의 고통과 심리사회학"등에 더 많은 주의를 기울여왔으나, 상호문화적 목회돌봄과 상담은 더 많은 사회적 분석을 필요로 한다. 이것은 "라틴 아메리카 해방신학의 사회 분석과 아프리카 및 아시아 해방신학의 종교-문화적 분석"을 종합하는 것 이다^{Lartey, 2011:163}. 즉, 개개인의 고통에 영향을 끼치는 억압적인 사회 체계 혹은 전체 사회의 억압^{가부장주의, 성차별주의, 인종차별주의, 계급차별주의, 종교-문화적 이데올로기들과 다른 구조들}에 대해 해석하고자 노력한다^{Lartey, 2011:157}. 즉, 해방신학자들이 강조하는 고통당하는 사람들에 대한 "사회-경제적 및 정치적 분석"과 더불어 동시에 이들이 경험하는 "심리적 상처의 심층을 이해할 수 있는 능력"이 요구된다^{Lartey, 2011:157}. "상호문화적 틀에서의 목회적 돌봄자들과 해방신학자들의 대화를 통해서 깊은 심리사회적, 예리한 사회-경제적, 미묘한 차이가 있는 정치적 분석이 이루어질 수 있다^{Lartey, 2011:157}."

셋째, 상호문화적 목회신학자들은 억눌리고 상처받은 사람들의 치유와 생존을 위해 성서에 대한 해석학적 방법을 사용한다. 최근 성서학계에서는 성서해석에 있어서 성서 저자의 의도와 그 본문이 가지고 있는 고유한 의미들로부터 독자들의 의도와 반응으로 그 강조점이 옮겨가는 경향이 있다. 즉, 성서 본문의 "독자들이 누구이고, 그들이 본문을 어떻게 읽고, 그 본문으로 무엇을 하는가"에 더 많은 주의를 기울인다는 것이다^{Lartey, 2011:158}. 이를 염두에 두고 라티는 스리랑카의 수기르타라자, 아프리카의 바나나, 홍콩의 곽퓨이란, 한국의 정현경 같은 신학자들이 성서를 각 문화의 관점에서 해석한 것을 중요시하면서, "해석학적 안내자"로서 목회상담자의 역할을 강조한다.

넷째, 상호문화적 목회신학자들은 해방의 목회적 실천^{liberative pastoral praxis}을 지향한다. 이를 위하여 "인간이 어떻게 트라우마를 극복하고 해방을 경험할 수 있는가"라는 질문을 다루면서 사회문화적 배경을 함께 논의해야 한다. 라티는 무엇보다 내담자가 회복을 경험하면서 자신을 성찰하는 역량을 키우는 것이 필요함을 강조한다. 특히 그리스도인들은 세계화의 상황에서 "다양한 문화를 경험하는 다른 종교인들과 함께 자신의 신앙에 대해 비판적으로 성찰해야 한다."[40] 해방의 목회적 실천은 해방신학에서 강조하듯이 "배움과 행함을 통한 신앙과 돌봄의 통합"과 개인의 성찰과 그룹 차원의 평가 사이의 통합을 지향한다. 그리고 더 나아가 사회, 경제, 문화 정치적으로 다양한 환경에서 살아가는 사람들이 공존하는 오늘의 다문화적 상황의 목회신학과 상담 방법론은 유럽과 미국 중심의 패러다임에서 벗어나서 이러한 다양성을 반영해야 한다.[41]

이처럼, 라티의 상호문화적 목회상담은 남미 해방신학의 관점에서 시작하지만, 동시에 경제적 차원의 분석만을 강조했던 해방신학의 약점을 극복하고, 보다 온전한 해방적 실천으로서의 목회상담을 모색하는 가운데 민족, 종족, 인종, 문화, 젠더 등을 강조한 포스트식민주의 담론의 관점으로 이를 보완하기 위하여 노력하였다.

3. 독립성을 탈학습하는 상호의존적 실천

김혜란은 포스트식민주의 페미니스트 실천신학의 관점에서, 특히 캐나다 이민자로서, 성인, 이성애, 백인성, 단일-민족성, 그리스도교, 집, 인간 존재 등의 탈중심화를 지향한다. 동시에 독립성 independence, 자족성 self-sufficiency, 자제력 self-control 의 개념에 대하여 문제를 제기하고 대안적 실천신학을 제안한다.[42] 성인의 탈중심화를 논의하는 "제1장 독립성 너머"에서 그녀

---

40   정보라, "15장: 임마누엘 라티," 한국목회상담학회 편, 『현대목회상담학자연구』(서울: 도서출판돌봄, 2011), 382.
41   위의 책, 382.

는 탈식민주의 페미니스트 신학의 관점에서 볼 때, 실천신학에서 사용되어 온 "자기 self" 혹은 "자기 됨" 개념은 젠더화되고 인종화되었다고 비판한다. 근대 이후 서구 사회에서는 성인 혹은 성숙성의 개념을 남성적 덕목인 자급자족, 독립, 자율 등의 관점에서 바라보고 이를 이상화시키는 경향이 강하였다.

같은 맥락에서 어린이는 자급자족, 독립, 자율성을 이상으로 삼는 성인과 비교할 때 온전한 주체로 인정받지 못하고, 수동적이며 의존적인 존재로 인식된다. 장애인의 경우도 직선적 시간 개념에 기초하여 진보의 신화를 주창하는 식민주의적 시각에서 볼 때 "타자들의 진보를 지체시키고 사회의 효율성과 생산성을 방해하는 장애물"이 된다김혜란. 2020:41. "자율성과 독립성을 획득하기 위한 현 상태의 변화를 가정"하는 해방신학의 관점도 장애에 접근할 때 문제가 된다. 즉, 이러한 자율성은 사람의 상호의존적 가능성을 폐기하고 취약성 vulnerability 을 제대로 인식하지 못하기 때문이다. 그러나 반대로 취약성은 "창조적으로 평등과 차이, 공동의 나눔과 독특성의 선물을 함께 수용하고 상호의존성의 관계성 속으로 열어놓는다김혜란. 2020:42."

자기 됨과 마찬가지로 "성인 됨"도 독립성과 동일한 것으로 여겨진다. 오늘날 교육에서 "성인은 생산적이고 능력을 갖추어서 스스로를 지원할 수 있어야 한다는 가정"에 기초해 있으며, "의존적인 성인은 무책임하거나 미성숙한 존재"로 간주된다김혜란. 2020:44. 정상화된 사람, 특히 성인됨이란 "삶을 최대한 생산적이고, 경쟁적이고, 빠르고 효율적으로 살아가는 것"과 연관하여 이해된다김혜란. 2020:45. 일과 놀이의 이분법도 어린이와 성인의 분

---

42   김혜란, *Interdependence: A Postcolonial Feminist Practical Theology*, 이호은 역, 『상호의존성: 포스트식민주의 여성주의 실천신학』(서울: 동연, 2020). 이하 (김혜란, 2020:페이지)로 표시

리를 가져온다. 그 이유는 "계몽주의 결과인 근대성^{modernity}은 성인, 특히 일하고 성취하고 경쟁하는 성인들에게 특권을 부여"해 왔기 때문이다^{김혜란,} ^{2020:48}. 이러한 근대적 이해는 식민주의자들이 식민지 정복을 어린이를 돌보는 것과 동일시한 것과 깊이 연계되어 있다. 나이의 위계를 사용할 때 "피식민자와 지적으로 어려움을 겪는 사람, 나이가 더 어린 사람, 경제적 이유와 여러 다른 이유로 다른 사람들과 사회에 의존하는 사람들을 비인간화하는 것이다^{김혜란, 2020:49}."

김혜란은 성인과 독립성에 대한 논의를 염두에 두고, 이를 극복해 나가기 위해서 "삶의 상호의존적 방식을 긍정하는 탈학습의 실천"을 제안한다. 그리고 개신교 주류교단의 지역교회에서의 매월 금요일 공동체 만찬 사례를 참여행동 연구방법을 활용하여 소개한다. 이 모임은 공동체를 세우기 위하여 단순히 식사 모임으로 시작되어 교인 아닌 낯선 다양한 세대적, 인종적, 성적, 종교적 배경을 지닌 사람들이 함께하는 모임으로 발전하였고, 이러한 낯선 사람들과의 위험을 수반한 새로운 만남으로 인하여 경계지대를 경험하게 되었다. 이러한 만남은 익숙한 것에서 떠나는 것을 필요로 하는 즉, 탈학습을 실천하는 장소가 되었다.

김혜란은 이러한 맥락에서 독립성이라는 신비화된 지식 혹은 이데올로기를 탈학습하는 것은 변혁적이라고 주장한다. 그 이유는 이것이 "보다 공평한 상호의존적 사회를 창조하는 비전과 더불어 겸손이라는 심오한 가르침에 이르게 하기 때문^{김혜란, 2020:62}"이다. 이를 위하여 "그 이상 되심"의 신학이 필요하다. 그녀는 "하나님은 눈에 보이는 것 이상이시다. 현존하며 가시적이지만 신비하고 비가시적이고, 일상생활의 일부이지만 다른 사람들이 보는 것 이상으로 그들 안을 꿰뚫어 보신다"라고 주장한 엘리자베스 무어^{Elizabeth Moore}의 말에 기초하여 "그 이상 되심"의 신학을 제안한다^{김혜란,} ^{2020:63}. 이것은 '너머'에 있음의 감각이 인식되는 곳에서 또 믿음이 안전성

대신에 불확실성을 포용하는 곳에서 직접적으로 포스트식민주의 실천과 연결된다^{김혜란, 2020:63}."

　　김혜란은 이상의 논의를 기초로, 상호의존성을 지향하는 포스트식민주의 페미니스트 실천신학을 제안한다. 우리 인간은 출생 자체가 관계의 산물이며, 우리의 모든 것은 타자에게서 빚을 지는 존재이다. 유대교 지혜에서 정의^{justice}는 공의^{righteousness}로 번역되는데, 이는 "타자들과의 관계 속에서 행하는 것, 특히 타자들의 권리에 관한 행동"을 지칭한다^{김혜란, 2020:65}. 이처럼 성서에서 정의는 관계성의 회복이며 "사람됨의 공동체적이고 관계적인 측면"을 강조한다^{김혜란, 2020:65}. 요르거 리거^{Joerg Rieger}와 곽퓨이란^{Kwok Pui-lan}에 의하면 정의는 "불의를 조장하던 사람들에게 도전하고 그들의 죄를 억제하면서 부당하게 취급받던 사람들을 다시 공동체로 데려오는 것"이다^{김혜란, 2020:66}.

　　이러한 성서적 전통에 기초한 상호의존성의 포스트식민주의 페미니스트 실천신학은 하나님께서 우리의 올바른 관계를 원하신다는 믿음에서 시작한다. "우리는 우리가 일부로 포함되어 있는 그 관계성을 통해서만 하나님을 알 수 있다. 하나님은 관계적 존재다."^{김혜란, 2020:66} 이 하나님은 약자들의 편을 드시는 하나님, 공감의 하나님이시다. 동시에 "우리에게 의존하시는 하나님" 즉, "사람^{피조물}을 필요로 하시는 하나님"이시다^{김혜란, 2020:67-69}. 결론적으로 상호의존성의 포스트식민주의 페미니스트 실천신학은 "공동체를 권면해서 권력 격차를 바로잡고 삶의 공동체적 방식으로서 상호의존성의 실천적 모델을 제시한다^{김혜란, 2020:72}."

Ⅳ. 포스트식민주의 실천신학으로서 오늘의 기독교교육학의 과제

이제 결론적으로 포스트식민주의 담론, 포스트식민주의 성서비평과 여성신학, 포스트식민주의 실천신학 등의 논의에 기초하여, 포스트식민주의 실천신학으로서 오늘의 기독교교육학이 수행해야 할 과제들을 제안하고자 한다.

1. 오늘의 신식민주의 상황에 대한 비판적 인식

우리는 지난 수십 년 동안 세계화, 특히 경제적 세계화의 강력한 영향력 아래 살아왔다. 현재 탈세계화의 분위기가 많이 형성되고는 있지만, 세계화의 영향력은 여전하다. 신자유주의적 경제 논리에 기초한 세계화는 그동안 글로컬 차원에서 경제적 양극화를 심화시켜왔다.[43] 이는 경제적 차원의 식민주의와 깊이 연계되어 있다고 할 수 있다. 미국을 중심으로 거대한 IT 기업이 주도하는 오늘의 제4차 산업혁명과 디지털전환 시대의 상황도 이러한 신식민지적 관점에서 바라볼 필요가 있다. 비록 영토 제국주의는 사라지고 있지만, 미국, 중국, 러시아 등의 제국주의적 행보가 새롭게 노골화되고 있으며, 이로 인하여 신식민주의적 분위기가 더욱 고조되고 있다. 우크라이나-러시아 전쟁, 이스라엘-팔레스타인 전쟁 등도 이러한 연장선상

---

43 물론 세계화를 지지하는 입장은 세계화가 식민지를 해체한다고 하지만, 비판적 입장은 세계를 식민지화하기 위한 것으로 본다. 참고: Susan Abraham, "What Does Mumbai Have to Do with Rome?" *Theological Education* 69(2) (2008), 376-93.

에서 볼 수 있을 것이다.

이러한 상황에서 포스트식민주의 실천신학으로서 오늘의 기독교교육학은 하나님의 정의와 평화를 위한 대리자로 부름 받은 그리스도인들이 다양한 형태의 가시적, 비가시적 신식민주의를 비판적으로 인식할 수 있도록 지원해야 할 것이다. 이를 위하여 그리스도인들이 실천신학의 중요한 과제 중의 하나인 기술적-경험적 descriptive-empirical 과제를 잘 수행할 수 있도록 먼저 성서적-신학적 현실분석과 더불어, 사회과학을 비롯한 다중학제적 대화에 활발하게 참여할 수 있는 다양한 방법과 통로를 안내해 주어야 할 것이다.[44] 또한 신식민주의에 대한 기술적-경험적 접근은 미시적, 중시적, 거시적 차원을 포괄하는 포괄적 이해의 과정이 되어야 한다. 즉, 신식민주의가 개인, 가정, 교회, 학교, 사회, 국가, 지구 차원에서 어떻게 진행되고 있으며, 어떻게 상호적으로 영향을 끼치고 있는지를 경험적, 학제적, 그리고 성서적-신학적 차원에서 비판적으로 인식할 수 있도록 도움을 주어야 할 것이다. 기독교교육에 참여하는 사람들이 당대의 시대적, 역사적 상황에 대한 올바른 인식이 부족한 경우, 상응하는 대안적 교육을 모색하거나 실천할 수 없게 되므로 신식민주의 상황에 대한 이러한 비판적 인식은 일차적인 과제이다.

2. 상호의존적인 글로컬 주체와 정체성 형성

전통적으로 기독교교육을 비롯한 실천신학에서의 인간이해, 특히 인

---

44 실천신학의 기술적-경험적 과제에 대하여 다음을 참고 할 것. Richard Osmer, *Practical Theology: An Introduction*, 김현애, 김정역 역, 『실천신학의 네 가지 중심과제』(서울: 예배와설교 아카데미, 2012), 61-130.

간발달이론은 서구의 근대적 인간이해에 의존하는 경우가 많았다. 예를 들어, 구조주의 심리학에 기초한 콜버그Lawrence Kohlberg의 도덕발달이론이 대표적이다.[45] 도덕발달을 전인습기, 인습기, 탈인습기로 구분한 이 이론은 도덕적 성숙을 주로 서구의 백인 남성을 기준으로 한 자율성과 독립성의 강화와 연계되어 있는 것으로 보았으며, 여성과 더불어 다양한 인종들의 정치, 경제, 문화적 경험들이 상대적으로 고려되지 않았다.

이에 대한 대안으로 포스트식민주의 실천신학으로서 오늘의 기독교교육학은 교수-학습에 참여하는 인간을 "상호의존적인 글로컬 주체"로 인식하고 이에 기초한 정체성을 형성해 나가도록 지원하는 과제를 수행할 필요가 있다. 상호의존적인 글로컬 주체를 형성하는 교육은 자기 혹은 자기됨을 남성적인 덕목인 자급자족, 독립, 자율, 자족성, 자제력 등에서 발견하기보다는, 오늘의 글로컬 이웃과의 관계성을 회복하는 하나님의 공의에 근거를 두도록 지원하는 것이다. 이는 공동체성, 관계성, 취약성 등을 고려하는 가운데, 그리스도인들을 로컬 차원의 이웃뿐 아니라 글로벌 차원의 이웃과의 상호의존성 안에서 하나님을 인식하고 이웃을 섬기는 주체로 세워나가는 교육이다. 조금 다르게 표현하자면, 로컬 차원에서 개개인이 자신의 고유한vernacular 문화, 인종, 젠더와, 글로벌 차원에서의 다양한 차원의 타자와의 만남을 통하여 상호문화적으로 정체성이 형성될 수 있도록 물리적, 심리적, 문화적, 경제적, 영적 공간을 마련해 주고 지원하는 교육이다.

---

45 Lawrence Kohlberg, *The Philosophy of Moral Development: Moral Stages and the Idea of Justice*, 이동훈, 이기문 역, 『도덕교육철학』(서울: 대한예수교장로회총회교육부, 1985).

3. 해방적 liberating 실천

다양한 형태로 출현하고 있는 오늘의 신식민주의 상황에 대한 비판적 인식은 해방적 실천으로 이어져야 한다. 근대 이후 실천신학에서의 실천 이해는 주로 개인적, 목회적 clerical, 교회적 ecclesial 차원의 실천으로 한정되어 사사화의 길을 걸어왔으며, 결과적으로 사회적, 공적 차원이 간과되거나 많이 약화되었다. 이러한 실천 이해의 변화에 결정적 영향을 준 것이 바로 1970년대에 출현한 남미 해방신학의 "비판적 프락시스" 패러다임이다.[46] 이는 기독교교육 이론에서도 신정통주의의 기독교교육과 복음주의적 기독교교육이 지닌 개인과 교회에 한정된 신앙교육의 한계를 넘어서게 해주는 결정적 역할을 감당하였다. 특히 앎과 삶 혹은 이론과 실천의 이분법에서 벗어나서 양자의 변증법적 일치를 추구하는 프락시스 인식론은 기독교교육 이론과 실천에 대한 새로운 지평을 열어주었다. 그러나 해방신학에서는 앞에서 살펴본 것처럼 경제의 문제에 집중하는 반면 인종, 문화, 젠더 등의 차원이 간과되었고, 포스트식민주의 학자들 특히 포스트식민주의 페미니스트 학자들곽퓨이란, 강남순 등에 의하여 이것이 지속적으로 지적되고 비판되었다.

따라서 포스트식민주의 실천신학으로서 오늘의 기독교교육학은 성서적 해방의 실천이 경제적 차원뿐 아니라, 인종, 문화, 젠더 등의 차원을 함께 포괄하는 온전한, 전인적 실천이 될 수 있도록 다양한 교육적 노력이 요구된다. 포스트식민주의의 관점에서 서발턴과 연대하며 함께하는 기독교교육이 되기 위해서는 해방신학적 패러다임에서 강조되는 "가난한 자에

---

46 실천신학에서의 비판적 프락시스에 대한 논의는 다음을 참고 할 것. 장신근, "20세기 실천신학의 3가지 유형에 대한 비교 연구," 『장신논단』 54-5 (2022), 155-181.

대한 하나님의 편애"와 더불어, 인종적, 문화적, 성적, 정치적 차원에서 2중, 3중의 소외, 억압, 고통을 경험하는 서발턴에 대한 아시아 해방신학의 종교-문화적 이해가 같이 가야 할 것이며, 이에 기초하여 이들과 연대하기 위한 중층적 차원의 교육적 노력이 이루어져야 할 것이다.

4. 제3의 공간을 창조하는 상호문화적 역량 양육

오늘의 세계는 세계화 이후 다양한 종교, 인종, 가치, 세계관 등이 충돌하는 다원주의 사회이며, 다문화적 상황은 오늘의 실천신학과 기독교교육에게 있어서 숨 쉬는 공기와 같은 환경이면서 동시에 엄청난 도전이라 할 수 있다. 그동안 일반교육과 기독교 교육에서의 다문화교육은 다양한 차원의 타자와의 만남에 있어서 명시적, 암시적으로 동화 모델이나 분리 모델로 양분화되는 경향이 많이 있었다. 즉, 타자와의 만남에 있어서 문화 사이의 상호성이 간과되는 경우가 많았다. 포스트식민주의적 표현에 의하면, 다문화교육에서 제3의 공간을 창조하는 작업이 부족하였다.

포스트식민주의 실천신학으로서 오늘의 기독교교육학, 특히 다문화교육은 타자와의 만남에 있어서 서구/동양, 남성/여성, 식민자/피식민자 등의 이항 대립을 넘어 혼종성, 양가성, 제3의 공간 등에 기초한 상호문화적 역량을 양육하는 교육이 되어야 할 것이다. 물론 인간 경험이 지닌 공통점이나 보편성도 중요하지만, 타문화와의 만남을 통하여 교섭과 전이가 이루어지고, 혼종성 가운데 제3의 창조적인 문화적 정체성이 형성될 수 있도록 지원하는 교육이 되어야 할 것이다. 예를 들어, K-컬쳐가 세계 곳곳에서 인기를 얻고 있는 한류 현상은 사실상 한국 문화와 타문화와의 만남을 통하여, 고유한 한국문화도 아니고, 현지 문화도 아닌, 양자가 혼종성 가운데 새로운 정체성을 창조해 나갈 때 상호문화적이 된다고 할 수 있을 것이다.

5. 해체와 회복을 지향하는 성서 읽기 역량의 양육

실천신학과 기독교교육학의 가장 중요한 과제 가운데 하나는 규범적 과제로서의 성서 읽기이다. 규범적 과제란 실천신학과 기독교교육에서 지향하는 규범적 실천, 혹은 하나님께서 원하시는 실천, 하나님께서 삼위일체의 역사 가운데 규범적으로 보여주시는 실천 창조, 구원, 영화 등의 하나님의 실천을 뜻한다.[47] 이러한 규범적 실천을 모색하는 과정에서 성서와 신학은 결정적 역할을 하며, 더 나아가 성서를 어떻게 읽는가의 문제는 더욱 중요하다고 할 수 있다.

포스트식민주의 실천신학으로서 오늘의 기독교교육학은 해체와 회복에 기초하여 반식민주의 저항 실천으로서의 성서 읽기 역량을 양육해야 한다. 이를 위하여 "탈학습"과 "영^{null}의 교육과정"이 요구된다.[48] 양자는 상반된 방향을 지향한다. 전자는 식민주의에 의하여 형성된 차별적이며, 억압적인 이데올로기와 실천을 해체하는 것이며, 후자는 반식민주의를 학습하는 과정에서 의도적으로 가르쳐지지 않은, 생략된 교육 내용이 무엇인가를 비판적으로 점검하고 회복시켜 나가는 것이다.

이처럼 포스트식민주의 성경읽기는 한편으로는 식민주의적 관점에서 형성된 지배 이데올로기적 성서해석을 해체해 나간다. 예를 들어, 오늘

---

47 실천신학의 규범적 과제에 대하여 다음을 참고할 것. Osmer, 『실천신학의 네 가지 중심과제』, 199-260.

48 영의 교육과정에 대하여 다음을 참고할 것. Elliot Eisner, *Educational Imagination*, 이해명 역, 『교육적 상상력: 교육과정의 구성과 평가』(서울: 단국대학교출판부, 1999).

의 이스라엘-팔레스타인 갈등의 원인에 대하여, 이스라엘 총리 네타냐후 Benjamin Netanyahu가 "아브라함과 다윗을 공공연히 언급하며 팔레스타인의 완전지배를 실현하기 위해 팔레스타인 사람들의 희생과 고통을 강요"하는 이러한 식민주의적 성서해석을 해체하는 읽기 역량을 키우는 것이다.[49] 다른 한편으로는, 반식민주의 관점을 형성해 나가는 성서 읽기 과정에서 의도적으로 가르쳐지지 않은 내용들, 혹은 들려지지 않은 목소리들, 예를 들어, 성서의 출애굽 사건에서 그동안 침묵했던 당시 팔레스타인 원주민의 목소리를 회복시키는, 그러한 읽기 역량을 양육하는 것이다.

앞에서 살펴본 수기르타라자가 제안한 1) 대위법적 성서읽기, 2) 말년의 양식 late style, 3) 재현의 수사학 등은 이러한 해체와 회복을 지향하는 성서읽기를 위한 방법론으로 활용될 수 있을 것이다.

6. 포스트식민주의 공공성에 기초한 공적신앙과 공적교회 형성

포스트식민주의 저항 담론은 공적신앙과 공적교회 형성을 지향하는 공적 실천신학으로서의 기독교교육 이론과 실천에 있어서 아주 귀중한 자원이다. 대사회 신뢰도의 충격적 하락, 무종교화 현상의 가속화, 신앙의 사사화, 사회와의 소통 부재 등과 같은 심각한 위기에 직면하여 오늘의 한국교회는 공적신앙과 공적교회 회복에 사활을 걸어야 할 상황이 되었고, 실천신학과 기독교교육은 여기에서 중요한 실천적 역할을 감당해야 한다.

이러한 상황에서 포스트식민주의 실천신학으로서 오늘의 기독교교

---

49 김회권, "이스라엘-팔레스타인 갈등을 종교갈등으로 환원시키는 견해에 대한 비판적 소고(小考)," 『선교와 신학』 62 (2024), 102.

육학은 포스트식민주의 담론에서 강조되는 불의한 권력에 대한 저항과 해체, 사회와의 소통에서 문화적, 인종적, 성적 차원의 중요성, 해방의 목회적 실천, 상호의존성의 인간 공동체 등에 기초하여 공적 신앙과 공적교회 형성에 기여해야 할 것이다. 이를 위하여 상호의존적 자아와 정체성을 형성하고, 세례, 성만찬, 성례전, 예배, 기도, 섬김, 선교, 전도 등과 같은 기독교의 핵심 실천들이 지닌 공적, 정치적, 사회적, 문화적 차원을 회복시켜 나가는 작업에 전력을 기울여야 할 것이다. 더 나아가 개교회 중심주의에서 벗어나서 공동선^{common good}을 지향하면서 지역사회, 시민사회, 생태 공동체를 아우르는 공적 공동체로서의 교회 형성과 그리스도인 형성을 위한 기독교교육에 전력해야 할 것이다.

—

나가는 말

1980-90년대에 활발하게 논의되었던 포스트식민주의 담론, 특히 비판적 포스트식민주의 담론은 오늘도 여전히 유효하다고 할 수 있다. 그 이유는 영토적 식민주의와 경제적 세계화의 위력은 점차 약화되는 상황이지만, 또 다른 형태의 신식민주의적 상황이 전 지구적으로 전개되고 있기 때문이다. 예를 들어, 전 지구적 디지털 시대의 도래, 생태 위기 상황, 신냉전 상황 등을 들 수 있다. 전 지구적 초연결을 지향하는 ^{미국 중심의} 거대 디지털 플랫폼 기업은 가상 공간에서 새로운 형태의 디지털 식민주의 지배자가 될 위험성이 높으며, 지구 행성 차원의 생태위기 현상은 기후 이주민이라는 새로운 형태의 서발턴을 양산하고 있다. 또한 우크라이나, 이스라엘 가자

지구를 비롯한 세계 여러 곳에서의 분쟁 뒤에는 러시아, 중국, 미국 등과 같은 거대 군사 제국들의 지원이 자리잡고 있다. 이러한 상황에서, 비판적 포스트식민주의 담론은 오늘의 공적 실천신학과 특히 공적 신앙을 지향하는 기독교교육학에 유전히 필요한 담론이라 할 수 있다.

그러나 실천신학과 기독교교육학에 대한 비판적 포스트식민주의 담론이 지닌 여러 공헌점에도 불구하고, 오늘의 트랜스휴먼, 포스트휴먼 상황에서의 한계 또한 비판적으로 성찰되어야 할 것이다. 그 가운데 생태적 위기에 대한 새로운 인간주의^{포스트휴먼} 담론, 즉, "공산"^{sympoiesis}과 "행위자 연결망"^{actor-network}, "물질^{자연}-인간-기계^{사물} 사이의 아상블라주^{assemblage} 관계" 등에 기초한 논의가 부재한 것은 탈식민주의가 출현한 시대적 배경으로 인한 것이라 할 수 있으며, 오늘의 기독교육학이 새롭게 응답해야 할 또 다른 시대적 과제들이다. 이러한 맥락에서 다음 장에서는 포스트휴먼 실천신학으로서 기독교교육학에 대한 논의를 다룬다.

참고문헌

강남순. "한국 탈식민주의 페미니스트 신학: 그 담론적 의미와 과제." 『신학사상』 132 (2006), 195-230.

고부응 엮음. 『탈식민주의: 이론과 쟁점』. 서울: 문학과 지성사, 2003.

김덕기. 『바울의 문화신학과 정치윤리: 탈식민주의 문화이론에 근거한 바울 서신 해석』. 대전: 이화, 2007.

_____. "바울의 정치 신학과 탈식민주의 동아시아 성서 해석학: 고전 7:29-31과 12:12-13을 중심으로." 『신약논단』 15(3) (2008), 635-75.

김회권. "이스라엘-팔레스타인 갈등을 종교갈등으로 환원시키는 견해에 대한 비판적 소고(小考)." 『선교와 신학』 62 (2024), 99-141.

나병철. 『탈식민주의와 근대문학』. 서울: 문예출판사, 2004.

문용식. 『그리스도인을 위한 문화이해』. 서울: 예영커뮤니케이션, 2005.

박종성. 『탈식민주의에 대한 성찰』. 서울: 살림, 2006.

박충구. "탈식민주의 담론의 기독교 사회윤리학적 이해." 『신학과 세계』 49 (2004), 188-214.

박홍순. 『포스트콜로니얼 성서해석』. 서울: 예영 B&P, 2006.

손규태. "탈근대주의와 탈식민주의 시대의 한국신학." 『한국기독교신학논총』 13 (1996), 11-27.

안덕원. "탈식민주의 이론으로 바라보는 기독교 세례예식": 저항과 어파퍼시스 (Apophasis) 그리고 제 3의 공간을 중심으로." 『신학논단』 79 (2015.3), 257-82.

_____. "탈식민주의 이론으로 바라보는 기독교 성찬: 혼종성(Hybridity)과 제3의 공간(The Third Space)으로 구현하는 프롤렙시스(Prolepsis)." 『복음과 실천신학』 38 (2016), 146-78.

_____. "탈식민주의이론으로 바라보는 사역과 직제: 저항, 모방, 그리고 사도적 계승(Apostolic Succession)에 대한 비판적 고찰." 『신학과 선교』 51 (2017), 53-89.

이성호. "탈식민주의의 혼성적 정체성과 교회윤리." 『현상과 인식』 27(4) (2003), 106-31.

이승갑. "한국의 다문화화 사회 현실과 문화민족주의에 대한 한 신학적 성찰: 호미 바바(Homi K. Bhabha)의 혼종성(Hybridity) 개념을 중심으로." 『한국조직신학논총』 21 (2008), 163-93.

이찬석. "탈식민지론과 아시아 신학: 피에리스와 호미바바를 중심으로." 『신학사상』 141 (2008), 79-112.

임옥희. 『타자로서의 서구: 가야트리 스피박의 "포스트식민 이성비판" 읽기와 쓰기』. 서울: 현암사, 2012.

장신근. "20세기 실천신학의 3가지 유형에 대한 비교 연구." 『장신논단』 54-5 (2022), 155-81.

_____. "20세기 후반 실천신학의 세 가지 유형에 대한 비판적 연구." 『기독교교육논총』 72 (2022), 25-48.

정보라. "15장: 임마누엘 라티." 한국목회상담학회 편, 『현대목회상담학자연구』. 서울: 도서출판돌봄, 2011, 465-95.

정현진. "포스트콜로니얼 여성 신학적 예수 연구: 곽퓨이란의 예수 연구를 중심으로." 『신학과 목회』 58 (2023), 107-33.

편집부. "심포지엄: 탈식민주의 신학의 모색." 『신학사상』 95 (1996), 7-37.

Abraham, Susan. "What Does Mumbai Have to Do with Rome?" *Theological Education*. 69(2) (2008), 376-93.

Bhabha, Homi. *The Location of Culture*. 나병철 역. 『문화의 위치: 탈식민주의 문화이론』. 서울: 소명출판, 2005.

Eisner, Elliot. *Educational Imagination*. 이해명 역. 『교육적 상상력: 교육과정의 구성

과 평가』. 서울: 단국대학교출판부, 1999.

Fanon, Franz. *Peau noire, masques blancs*. 이석호 역. 『검은 피부, 하얀 가면』. 서울: 인간사랑, 1998.

Keller, Catherine, Michael Nausner, and Mayra Rivera, eds. *Postcolonial Theologies: Divine and Empire*. St. Louis: Chalice Press, 2004.

Kim-Cragg, HyeRan. *Interdependence: A Postcolonial Feminist Practical Theology*. 이호은 역. 『상호의존성: 포스트식민주의 여성주의 실천신학』. 서울: 동연, 2020.

_____. *Story and Song: A Postcolonial Interplay between Christian Education and Worship*. New York: Peter Lang, 2012.

Kohlberg, Lawrence. *The Philosophy of Moral Development: Moral Stages and the Idea of Justice*. 이동훈, 이기문 역. 『도덕교육철학』. 서울: 대한예수교장로회총회교육부, 1985.

Kowk, Pui-Lan, and Stephen Burns, eds. *Postcolonial Practice of Ministry: Leadership, Liturgy, and Interfaith Engagement*. New York: Lexington Books, 2016.

Lartey, Emmanuel. *In Living Color*. 문희경 역. 『상호문화 목회상담』. 서울: 도서출판 대서, 2011.

Moore-Gilbert, Bart. *Postcolonial Theory: Contexts, Practices, Politics*. 이경원 역. 『탈식민주의! 저항에서 유희로』, 서울: 한길사, 2001.

Morton, Stephen. *Gayatri Chakravorty Spivak*. 이운경 역. 『스피박 넘기』. 서울: 도서출판 앨피, 2005.

Osmer, Richard. *Practical Theology: An Introduction*. 김현애, 김정역 역, 『실천신학의 네 가지 중심과제』. 서울: 예배와설교아카데미, 2012.

Pang, Samuel Y. "A Theological Reflection on 'Postcolonial Imagination on the Other.'" 『한국문화신학회 논문집』 12 (2008), 249-65.

Park, Seong-Joon. "A Postcolonial Christology Revisited in Hybridity." *Madang: Journal of Contextual Theology*. 31 (2019), 35-65.

Said, Edward. *Orientalism*. 박홍규 역. 『오리엔탈리즘(25주년 기념판)』. 서울: 교보문고, 2012.

Spivak, Gayatri. *A Critique of Postcolonial Reason: Toward a History of the Vanishing Present*. 태혜숙, 박미선 역. 『포스트식민 이성비판: 사라져가는 현재의 역사를 위하여』. 서울: 갈무리, 2005.

Sugirtharajah, R. S. *Exploring Postcolonial Biblical Criticism*. 양권석, 이해청 역. 『탈식민주의 성서비평』. 외관: 분도출판사, 2019.

Young, Richard. *Postcolonialism: An Historical Introduction*. Oxford: Blackwell, 2001.

"식민주의." 〈나무위키〉 https://namu.wiki/w/식민주의. [2024년 8월 1일 접속].

제 5 장

포스트휴먼 실천신학으로서 기독교교육학의 과제

들어가는 말

　　오늘의 기독교교육학이 직면한 트랜스휴먼·포스트휴먼 시대의 다양한 도전과 위기는 무엇인가? 이에 대하여 어떻게 응답해야 하는가? 다양하게 출현하고 있는 포스트휴먼 담론과 신학, 특히 실천신학으로서 기독교교육학 사이의 대화는 가능한가? 가능하다면 어떠한 차원에서 어떤 방식으로 수행되어야 하는가? 이러한 대화를 통하여 우리는 어떠한 그리스도인, 교회, 사회, 세계를 지향해야 하는가? 이 장은 이러한 질문들을 염두에 두고 트랜스휴머니즘과 포스트휴머니즘 그리고 이에 대한 라투르^{Bruno Latour}, 바라드^{Karen Barad}, 해러웨이^{Donna Haraway}, 브라이도티^{Rosi Braidotti} 등의 비판적 포스트휴먼 담론에 기초하여 신학과의 대화를 시도하고, 포스트휴먼 실천신학으로서 기독교교육학이 수행해야 할 과제를 제안한다. 이 장에서는 지면 관계상 기독교교육학의 과제에 초점을 맞추어서 큰 그림을 제시하고, 좀 더 구체적인 제안은 후속 연구에서 다루기로 한다. 문헌 연구를 중심으로 이루어지는 이 장은 학제적 대화를 지향한다. 먼저, 융합 학제적 관점에서 트랜스휴머니즘과 포스트휴머니즘에 대한 기본 개념과 비판적 포스트휴머니즘의 주요 사상을 살펴보고, 신학적 관점에서 기술과 생태에 초점을 맞추어서 횡단적 대화를 시도한다.

　　이상의 대화를 통하여 이 장에서는 포스트휴먼 실천신학으로서 기독교교육학이 수행해야 할 과제를 다음과 같이 제안한다. 첫째, 포스트휴먼 상황에 대한 기술-경험적 연구와 해석 작업, 둘째, 포스트휴먼 텔로스^{telos, 목적}에 대한 성서적·신학적 규범 제시, 셋째, 함께 얽힘의 관계망과 되어감을 통한 상호적 주체성과 신앙형성, 넷째, 테오포에시스^{theopoiesis, 성화}에 기초한 이론-실천 관계 정립, 다섯째, 공생 공동체로서의 교회 형성, 여섯째, 공동선으로서의 하나님 나라의 조에^{zoe, 생명}를 지향하는 공적 파이데이아의 재구성 등이다.

I. 트랜스휴머니즘 · 포스트휴머니즘과 비판적 응답

포스트휴먼 신학을 이해하기 위한 준비 단계로 트랜스휴머니즘과 포스트휴머니즘이 출현한 배경과 기본적 의미, 그리고 이에 대한 성찰적 접근인 비판적 포스트휴머니즘에 대하여 논의한다.

1. 트랜스휴머니즘과 포스트휴머니즘

트랜스휴머니즘과 포스트휴머니즘은 상호연관성 속에서 이해되어야 하는 개념으로, 근대 이후 과학 기술의 혁명적 발전과 가속화의 결과로 인해 인간이 자신을 다른 존재 혹은 종으로 바꿀 수 있는 단계까지 이르게 된 것과 연관이 있다. 양자는 함께 공유하는 부분도 있지만 동시에 차이점을 지니고 있다. 먼저 두 용어의 기본적 개념을 살펴본다. "트랜스휴먼"이라는 용어의 기원은 단테의 『신곡』에까지 거슬러 올라가지만, 트랜스휴머니즘의 기본 견해는 1923년 영국의 유전학자 존 홀데인^{John B. Haldane}의 책 『다이달로스』^{Daedalus}에서 나타난다. 그는 일찍이 진보한 과학을 인체에 적용하여 우리 인간이 엄청난 혜택을 누릴 수 있음을 예상하였다. "트랜스휴머니즘" 이란 용어는 1940년 캐나다 철학자 윌리엄 라이트홀William Lighthall이 발표한 논문에서 처음 유래하였고, 1957년 줄리안 헉슬리Julian Huxley가 이를 자신의 논문 제목으로 차용하였다. 이러한 연유로 라이트홀은 흔히 트랜스휴머니즘의 창시자로 간주된다.[1]

트랜스휴머니즘의 trans는 "옮겨가는, 과도기적, 전환, 변환" 등과 "현재적, 미래적 진행형"이라는 의미를 지니고 있으며, 과도기 중에 나타나는 다양한 형태의 휴머니즘을 지칭한다. 트랜스휴머니즘은 호모 사피엔스라고 규정되는 인간을 초월한 인간, 즉 "자연적인 진화나 기술적·의학적 방법을 통해 지금의 인간보다 더 큰 힘과 능력을 갖게 된 인간"인 트랜스휴먼의 조건을 인위적으로 만들기 위한 운동이나 이를 지향하는 이념"을 뜻한다.[2] 또한 정형철에 의하면 트랜스휴머니즘은 "노화를 억제하고 인간의 지적, 신체적, 심리적 능력을 크게 향상시키기 위해 과학과 테크놀로지를 활용함으로써 인간 조건을 근본적으로 개선하는 일이 가능하고 그것이 바람직하다고 보는 지적, 문화적 운동"이라고 정의한다.[3] 즉, 트랜스휴머니즘은 첨단기술들의 융합을 통하여 여러 차원에서 현재의 인간을 넘어서서 인간 조건의 향상을 지향하는 것을 긍정하는 이념과 운동이라 할 수 있다.

이와 같이, 트랜스휴머니즘은 트랜스휴먼을 가능하게 하는 기술의 혁명적 발전과 불가분의 관련 속에 있다. 근대 이후 기술의 발전을 두 가지 시대로 구분한다면, 제1 기계시대에서는 "인간이 기계를 문명의 도구로 활용한다는 관점"이 강조된다. 반면, 제2 기계시대는 트랜스휴먼을 거쳐 포스트휴먼으로 가는 시대로 "인간과 기계가 융합하여 혼종적 존재가 되는 현

---

1   이혜영 외 3인, 『트랜스휴머니즘과 포스트휴머니즘』(서울: 한국학술정보. 2018), 21.
2   홍성욱, 『포스트휴먼 오디세이』(서울: 휴머니스트. 2019), 20.
3   정형철, 『종교와 트랜스휴머니즘』(서울: 한국학술정보. 2022), 7.

상이 가시화되는 시대"이다.[4] 이처럼 트랜스휴머니즘은 첨단기술의 융합을 통하여 인간 조건의 한계를 넘어서는 트랜스휴먼을 지향하고, 이들이 결국 호모 사피엔스와는 다른 미래적 포스트휴먼으로 변화되어 간다는 것을 전제한다. 따라서 트랜스휴먼은 포스트휴먼을 향해 나아가는 과정에 있는 존재라고 할 수 있다.

포스트휴먼은 NBIC[Nanotechnology, Biotechnology, Information Technology, Cognitive Science] 기술을 비롯하여 다양한 기술의 발전으로 트랜스휴먼을 거쳐 새롭게 출현하는 인간형이다. 포스트휴머니즘의 "post"는 근대적인 휴먼 이해의 연장선상에서 "다음"[next to]이라는 의미와 "이후"[after]라는 의미로, 근대적 휴먼과의 결별을 동시에 뜻한다. 즉, post는 "이후, 탈, 벗어남" 등과 미래 완료형의 의미를 지니고 있으며, 결과적으로 도달하게 될 미래적이며 새로운 인간상을 지칭한다.[5] 즉, 위에서 살펴본 것처럼 현생 인류인 호모 사피엔스라는 휴먼이 과도기적 트랜스휴먼을 거치면서 미래완료형인 포스트휴먼으로 변해간다는 것이다.[6]

포스트휴먼 사회로의 전환을 주도하는 이러한 기술과 그 결과는 과거의 변화들과는 구별되는 다른 특징이 존재한다. 첫째, "융합"으로, 4차 산업혁명에서는 지금까지 따로 발전해 오던 기술들[정보통신기술, 인공지능, 자율주행자동차, 로봇기술 등]이 융합되면서 엄청난 시너지 효과를 가져온다. 둘째, 엄청난 "힘의 불

---

4 김은혜, "첨단기술 시대, 신학의 과제와 전망: 인간과 기술의 공진화(co-evolution)에 대한 신학적 상상력과 기술신학 정립의 필요성," 김은혜 외 8인, 『기술신학』(서울: 동연. 2024), 58. Erik Brynjolfsson and Andrew McAfee, *The Second Machine Age: Work, Progress, and Prosperity in a Time of Brilliant Technologies*, 이한음 역, 『제2의 기계시대-인간과 기계의 공생이 시작된다』(서울: 청림출판, 2014).

5 이은경, "기술시대 포스트휴먼화가 종교와 교육에 미치는 영향과 기독교 교육에의 시사점," 김은혜 외 8인, 『기술신학』, 184. 한국포스트휴먼학회, 『포스트휴먼시대의 휴먼』(파주: 아카넷, 2016), 31.

6 이은경, "기술시대 포스트휴먼화가 종교와 교육에 미치는 영향과 기독교 교육에의 시사점," 183-84.

균형"으로, 포스트휴먼을 출현시킨 핵심기술들은 개발과정과 결과에 있어서 자본과 권력의 집중이다. 셋째, "전환"에 대한 관심의 고조로, 4차 산업혁명으로 인한 실업과 기술발전으로 나타난 변화들의 정당성에 대한 의문 제기이다.[7]

그러면 왜 우리는 트랜스휴먼을 거쳐 포스트휴먼이 되어야 하는가? 트랜스휴먼화의 정당성을 주장하는 사람들은 그 동기를 바로 "인간의 원초적 본성"에서 찾는다. 향상을 위한 인간의 본성은 막을 수가 없으며, 그 자체로 정당한 것이라고 본다. 더 나아가 자유지상주의, 공리주의 등의 규범윤리학에 기초하여 "인간의 무한한 호기심과 꿈, 그리고 개인이 가지는 자율적 선택의 중요성" 등을 통하여 트랜스휴먼의 정당성을 찾는다.[8] 이런 맥락에서 트랜스휴먼으로의 변화를 적극적으로 옹호하고 지지하는 사람들은 "세계트랜스휴머니스트협회" 홈페이지에 "트랜스휴머니스트 선언"을 공개적으로 발표하기도 하였다.[9]

2. 비판적 포스트휴머니즘

트랜스휴머니즘에 대한 평가는 다양하게 나타난다. 그 가운데 프랜시스 후쿠야마Francis Fukuyama는 트랜스휴머니즘이 과거의 노예, 노동, 여성해방운동보다 더 혁명적이고 과격한, 세상에서 가장 위험한 사상이라고 주장하는 반면, 로널드 베일리Ronald Bailey는 이를 "가장 대담하고, 용감하며, 창의적

---

7   한국포스트휴먼학회, 『포스트휴먼시대의 휴먼』, 15-16.

8   위의 책, 46.

9   Natasha Vita-More, "The Transhumanist Manifesto," https://www.humanityplus.org/the-transhum anist-manifesto, [2024년 9월 5일 접속].

이고, 인류의 열망에 가장 알맞은 운동이다."라고 평가한다.[10] 비판적 포스트휴머니즘은 트랜스휴머니즘과 포스트휴머니즘에 대한 극단적으로 부정적이거나 유토피아적인 입장 모두를 넘어선다.

비판적 포스트휴머니즘은 트랜스휴머니즘이 "포스트휴먼-이즘"으로 지칭되는 것과 구별하기 위하여 "포스트-휴머니즘"으로 불리기도 하는데, 포스트휴먼 미래가 긍정적, 부정적 차원을 모두 지니고 있음을 전제하면서 포스트휴먼 조건을 비판적으로 성찰할 것을 요청한다. 로지 브라이도티는 비판적 포스트휴머니즘이 근대 휴머니즘이 초래한 서구중심주의, 남성중심주의, 인간중심주의 등을 반성하는 가운데, 특히, 인간-자연의 이분법적 구분을 극복하는 새로운 주체성을 탐색해나가는 계기가 된다고 본다.[11] 더 나아가 "인간중심주의를 넘어서려는 이 움직임을 나는 인간-아님, 즉 조에 zoe 쪽으로 '생명'의 개념이 확장되는 것으로 보고자 한다."[12]

비판적 포스트휴머니즘은 이러한 맥락에서 먼저 포스트휴먼이 처한 조건에 관심을 기울인다. 로버트 페페렐 Pobert Pepperell 은 포스트휴먼이 처한 조건의 특징을 "인간중심적 우주론의 종말, 모든 문화적·기술과학적 존재의 도구와 장치를 포함하는 과정으로서 생명의 진화, 그리고 우리가 어떻게 살 것인가, 즉 인간중심 세계의 전복이 진행되는 오늘날 무엇을 묻고 어떤 가정을 할 것인가" 등으로 요약한다.[13] 한편, 브라이도티는 "과학기술의 발달이 생물학적 한계를 넘어설 정도로 발달하고, 전 지구적 자본주의와 생명공학이 결합을 일으키는 곤경"을 포스트휴먼 조건으로 진단하기도 한다.[14]

---

10 이혜영 외 3인, 『트랜스휴머니즘과 포스트휴머니즘』, 16. 홍성욱, 『포스트휴먼 오디세이』, 19.
11 Rosi Braidotti, *The Posthuman*, 이경란 역, 『포스트 휴먼』(파주: 아카넷, 2015), 63-68.
12 위의 책, 63-68.
13 우정길 외 6인, 『포스트휴머니즘과 교육학』(서울: 학지사, 2021), 112.
14 위의 책, 112.

비판적 포스트휴머니즘에 의하면, 기술을 자기 목적적으로 사용하여 트랜스휴먼을 거쳐 인간의 장애를 제거하고 포스트휴먼, 즉 슈퍼휴먼에 도달하는 이러한 유토피아적 성격을 지닌 포스트휴머니즘 이해는 사실상 근대적, 합리적 휴머니즘과 동일선상에 있다. 즉, 근대적 휴머니즘의 핵심 사상인 "자율성, 독립성, 진보" 등과 같은 개념을 강조하거나, 인간 향상을 지향함으로 "정상성의 헤게모니"를 강화하거나, 인간과 비인간의 이분법적 이해에 기초한 인간중심주의를 옹호하는 경향을 띤다는 것이다. 이러한 의미의 포스트휴머니즘은 "모던적 재건설 reconstruction 의 결과물"이라는 비판을 받기도 한다.[15]

이와 달리, 비판적 포스트휴머니즘 혹은 포스트휴먼 비판이론은 근대 계몽주의에 토대를 두는 "휴머니즘이 갖는 인간중심주의와 인간예외주의, 그것이 갖는 비인간 존재에 대한 억압과 차별, 착취 그리고 인간의 표준을 백인에 두는 인종주의가 그 외의 존재들을 타자화하는 점을 비판한다."[16] 특히 오늘의 생태위기를 초래한 인간중심주의를 강하게 부인한다. 비판적 포스트휴머니즘은 인류를 여러 자연적 종 species 가운데 하나로 인식함으로써 인간중심적 관점을 거부한다는 점에서 고전적 휴머니즘과 차별성을 보인다. 비판적 포스트휴머니즘에 의하면 "인간은 선천적으로 a priori 윤리적 고려 사항에서 자연을 파괴하거나 그 위에 스스로 두도록 하는 고유한 권리가 없다."[17]

따라서, 비판적 포스트휴머니즘은 단순히 기술의 혁명적 발전으로 출현한 트랜스휴먼을 넘어선 현생 인류와 다른 종의 포스트휴먼에 대한 담론

---

15 김동환, "포스트휴머니즘에 내재된 포스트모던 특성에 관한 신학적 비평," 『대학과 선교』 45 (2020), 108.
16 우정길 외 6인, 『포스트휴머니즘과 교육학』, 120.
17 이혜영 외 3인, 『트랜스휴머니즘과 포스트휴머니즘』, 121.

이 아니다. 즉, "인간의 지적, 신체적, 생리적 능력을 강화시키는 정교한 기술의 창조와 발전으로 인간 조건을 변화시키는 것이 목적인 세계적이고 지적인 운동"으로서의 포스트휴머니즘 이해를 넘어선다.[18] 이 말은 포스트휴머니즘의 토대인 기술에 대한 두 가지 양극단 입장인 기술 비관주의technophobia와 기술 지상주의technophilia를 모두 넘어서서 포스트휴먼 조건에 대한 비판적 성찰에 기초한 포스트휴머니즘이 요청된다는 것이다.

비판적 포스트휴머니즘은 "인간 중심적 가설들에 젖어있는 인류학적 보편성anthropological universality을 확립하려고 한 이전 시도들을 거부한다."[19] 브라이도티는 이것을 "'인간'의 완전성을 목적으로 이성 및 세속적인 과학 합리성을 자기 규제적이고 목적론적으로 인가된 방식으로 사용해 인류를 진보시킨다는 전제", 즉 계몽주의가 지향했던 인간중심주의의 근본 주제를 넘어서고 극복하는 것을 뜻한다고 보았다.[20] 신승환은 이러한 의미에서 포스트휴먼 담론은 근대의 모순과 양면성을 이중으로 극복하는 탈 근대 철학을 지향해야 하며, 그렇지 못한 경우 근대성의 이중적 모순이 재현된다고 주장한다.[21]

18 위의 책, 15.
19 이혜영 외 3인, 『트랜스휴머니즘과 포스트휴머니즘』, 123.
20 Braidotti, 『포스트 휴먼』, 53.
21 신승환, 『포스트휴머니즘의 유래와 도래』(서울: 서강대학교출판부, 2020), vii.

II. 비판적 포스트휴먼 사유의 토대:
   라투르, 바라드, 해러웨이, 브라이도티

오늘의 실천신학에 대한 포스트휴머니즘의 함의를 모색하는 과정에서 앞서 살펴본 비판적 포스트휴먼 사유의 토대를 제공하는 라투르, 바라드, 해러웨이, 브라이도티 등의 논의를 간략하게 살펴보기로 한다.

1. 행위자-관계망: 브루노 라투르

행위자-관계망 네트워크 이론 Actor-Network Theory, 이하 ANT로 표기은 1980년대 중반에 브루노 라투르, 미셸 칼롱 Michel Callon, 존 로 John Law 등이 주축이 되어 만들어졌는데, 존재는 개체 혹은 실체가 아닌 집단체 the collective 또는 행위자-관계망의 관점에서 보아야 함을 주장한다. ANT는 사회/자연, 자연/문화, 가치/사실, 주관성/객관성 등 그동안 대립적으로 간주되어 왔던 것들 사이의 경계 넘기를 통하여 이들 사이의 위계를 무력화시키려고 시도한다. ANT에 의하면 "세상은 복잡하고, 항상 요동치며, 서로 얽혀있고, 서로가 서로를 구성하면서 변화하는 잡종적인 세상이다. 끊임없이 경계를 넘나드는 잡종적인 존재들에 힘입어 자연, 사회, 문화는 서로가 서로를 만들면서 동시에 구성된다."[22]

---

22 홍성욱, 『인간·사물·동맹: 행위자네트워크 이론과 테크노사이언스』(서울: 도서출판 이음. 2010), 21.

ANT는 인간과 — 기술, 동물, 사물, 건축물, 기계, 도구, 지식 등과 같은 — 비인간nonhuman 사이의 네트워크나 아상블라주조합 관계에 관한 이론이다. 이것은 "과학 기술들이 인간 사회에 미치는 영향에 대한 연구에서 사물이나 대상의 역할을 조명하기 위해" 출현하였다.[23] 인간과 비인간 존재는 모두 동등한 능동성을 가진 행위자actor이며, "사회 속의 인간 행위나 상호작용이 비인간적 존재의 개입 없이 이루어지는 것은 불가능"하다.[24] 그러나 비인간 사물이나 기술적 존재자가 행위자라는 것은 이들이 인간과 생물처럼 의지와 목적을 지니고 행동한다는 뜻이 아니다. 이와는 다르게, 이들이 "만약 어떤 측면에서 인간 행위자와 동일한 효력을 발휘하거나 동일한 차이를 만들어 낸다면, 그들은 적어도 그 측면에서는 행위자"라고 보는 것이다.[25] "다른 사람이 내 행동을 바꾸듯이 기술[예를 들어 안전벨트, 과속방지턱]도 내 행동을 바꾸며, 나는 명령이나 법을 통해 다른 사람들의 행동을 바꿀 수도 있지만, 기술을 통해서도 같은 효과를 얻을 수 있다는 것이다."[26]

ANT의 3가지 핵심 주장은 다음과 같다. 첫째, 근대적 인간중심주의anthropocentrism의 해체이다. "인간은 더 이상 자연에 대해 절대적인 주체의 역할을 하지 못한다."[27] 둘째, 기술technology은 그 자체가 목적이 아니라 하더라도, 이제는 더 이상 단순한 도구의 수준에 머물러있는 것이 아니라, 인간의 본질을 구성하는 요소로서 인간의 일부로 간주된다.[28] 셋째, 지구의 생태적 환경 구성과 그것이 지속되는 과정에서, 인간만이 행위와 사고의 주체라는 전통적 관념을 반대한다. 대신, 인간뿐 아니라 비인간을 포함하는 다양한

---

23 박휴용, 『포스트휴머니즘과 교육의 미래』 (전주: 전북대학교출판문화원, 2019), 113.
24 위의 책, 113.
25 문규민, 『신유물론 입문: 새로운 물질성과 횡단성』 (성남: 두 번째 테제. 2022), 55.
26 홍성욱, 『인간·사물·동맹: 행위자네트워크 이론과 테크노사이언스』, 142.
27 박휴용, 『포스트휴머니즘과 교육의 미래』, 114.
28 위의 책, 114.

주체들은 "상호의존성과 혼성화"를 통해 매우 "다중적인 관계성"을 이루며 존재한다. 긍정적 혹은 부정적 차원을 불문하고, 인간과 기계, 물질과 비물질, 온라인과 오프라인, 현실과 가상 세계 사이 등에서 이루어지는 상호의존성과 혼성화를 실례로 들 수 있다.[29] ANT는 이러한 인간 존재와 비인간 존재 사이의 관계성의 평등성을 전제한다는 의미에서 "수평적flat 존재론"으로 불리기도 한다.[30]

2. 존재의 얽힘: 카렌 바라드

카렌 바라드는 이론물리학 박사학위를 지닌 신유물론 사상가이다. 신유물론은 물질을 스스로의 힘과 능력이 없이 "힘에 떠밀리고 법칙에 종속되는 무능한 존재"로 보았던 근대의 물질 개념을 넘어서서, "다양한 방식으로 물질의 내재적인 힘, 역량, 능력, 행위성"을 긍정하는 사상이다.[31] 그녀는 실재의 '얽힘'entanglement을 양자역학, 구체적으로는 닐스 보어Niels Bohr의 상보성 이론에 대한 재해석을 통해 해명한다. 바라드에 의하면, 양자역학에서 알 수 있듯이, 실재의 얽힘이란 실재가 우리에게 분명하게 나타나기보다는 우리가 인식하지 못하는 "수많은 행위 주체들과 엮여 복잡다단한 모습으로 구성되어 있음을 표현하는 말이다. 하지만 이 '얽힘'은 무작위적이고 임의적인 것이 아니라, 과학적 탐구를 통해 모습을 드러내는 자연의 질서에 따라 나름 질서정연하게 구성된 얽힘이다."[32] 이런 맥락에서 바라드는

---

29 위의 책
30 위의 책, 157.
31 문규민, 『신유물론 입문: 새로운 물질성과 횡단성』, 33.
32 박일준, "포스트휴먼 시대의 인간론: 동아시아적 여물의 관점에서 얽힘과 네트워크적 연장 읽기," 『기독교교육정보』 71 (2021), 6-7.

"존재하는 모든 것은 고정된 어떤 실체 같은 물질이 아니라, '물질화'material-ization 혹은 물화mattering, 物化 가운데 있다"고 주장한다.[33]

존재하는 모든 것은 다른 존재와의 얽힘 속에 존재하며, 자신과 타자의 구별은 "행위 주체들의 인식적 절단cut"을 통해 형성된다. 하지만 주체와 객체의 경계는 명확하게 고정되어 있지 않다. 그 이유는 행위 주체의 형성이 언제나 다른 행위 주체들과의 "내적-작용"intra-action 을 통해 달라질 수 있기 때문이다.[34] "따라서 현상은 특정의 행위 주체적 내적-작용agential intra-action 을 통해 그를 구성하는 구성요소들의 경계들과 속성들을 결정하게 되며, 이는 곧 의미의 창발이 된다. 즉 의미는 물질과 독립된 것이 아니라, 바로 물질적 배치와 더불어 창발한다."[35]

바라드는 자신의 철학을 "행위자는 행위함으로써 실재한다"라는 맥락에서 "행위적 실재론"이라고 주장한다. 행위적 실재론은 존재의 행위와 생성 능력을 강조한다.[36] 이것은 "특히 물질의 능동적인 행위성과, 물질이 의식과 상관없이 존재한다는 것을 근본적으로 강조한 이론"이다. 여기서 말하는 행위성은 "인간의 의도와 상관없이 생성되는 과정"이며, 또한 "물질은 고정된 속성을 가지는 것이 아니라 매 순간 변화한다"는 것이다.[37]

---

33 위의 책, 8.

34 Karan Barad, *Meeting the Universe Halfway: Quantum Physics and the Entanglement of Matter and Meaning* (Durham: Duke University Press, 2007), 333.

35 박일준, "포스트휴먼 시대의 인간론: 동아시아적 여물의 관점에서 얽힘과 네트워크적 연장 읽기," 『기독교교육정보』 71 (2021), 8.

36 심귀연, 『이 책은 신유물론이다』(서울: 도서출판 길, 2024).

37 위의 책, 141.

3. 공생과 공-산: 도나 해러웨이

도나 해러웨이는 생물학으로 박사학위를 받고 캘리포니아 대학 산타크루즈 캠퍼스에서 과학사와 여성학을 가르치는 페미니즘 사상가이자 생물학자, 과학학자, 문화비평가이다. 그녀는 생태위기로 인하여 여섯 번째 대멸종이 진행되고 있는, 인류세 anthropocene 라고 불리는 오늘의 상황에 대하여 어떻게 대처하고 사유할 것인가를 물으면서, 근본적으로 여러 종 multispecies 사이의 관계에 급진적 변화가 일어나야 함을 역설하는 가운데 공-산 sympoiesis 의 사유를 제안한다 Haraway, 2021 .[38] 해러웨이 사상의 핵심어인 "함께 만들기"라는 뜻을 지닌 "심포이에시스" sympoeisis 는 원래 칠레의 인지 생물학자이자 철학자인 움베르토 마투라나 Humberto Maturana 와 같은 분야의 프란시스코 바렐라 Francisco Varela 가 제안한 "오토포이에시스" autopoeisis, 즉 "스스로 만든다"에서 유래했다. 예를 들어, 칼에 베인 상처가 며칠 후가 되면 아물고 원래의 모습으로 회복되는 메커니즘을 바로 오토포이에시스라고 한 것이다.[39] 그런데 해러웨이는 이것을 sympoiesis 즉, 공-산共-産이라고 부를 것을 제안했다. 그 이유는 상처난 조직의 세포들, 무기물, 미생물들이 "서로 떠받치면서, 손상된 부분을 재구성"하기 때문이다. 즉, "어떤 것도 자기 자신을 스스로 만들지는 못한다. 어떤 것도 실제로 자율 생산적 autopoietic 이거나 자기-조직적이지 않다."[40]

예를 들어, 곰팡이는 다른 식물들과 유익한 반려 관계를 맺기도 하고, 동시에 해로운 병원균의 역할도 한다. 이런 의미에서 공-산은 "만물이 하나

---

38 Donna Haraway, *Staying with the Trouble: Making Kin in the Chthulucene*, 최유미 역, 『트러블과 함께하기』(서울: 마농지, 2021).

39 최유미, 『해러웨이, 공-산의 사유』(서울: b, 2020), 67.

40 Haraway, 『트러블과 함께하기』, 107.

로 합일되어 있음"을 뜻하지 않는다. 누구도 모두와 친할 수는 없기 때문이다.[41] 또한 해러웨이는 공-산의 사유를 설명하기 위하여 두 사람 사이의 실뜨기 string figure 놀이를 실례로 든다.[42] 여기에서 나는 패턴을 한번 만들고, 이어서 상대가 패턴을 만들도록 기회를 주는 것을 반복한다. 즉, 한번은 능동이 되고, 다음에는 수동이 되면서 그 패턴을 이어 간다.[43] 그러나 내가 능동이 된다고 해서 완전한 능동이 아니고, 반대로 상대가 수동이 된다고 해서 완전한 수동은 아니다. "실뜨기는 주기와 받기이고, 만들기와 부수기이고, 실을 줍기와 떨어뜨리기이다."[44]

그런데 해러웨이는 실뜨기 놀이가 지속되기 위해서는 "특정한 종류의 성실"이 요청된다고 주장한다. "그것은 내가 수동이 되었을 때, 상대가 실뜨기를 할 수 있도록 가만히 패턴을 내밀어주는 성실이고, 비록 결말을 알 수 없는 불확실성에 열려 있을지라도 어떻게든 플레이를 이어나가는 성실이고, 상대가 내민 패턴에 기계적으로 응대하지 않을 성실이다."[45]

4. 체현된 유목적 주체: 로지 브라이도티

이탈리아 출신의 여성 포스트휴먼 철학자인 브라이도티는 포스트휴먼 이론을 "인류세 人類世, anthropocene 로 알려진 유전공학 시대, 즉 인간이 지구상의 모든 생명에 영향을 미칠 능력을 지닌 지질학적 세력이 된 역사적 순간에, 인간을 지시하는 기본 준거 단위를 다시 생각하도록 돕는 생성적 도

---

41   최유미, 『해러웨이, 공-산의 사유』, 68.
42   Haraway, 『트러블과 함께하기』, 21-53.
43   최유미, 『해러웨이, 공-산의 사유』, 69.
44   Haraway, 『트러블과 함께하기』, 11.
45   최유미, 『해러웨이, 공-산의 사유』, 70.

구"라고 정의한다.[46] 그녀는 "단일한 주체의 보편적 가치"에 기초한 휴머니 즘적 가정과 그와는 반대로 주체의 필요성을 전적으로 부정하는 과학 주도의 포스트-휴머니즘 양자를 모두 부정하면서 비판적 포스트휴머니즘의 입장에서 "포스트휴먼의 조건을 살아내는 새로운 주체, 즉 포스트휴먼 주체성"posthuman subjectivity을 제안한다.[47]

그런데 이러한 작업의 출발점은 "새로운 물질성, 즉 지능적이고, 자기 조직적이며, 살아있는 물질living matter" 개념, 즉 "생기론적 유물론"이다.[48] 브라이도티에 의하면 "생기 있고, 지능적이며, 스마트하고, 자기조직적인 물질"[49] 개념을 주장하는 생기론적 유물론은 "인간중심주의를 극복하려는 포스트휴먼 감수성의 핵심"이다.[50] 이런 맥락에서 포스트휴먼 유목적 주체는 "유물론적이고 생기적이며, 체현되고 환경에 속해 있다."[51]

브라이도티는 비이분법적인 자연-문화 연속체의 관점에서 "자연적으로 주어진 물질은 항상 문화적 전처리cultural treatment를 거친 물질이고, 문화적으로 구성된 물질은 언제나 자연적 선결조건natural precondition 위에서 구성된 물질"이라고 주장한다.[52] 또한 인간의 육체를 비롯하여 모든 물질이 지능이 있고 자기 조직적이라는 "탈-인간 중심주의적 일원론적 유물론에 기반을 둔 탈-인간중심주의"를 제안한다.[53] 그리고 브라이도티는 "인간의 개체적 생명을 넘어선 생기론적 생성력인 대문자 '생명Life'에 기반을 둔 조에zoe 평등주의와 관계적이고 횡단적이며 체현되고 환경 속에 속해 있는 포스트

---

46 Braidotti, 『포스트 휴먼』, 13.
47 문규민, 『신유물론 입문: 새로운 물질성과 횡단성』, 187. Braidotti, 『포스트 휴먼』, 240.
48 문규민, 『신유물론 입문: 새로운 물질성과 횡단성』, 187.
49 위의 책, 188.
50 Braidotti, 『포스트 휴먼』, 76.
51 위의 책, 240.
52 문규민, 『신유물론 입문: 새로운 물질성과 횡단성』, 193.
53 Braidotti, 『포스트 휴먼』, 81, 역자후기, 273.

휴먼 주체성"을 모색한다.[54] 조에는 생명/비생명과 유기체/무기물의 이분법을 넘어선 총체적 생명을 지칭한다.

> 생명 자체의 역동적이고 자기조직적 구조인 조에는 생성적 생기성을 나타낸다. 그것은 이전에는 분리되어 있던 종과 범주와 영역을 가로질러 재연결하는 횡단적 힘이다. 나에게는 조에 중심의 평등주의가 탈-인간중심적 선회의 핵심이다.[55]

브라이도티는 이런 맥락에서 보편적 주체를 거부하며 "유목적 주체"라는 용어를 사용한다. 주체는 이제 더 이상 확고하게 자신의 위상을 지키는 것이 아니라 끊임없이 변화한다. 그리하여 나-너, 주체-객체 간의 경계가 흐려진다. 유목적 주체는 보편적인 본질을 지닌 어떤 불변의 것이 아니라, 경계를 횡단하는 변화하는 존재이다.[56] 유목적 주체는 동물-되기로서의 포스트휴먼, 즉 "비인간 동물들과 평등하게 관계 맺는 주체"이고, 지구-되기로서의 포스트휴먼, 즉 "행성적 관점에서 재고된 주체, 지질학적으로 확장된 인간"이며, 기계-되기로서의 포스트휴먼, 즉 "다수의 타자와 중요한 유대를 맺고 기술로 매개된 지구행성 환경과 융합하는 주체"이다.[57] 이러한 조에-중심 평등주의에 기초한 "되기"는 윤리적 함의를 지닌다. 즉, 되기는 인간과 비인간 사이의 관계에서 "공-구성, 횡단성, 공동결정, 상호의존inter-dependence을 통해 존재론적 차원의 평등을 확립한다."[58] 그러나 인간-비인간

---

54 위의 책, 273. Rosi Braidotti, *Posthuman knowledge*, 김재희, 송은주 역, 『포스트휴먼 지식』(파주: 아카넷, 2022), 247-48.

55 Braidotti, 『포스트 휴먼』, 82.

56 심귀연, 『이 책은 신유물론이다』, 69.

57 문규민, 『신유물론 입문: 새로운 물질성과 횡단성』, 196-206. Braidotti, 『포스트 휴먼』, 90-125.

58 문규민, 『신유물론 입문: 새로운 물질성과 횡단성』, 207.

사이의 존재론적 평등은 책임의 평준화를 뜻하지 않으며, 오늘의 인류세를 초래한 인간에게는 특별히 자신의 "책임을 깨닫고 떠맡는 주체성"이 요청된다.[59]

브라이도티에 의하면 포스트휴먼 사유는 요약하자면 "지구행성적 다양성의 힘을 신뢰하는 사유"이며, "지정학적이고 생태지혜적이며 자랑스러운 조에 중심적인 세계 안에서 우리가 몸담고 있는 복잡성을 더 잘 이해할 수 있게 하고 우리를 더 자유롭게 할 방법이다."[60] 이런 맥락에서 "포스트휴먼-되기는 공유된 세계, 영토적 공간에 대한 우리의 애착과 연계 의식을 재정의하는 과정이다"Braidotti, 2022, 246.[61]

Ⅲ. 포스트휴먼 담론과 신학의 대화

포스트휴먼 담론과 신학의 대화는 아직 신학의 모든 분야에서 활발하게 논의되고 있지는 않지만 점차 그 범위를 확장해 나가고 있다. 이러한 상황에서 기술신학과 생태신학을 중심으로 포스트휴먼 담론과 신학 사이에서 어떠한 대화가 이루어지고 있는지 살펴본다.

---

59   위의 책, 207.
60   위의 책, 247.
61   위의 책, 246.

1. 기술신학

　　기독교 윤리학자인 김은혜는 과학과 신학의 대화에 비하여 기술에 대한 신학적 성찰이 부족했음을 지적하면서, 첨단기술 시대에 "호모 파베르 Homo Faber 로서의 인간과 그 인간이 사용하는 기술 개념, 변화된 인간과 기술의 관계"에 대해 신학적 성찰과 응답을 시도한다.[62] 다차원적 디지털 세계 Digital World 의 현상 가운데 존재하는 오늘의 교회는 그리스도인들이 살아가는 "생활세계에서 기술발전이 가져오는 급진적 기술현상을 어떻게 해석하고 신학적으로 응답"해야 할지 진지하게 성찰해야 한다[김은혜, 2024:15]. 근현대 기독교의 기술에 대한 인식은 대체적으로 부정적이었다고 할 수 있다. 즉, 기술은 인간성과 대립되고 분리되는 것으로 보았다. 그러나 20세기 후반 기술의 발전으로 과학기술 환경이 급속하고, 복합적으로 변하고 있으며, 기술이 더욱 확대되고 있는 상황에서 과거와는 구별되는 패러다임이 요구된다. 이러한 상황에서, 김은혜는 오늘과 같은 제2 기술시대의 신학적 과제를 "기술과의 연관에서 인간중심주의를 넘어서면서도 탈인간화되지 않는 방향을 모색하는 것"으로 본다[김은혜, 2024:19].

　　이를 위하여 일차적으로 기술철학자 질베르 시몽동 Gilbert Simondon, 1924-1988 의 기술철학과 대화를 시도한다. 시몽동에 의하면 기술은 "결여된 인간을 강화하는 단순한 보철물이 아니라 인간의 잠재력을 현실화하는 매체로서 인간 사회의 새로운 구조화와 존재론적 도약을 가능하게 하는 것"이다[김은혜, 2024:23-24]. 그는 "기술이야말로 인간과 자연의 관계를 매개하는 진정한 소통의 역량"이라고 강조한다[김은혜, 2024:25]. 인간과 기술 사이의 상호협력적 관계성을 강조한 시몽동은 "인간과 기술적 대상들 사이에 주인과 노예의

62　김은혜, "첨단기술 시대, 신학의 과제와 전망," 12. (이하 김은혜 2024:페이지).

관계가 아닌, 상호협력적 공진화의 적합한 관계 방식"을 정립하려고 노력하였다김은혜, 2024:26. 인간과 기술 사이의 상호협력적 공진화라는 맥락에서 본다면, 기술은 인간에게 위협적인 것만이 아니라 동시에 "새로운 휴머니즘에 대한 기회"도 제공한다김은혜, 2024:26.

인간 중심주의적이며 도구주의적 기술이해에 반대하는 시몽동의 기술철학은 "만물을 선하게 창조하신 창조신학적 전통을 복원하며, 기술 개체는 더 이상 인간이 지배하고 통제하고 독점하는 대상이 아니라 인간과 물질 환경 그리고 인간과 자연 사이에서 중요한 매개자 역할을 수행하는 것"임을 이해할 수 있게 해준다김은혜, 2024:13. 또한 "인간과 기술의 관계를 상호협력적 공진화의 관계로 바라보는 기술신학"의 모색에 큰 통찰력을 제공한다김은혜, 2024:13.

이어서 김은혜는 기술신학의 토대로서 "만물신학"theology of all things을 제안한다. 만물신학은 골로새서 1장 20절의 만물을 구원하시는 그리스도의 구원사역에 나타나는 것처럼, "기독교가 인간중심이 아니며 인간만이 세계의 변화를 만들어가는 주체가 아님을 깨닫게 하며 만물이 하나님의 뜻을 수행하는 주체들임을 말한다김은혜, 2024:39." 만물신학은 창조론과 구원론의 적극적 통합을 강조한다. 이를 통하여 인간중심주의의 결과인 "개인구원론의 반생태적 결과들을 반성하고, 피조세계와 만물이 하나님의 창조와 구원 서사에 중요한 매개자임을 긍정"한다김은혜, 2024:12. 만물신학에 의하면 자연은 "이미 인간의 기술로 매개된 것이며, 기술은 생태와 하나의 전체를 이룬다." 이런 점에서 인간과 비인간 타자들은 아상블라주Assemblage 로서 '공동의 세계'로 이해된다김은혜, 2024:12."

기술신학은 이제 '유기체와 생명체'를 넘어 비유기체적 존재들과 만물의 얽힘 속에서 공생하며, 공동 참여하는 하나님의 세계를 위해 만물신학적 바탕위에 기술대상들의 고유한 존재론적 가치가 드러나게 한다김은혜, 2024:40.

그런데 인간과 기술의 공진화 과정에서 인간의 중재, 조정, 협력이 반드시 필요하다는 맥락 가운데 인간은 독특한 위치를 점한다.

2. 생태신학

이성호는 "기후 위기 시대의 생태신학"에서 탈식민주의 담론과 포스트휴머니즘의 새로운 실재론에 기초한 생태신학을 모색한다. 기후 위기의 현실에 대응하기 위한 담론의 형성을 위해서는 과학과 더불어 인문학, 사회과학을 필요로 하는데 이러한 맥락에서 신학의 역할도 요청된다.[63] 그는 "생태정의"와 "사회정의" 사이의 불가분리성을 강조하기 위하여 "탈식민적 생태비평"과 "객체지향 존재론"에 대한 고찰을 시도한다.

탈식민적 생태비평은 에드워드 사이드의 오리엔탈리즘, 호미 바바의 양가성ambivalence, 혼종성hybridity, 가야트리 스피박의 하위주체subaltern 등으로 대표되는 탈식민 담론에 기초한다.[64] 탈식민적 생태비평은 "인간과 비인간적인 타자 사이의 지배와 피지배적인 관계의 비정상성과 이것의 파괴적인 영향에 대해 깊은 문제의식을 가지며 다른 방식의 관계 맺기의 가능성을 모색하는 분야"이다이성호, 2024:143. 탈식민적 생태비평의 주요 연구방향은 첫

63 이성호, "기후 위기 시대의 생태신학: 탈식민적 생태비평과 초객체 이론의 도전," 김은혜 외 8인. 『기술신학』, 135. (이하 이성호, 2024:페이지).

64 포스트식민주의 담론에 대하여 다음을 참고할 것. 장신근, "포스트식민주의 실천신학과 오늘의 기독교교육학의 과제," 『선교와 신학』 63 (2024), 417-25.

째, 자원을 무분별하게 착취해온 ^{환경적} 제국주의에 대한 비판. 둘째, "기존의 생명 및 환경과 관련된 지식체계, 정책, 문서^{문학 작품 포함} 등"에 대한 비판적 읽기와 그 속에 숨겨진 제국주의적이고 식민주의적인 코드에 대한 폭로. 셋째, 생태학 저변에 깔려있는 "서구 중심주의와 미국중심주의"를 비판하고 극복하는 것이다^{이성호, 2024:144-46}.

이러한 맥락에서 탈식민적 생태비평은 "제국주의 역사가 비인간적인 존재들 — 동물, 식물, 자연 환경 등을 포함하여 — 에게 가해진 것들에 주목하고 그동안 숨겨지거나 소외된…식민의 역사에 대한 다시 쓰기와 재평가를 시도하는 것이다^{이성호, 2024:146-47}." 탈식민적 생태비평이 필요한 이유는 오늘의 생태 위기는 단순히 자연 생태계의 파괴로 인한 문제일 뿐만 아니라, 더 나아가 경제적, 사회적 약자 계층과 가난한 국가들이 기후 변화의 가장 큰 피해자가 되는 인간 사회의 정의 문제이기도 하다. 즉 사회정의와 생태정의는 불가분의 관계 속에 있기 때문이다^{이성호, 2024:147}.

다른 한편으로 이성호는 기후 위기시대를 위한 포스트휴먼 생태신학을 위하여 신학과 "객체지향 존재론"과 "초객체 이론" 사이의 대화를 시도한다. 객체지향 존재론은 그레이엄 하먼^{Graham Harman}, 이안 그랜트^{Iain Grant}, 레이 브라시에^{Ray Brassier} 등으로 대표되는 새로운 실재론^{realism} 혹은 신물질주의 운동에 기초하는데, 과거의 해석과는 다르게 물질 혹은 사물을 "행위성과 능동성을 지닌 행위자"로 간주한다^{이성호, 2024:150-51}. 하먼에 의하면 객체지향 존재론은 "실재를 '객체'의 형상으로 구상하는 형이상학으로, 객체를 '인식주체와 상관없이 그 자체의 자율성'을 지닌 존재로 규정한다^{이성호, 2024:151-52}." 객체지향 존재론은 앞에서 살펴본 라투르의 행위자-네트워크 이론과 밀접하게 연계되어 있다. 이것은 인간만이 아니라 모든 것이 행위자이며, 모든 관계는 호혜적이며 대칭적이며 동등하게 중요하다는 점을 강조한다^{이성호, 2024:153}.

티모시 모턴Timothy Morton의 초객체 이론은 "개별 객체의 특성만으로 설명할 수 없는, 다시 말해 '인간들과 비교하여 시간과 공간에 광범위하게 분산되어 있는 사물들things을' 설명하기 위한 것이다이성호, 2024:155. 초객체는 자연계의 생태권, 태양계에서부터 인간 사회의 스티로폼, 플라스틱, 비닐, 자본주의 등에 이르기까지 다양하게 존재한다. 모턴에 의하면 초객체는 "끈적끈적"하며, "특정 지역에만 존재하지 않고non local", "깊은 차원에서 다른 시간성에 참여하며", "고-차원적 위상공간"을 차지하고, "상호객체적으로" 자신들의 작용을 보여준다이성호, 2024:156. 지구온난화에서 이러한 초객체의 특징을 볼 수 있다. 즉, "어디에나 존재하고 나에게 늘 붙어있는 존재"이며 개인적으로 파악하기 힘든 긴 시간의 흐름과 "지구 내의 다양한 객체들과의 복잡다단한 상호작용"이다이성호, 2024:157. 이런 이유로 온난화의 위험성을 제대로 파악하기가 쉽지 않다. 모턴은 지구온난화에 저항하는 길은 먼저 우리 인간 존재가 이미 비인간 객체들과 얽혀있다는 사실을 인식하고 비인간들과의 연대를 동력으로 삼아 지구 온난화와 그것의 동력인 신자유주의적 자본주의를 '흔들어'rocking 아래로부터 무너뜨리는 것"이라고 주장한다이성호, 2024:158-60.

탈식민 생태비평은 생태 위기의 원인을 "제국주의 역사 및 신식민주의 안에서 구체화"하고, 제국주의와 신식민주의의 "수탈과 착취 대상을 비인간적 존재들"로 확대한다. 또한 문학 분야 안에서 서구중심적, 낭만적 생태비평을 극복하는데 공헌한다. 그러나 탈식민 생태비평의 단점은 1세계의 자연과 3세계의 자연을 구분하는 것과, 피식민 국가의 비참한 현실을 극복하기 위한 대안의 부재이다이성호, 2024:161-62.

객체지향 존재론과 초객체 이론은 탈식민 생태비평의 한계를 보완할 수 있는 가능성을 지닌다이성호, 2024:162-64. 첫째, 탈-인간중심적 철학으로서 객체지향 존재론은 인간과 자연을 분리하는 패러다임을 해체할 수 있는 사상이다. 둘째, 객체는 "수동적인 기계적 사물"이 아니라는 점에서 "비인간 존재가 제국주의적 권력을 행사하는 인간에게 수동적으로 희생만 당한다는 탈식민적 생태 비평의 자연관이 지닌 한계를 극복한다." 셋째, 초객체 개념은 온난화에 대한 사람들의 소극적 혹은 부정적 반응을 이해하는데 도움을 준다. 그러나 객체지향 존재론과 초객체 이론은 인간과 비인간 객체 사이의 상호연관성과 연대를 강조하고 있지만, 추상적 선언에 그치고 구체적인 사례와 방식을 제공하지 못하고 있다^{이성호, 2024:164}.

결론적으로 이성호는 탈식민적 생태비평과 객체지향 존재론과 초객체 이론에 기초하여 생태정의와 사회정의 사이의 조화에 대하여 어떻게 신학적으로 응답할 수 있을지를 물으면서 이에 대한 답을 구원론의 순서에 따라서 제안한다. 첫째, "죄악으로 가득 찬 인간 문명에 대한 깨달음"이다^{죄인식}. 탈식민 비평은 신학적 관점에서 하나님의 피조 세계와 동료 피조물들을 파괴하는 인간^{문명}의 죄악을 적나라하게 폭로하는 방법이 될 수 있다^{이성호, 2024: 165-66}. 둘째, 식민 지배자와 피지배자 사이의 상호자백과 반성을 통한 "생태적 죄에 대한 회개"이다^{회개 이성호, 2024:167-68}. 셋째, "진리의 세계관으로 내면을 채우는 성화의 길이다^{성화}." 예를 들어, "객체의 자율성과 객체의 인식 및 환원 불가능성"을 신학적으로 전유하여 "하나님이 인간을 포함한 다른 존재들을 환원할 수 없고, 나아가 정복할 수 없는 심연을 지닌 객체들^{피조물들}로 창조한다고" 해석하는 것이다^{이성호, 2024:167-68}. 그리스도인들은 "능동적이고 자유롭게 활동하는 비인간 객체들을 인간과 더불어 온 세계를 향한 하나님의 구원 역사에 동참하는 동료이자 하나님의 형제자매로 바라볼 필요가 있다." 마지막으로, "새로운 공동체, 새로운 교회의 모습을 구상하는 일에 기여할 수 있다"^{공동체 세우기 이성호, 2024:170}. 교회 공동체는 탈식민이론의 하위주체 개념을 자연 내 비인간 존재로 확대하여 한국 신학의 맥락에서 비인간 민중으로 해석할 수 있다. 이를 통하여 "인간 민중과 비인간 민중이 상호연결되어 있음을 깨닫고 상호연대하여 기후 위기를 해체하고 새로운 세상, 생태적인 하나님 나라를 세워갈 수 있다^{이성호, 2024:7}."

Ⅳ. 포스트휴먼 실천신학으로서 기독교교육학의 과제

이제 앞에서 다룬 트랜스휴머니즘, 포스트휴머니즘, 비판적 포스트휴 머니즘, 포스트휴먼 담론 등에 대한 논의와 이에 대한 신학적 응답^{기술신학과 생} ^{태신학}에 기초하여 포스트휴먼 실천신학으로서 기독교교육학의 과제를 제안 한다. 포스트휴먼 실천신학으로서 기독교교육학은 첨단기술발달, 기후위 기, 인류세, 신자유주의적 자본주의, 신제국주의 등의 시대적 도전에 직면 하며, 성서적·신학적 자원과 비판적 포스트휴먼 담론 사이의 창조적 대화 를 통하여 하나님의 백성들이 하나님의 실천^{theo-praxis, or divine praxis}에 참여하 도록 가르침과 배움의 공간을 창조하는 일을 수행한다. 이러한 실천신학으 로서의 기독교교육의 과제를 모색하는 과정에서 오늘날 실천신학 분야에 서 많이 활용되고 있는 기술-경험적 과제^{descriptive and empirical task}, 해석적 과제 ^{interpretive task}, 규범적 과제^{normative task}, 실용적 과제^{pragmatic task} 등 실천신학의 4가지 중심과제를 원용한다.[65]

---

[65] Richard Osmer, *Practical Theology: An Introduction*, 김현애, 김정형 역, 『실천신학의 네 가지 중심과제』(서울: 예배와 설교 아카데미, 2012).

1. 포스트휴먼 상황에 대한 기술-경험적 연구와 해석 작업

실천신학의 기술-경험적 과제는 기독교적 컨텍스트와 실천에 대한 기술-경험적 연구조사로, 실천의 현장에서 지금 어떤 일이 진행되고 있는가, 또한 해석적 과제는 왜 이런 일이 일어났는가에 대하여 답하면서 기술-경험적 차원의 과제를 해석하는 단계이다.[66] 포스트휴먼 실천신학으로서 기독교교육학은 먼저 오늘의 기독교교육학이 직면한 포스트휴먼 상황에 대한 이해와 이에 대한 비판적 해석의 과제를 수행한다. 이와 관련하여, NBIC로 대표되는 첨단기술발달 시대와 기후위기 시대 상황에 대한 미시적, 중시적, 거시적 차원의 이해와 해석을 수행한다. 먼저 다음과 같은 질문을 제기하고 이에 대한 응답을 시도한다.

― 첨단기술의 발달: 오늘날 첨단기술 발달은 어느 수준까지 도달했는가? 우리들의 삶에 결정적 영향을 끼치고 있는 첨단기술에는 어떤 것이 있는가? 인간 향상과 관련된 첨단기술은 어느 수준까지 도달했는가? 이런 것은 우리 인간의 삶과 더 나아가 비인간 존재들에게 어떠한 영향을 끼치고 있는가? 인간과 기술이 관계 맺는 방식에는 어떤 것이 있으며, 우리는 어떠한 관계 속에서 살아가고 있는가? 누가 첨단기술의 혜택을 받고 누가 여기에서 제외되는가? 첨단기술 발달의 궁극적 지향점은 무엇인가?

― 기후 위기: 오늘의 기후 위기 상황은 어느 단계까지 와 있는가? 기후 위기의 중요한 쟁점들은 무엇인가? 이에 대하여 우리는 얼마나 정확하게 인식하고 있는가? 기후 위기와 기술 사이에는 어떠한 관계가 있는가? 기후

---

66 위의 책, 61-129, 133-198.

위기의 책임은 누구에게 있는가? 여기에서 가해자와 피해자는 누구인가? 생태 정의와 사회 정의는 어떤 관계가 있는가? 기후 위기를 극복하기 위하여 글로컬 차원에서 어떤 노력들이 이루어지고 있는가?

이러한 질문에 응답하는 과정에서 기독교교육학은 먼저 미시적, 중시적, 거시적 차원에서 첨단기술 발달과 기후 위기 상황에 관한 다양한 조사와 연구를 수행한다. 여기에서 명심해야 할 점은 기술적-경험적 차원과 해석적 차원은 불가분의 관계에 있기에, "어떠한 관점과 입장에서 이러한 현상을 해석하는가?"라는 문제가 매우 중요하다. 기술記述은 해석에, 반대로 해석은 기술에 영향을 끼치기 때문이다. 예를 들어, 첨단기술에 대한 기술과 해석에 있어서 테크노포비아의 입장인가, 아니면 테크노필리아의 입장인가에 따라서 극명한 차이를 보일 수 있기 때문이다. 따라서 기술의 장점, 유익함, 한계성, 위험성 등을 균형 있게 고려하는 비판적 포스트휴머니즘의 시각이 요청된다고 할 수 있다.

2. 포스트휴먼 텔로스에 대한 성서적·신학적 규범 제시

실천신학의 규범적 과제는 "어떤 일이 앞으로 진행되어야 하는가?, 우리가 해야 할 일은 무엇이며, 기독교 공동체의 일원으로서 우리는 공동체의 삶과 세상의 사건들에 어떻게 반응해야 하는가?" 등의 질문에 대답을 시도하는 것이다.[67] 규범적 과제는 3가지 측면이 있는데 첫째, 특정한 사건, 정황, 상황의 해석을 위해 신학적 개념을 활용하는 "신학적 성찰"이며, 둘

---

67 위의 책, 32.

째, "그 상황에 적절한 행동 전략을 지도할 수 있는 윤리적인 원칙, 지침, 규칙을 찾아내는 과제"이며, 셋째, "기독교인의 삶의 패턴을 형성하는 데 규범적 안내가 되어줄 기독교 전통의 과거와 현재의 훌륭한 실천을 살펴보는 것"이다.[68]

포스트휴먼 실천신학으로서의 기독교교육학은 비판적 포스트휴머니즘이 지향하는 탈인간주의, 유목적 주체성, 객체지향성, 횡단성, 융합성, 네트워크성, 생명중심성, 공-산, 얽힘, 되기 등과 같은 텔로스와 하나님의 형상, 성육신, 삼위일체적 페리코레시스[상호내주], 우주적 그리스도론, 종말론적 하나님 나라 등과 같은 성서적·신학적 텔로스 사이의 횡단적 대화를 시도한다. 횡단적 대화란 기독교적 규범과 비판적 포스트휴머니즘이 지향하는 텔로스 혹은 지향점 사이에 동의가 되는 부분은 수용하고, 그렇지 않은 부분들은 남겨두고 지속적인 대화를 시도하는 것을 뜻한다. 이러한 상호비판적, 공감적 대화를 통하여 상호적 변화를 지향한다.

특히, 양자 사이의 대화를 통하여 호모 데우스를 꿈꾸며 인간 조건의 지속적 확장을 추구하는 "생명무한확장론"Extropianism을 비롯하여 "테크노가이아니즘"Technogaianism, "불멸주의"Immortalism, "포스트젠더리즘"Postgenderism 등과 같은 트랜스휴머니즘이 지닌 유사 종교적 성격을 비판적으로 성찰하고, 한계 없는 인간 향상 비전에 대하여 하나님 나라의 종말론적 비전을 제시한다.[69] 정형철에 의하면, 오늘의 포스트휴먼 상황에서 종교는 트랜스휴먼에 대한 다음과 같은 근원적, 초월적 질문을 제기하는 역할을 수행해야한다.[70] 첫째 "기술과 비인간화의 문제", 둘째 "죽음의 문제", 셋째 "미래의 테크놀로지로 인한 인간 멸절의 위험", 넷째 "포스트휴먼이 되지 못한 평범

---

68   위의 책, 215-244.
69   정형철, 『종교와 트랜스휴머니즘』, 37-38.
70   위의 책, 37-38.

한 인간들의 생존문제" 등이다. 포스트휴먼 실천신학으로서의 기독교교육은 비판적 포스트휴머니즘과의 비판적 상관관계 대화를 통하여 이러한 근원적, 초월적 질문에 대하여 성찰하고 응답하도록 공간을 마련하고 지원하는 교육을 지향한다.

3. 함께 얽힘의 관계망과 되어감을 통한 상호적 주체성과 신앙형성

1980년대 후반부터 정치, 경제, 문화적 영역에서 급속하게 진행된 세계화 현상은 기독교교육의 가장 중요한 컨텍스트였다. 이에 상응하여 기독교교육학 분야에서는 세계화로 인한 다원주의 상황에 대한 대안으로 관계성, 개방성, 평등성 등의 가치를 추구하는 후인습적 자아 정체성^{혹은 주체성}과 신앙형성을 위한 교육이 많이 강조되었다.[71] 또한 관계성, 개방성, 평등성에 기초하여 세계화가 가져온 경제적 양극화 현상과 생태파괴의 극복을 위한 비판적 논의도 기독교교육학에서 많이 이루어져 왔다. 그러나 여기에서 교육 주체에 관한 논의는 주로 인간 존재에 한정되었고, 비인간 존재를 적극적으로 고려하지 못하는 시대적 한계도 노출하였다. 이를 염두에 두고, 이 장에서 제안하는 포스트휴먼 실천신학으로서의 기독교교육학은 교육의 목적, 내용, 과정, 현장, 방법 등에 있어서 인간 중심적 관점의 확장을 시도한다. 즉, 인간 존재들 사이, 인간과 비인간 존재 사이, 그리고 비인간 존재들 사이의 함께 얽힘의 관계망을 모두 고려하는 상호적 주체성과 신앙형성 교육을 추구한다.

---

71 Richard Osmer and Friedrich Schweitzer, *Religious Education between Modernization and Globalization* (Grand Rapids: Eerdmans, 2003).

함께 얽힘의 관계망을 통한 상호적 주체성과 신앙은 인간과 비인간 존재 모두가 상호적으로 얽혀있으며, 관계성 속에 있는 존재임을 인식하고, 라투르가 주장한 것처럼 존재 개념을 '개체'가 아니라 '집단체'^{the collec-tive} 로 보는 것을 뜻한다. 여기에서 주체성은 이제 개별적, 개체적 주체성이 아니라 "사회적 주체성"으로 인식된다. 포스트휴먼 실천신학으로서의 기독교교육학은 하나님의 교육에 참여하는 하나님 백성의 주체성^{정체성}과 신앙은 인간 존재와 비인간 존재 모두의 얽힘의 관계망 속에서 형성된다는 사실을 심각하게 고려한다.

또한 더 나아가 이러한 얽힘의 관계망에 기초한 주체성과 신앙 형성은 객체에 대한 응답-능력을 갖추는 것을 뜻한다. 오늘날 윤리는 책임감^{re-sponsibility}이 아닌 응답-능력^{response-ability}의 문제라는 말처럼, 우리가 "자연의 응답을 듣고 반응할 수 있는 능력"을 갖추어야만 책임 있는 대안을 세울 수 있는 것이다.[72] 객체에 대한 응답 능력을 브라이도티의 관점에서 생각한다면 "되기"의 역량이라 할 수 있다. 브라이도티가 제안한 동물되기, 지구되기, 기계되기는 우리가 비인간 존재와 공-구성, 횡단성, 공동결정, 상호의존, 상호 얽힘 등의 관계를 수립하는 역량이며, 다른 차원에서 보자면 우리들의 공감 반경을 비인간 존재로 확장해 나가는 역량이라 할 수 있다. 포스트휴먼 실천신학으로서 기독교교육학의 중요한 과제는 이와 같이 하나님 나라의 비전하에, 특히 피조물의 구원을 위한 그리스도의 성육신에 기초하여, 인류세를 살아가는 오늘의 그리스도인들이 하나님, 인간, 그리고 더 나아가 비인간 존재와의 관계에서 이러한 되기를 실현해 나가는 상호적 주체성과 신앙을 양육해 나가는 것이라 할 수 있다. 되기의 실현을 통한 상호적

---

72 박일준, "포스트휴먼 시대의 인간론: 동아시아적 여물의 관점에서 얽힘과 네트워크적 연장 읽기," 『기독교교육정보』 71 (2021), 9.

주체성과 신앙 양육은 동시에 우리 인간이 초래한 생태위기에 대한 자신의 책임을 깊이 인식하고 책임지는 것이다.

4. 테오포이에시스에 기초한 이론-실천 관계 정립

실천신학의 실용적 과제는 실천을 위한 구체적 방법론의 차원으로 "우리는 어떻게 반응할 것인가?"라는 질문에 초점을 맞춘다. 이것은 실천 신학이 다른 신학 분야와 구별되는 과제로, 어떻게 규범적 차원을 오늘의 기독교 실천의 현장에서 구체화할 것인가에 대한 대답으로, 실천을 이끌어 가는 개방된 가이드라인, 개방된 전략, 성찰적 방법 등을 뜻한다. 여기에서 어떻게 how to 라는 질문은 응용기술 technique 이라기보다는 구체적 상황을 잘 해석하고 이해하여 이에 적합한 실천을 추구해 나가는 것으로 경험적이며, 해석적이며, 예술적인 특성을 가진다.[73]

최근 실천신학 분야에서는 근대 실천신학 이후 나타난 실천의 개인주 의화, 사사화, 교직화 등으로 인한 실천개념의 협소화를 극복하기 위하여 "삼위일체 하나님의 프락시스 theopraxis "라는 용어가 많이 사용되고 있다. 그러나 하나님의 프락시스라는 개념을 통하여 개인뿐 아니라 교회 밖 사회와 공적영역을 포괄하는 실천개념을 지향해 왔음에도 불구하고, 여전히 하나님-인간, 인간-인간관계 외에 비인간 존재를 포괄하는 실천개념은 부족했다고 할 수 있다. 이런 맥락에서 포스트휴먼 실천신학으로서의 기독교교육학은 주체성과 신앙형성의 과제와 마찬가지로 실천 이해에 있어서도 인간 중심주의와 인간 예외주의에서 벗어나서, 인간들 사이뿐 아니라, 동물과

---

73   Osmer, 『실천신학의 네 가지 중심과제』, 263-322.

기계를 비롯한 비인간 존재까지 포괄하는 공-산적 실천개념을 정립해 나간다. 즉, "나의 행위능력 agency 이란 나와 네트워크로 연결되어 있는 숱한 행위자들과의 상호작용에서 비롯된 관계적 효과"라는 라투르의 말처럼, 하나님-인간-비인간 존재의 상호의존 관계 속에서 함께 만들어 감이라는 실천개념을 추구한다.[74]

성자 하나님의 프락시스로서의 성육신을 공-산의 관점에서 해석해 보면, 우리는 이것을 "하나님과-더불어-함께-만들어-나가는 것" 즉, theopoiesis라고 할 수 있다.[75] 성육신은 하나님-인간 사이에서만 일어나는 것이 아니라, 비인간 존재까지 포함하는 만물을 포괄하는 것이다. 이런 맥락에서 캐서린 켈러 Catherine Keller 는 성육신을 "만물 중에 만물되기" becoming all in all, 혹은 "사이의 육화" intercarnation 라고 명한다.[76]

최근 실천신학 분야에서는 하나님의 실천개념과 더불어 "프로네시스" pronesis 라는 용어를 많이 사용해 왔다. 원래 고대 그리스 철학에서 유래하는 이 용어는 "성찰적 지혜" 혹은 "실천적 지혜"라는 의미를 지니고 있는데, 이론과 실천 관계를 설명하는데 있어서 여전히 중요한 위치를 차지하고 있지만, 오늘의 포스트휴먼 상황에서는 재개념화가 필요하다고 본다. 그 이유는 포스트휴먼 지식이 지닌 다음과 같은 특징 때문이다. 첫째, 통섭, 아상블라주, 혼성성 등의 성격이 종합된 "융합성"이다. 둘째, 정보화, 사이보그화, 시스템화의 성격이 종합된 "디지털화"이다. 셋째, 연결성, 확장성, 다기능성, 복원력 등의 성격이 종합된 "네트워크성"이다. 넷째, 복잡성, 자기 조직성, 직관성 등의 성격이 종합된 "생명 중심성"이다.[77] 이런 맥락에

---

74 홍성욱, 『인간·사물·동맹: 행위자네트워크 이론과 테크노사이언스』, 46.

75 Catherine Keller, *Political Theology of the Earth*, 박일준 역, 『지구정치신학』(논산: 대장간, 2022), 231.

76 위의 책, 231.

77 박휴용, 『포스트휴머니즘과 교육의 미래』, 140-54.

서, 포스트휴먼 실천신학으로서의 기독교교육학은 융합성, 디지털화, 네트워크성, 생명 중심성 등의 특징을 지닌 포스트휴먼 지식과의 횡단적 대화를 통하여 실천 개념을 재정립해 나가야 할 것이다. 이를 위하여 "심포이에-프로네시스"Sympoie-phronesis, 공-산적 실천 지혜라는 용어를 제안해 본다. 즉, 이론-실천의 관계에서 융합성, 디지털화, 네트워크성, 생명 중심성 등의 시대적 특성을 창조적으로 고려하는 심포이에-프로네시스의 양육이 필요하다는 것이다.

5. 공생 교육 공동체로서의 교회 형성

포스트휴먼 실천신학으로서의 기독교교육학은 교회를 공생 교육 공동체로 형성해 나가는 과제를 수행한다. 공생 교육공동체로서의 교회는 최근 예장통합의 총회 주제처럼 "교회를 새롭게, 세상을 이롭게"하는 공동체로서, 함께 조에로서의 생명을 지향하고, 함께 되어 가며, 함께 살아가는 그리스도인을 양육하는 교육현장이다. 보다 구체적으로, 교회 현장과 관련된 포스트휴먼 실천신학으로서의 기독교교육학의 과제는 앞에서 논의한 것처럼, 1) 포스트휴먼 상황과 관련된 위기와 도전에 대한 이해와 해석, 2) 포스트휴먼 텔로스와 성서적·신학적 규범 사이의 대화, 3) 함께 얽힘의 관계망을 통한 상호적 주체성과 신앙형성, 그리고 4) 테오포이에시스에 기초한 신앙 실천역량의 양육 등이다.

이상의 다양한 과제들을 수행하는 공생 공동체 형성을 위한 교회 교육은 앞에서 언급한 포스트휴먼 지식의 특징인 융합성, 디지털화, 네트워크성, 생명중심성 등을 중요한 지침으로 삼는다. 이 가운데 특히, 디지털화와 네트워크성과 연관하여 디지털 교회의 중요성과 필요성을 강조한다. 디지털 이민자와 디지털 원주민이 공존하는 오늘의 다차원적 디지털 세계의 상황에서 공생 교육 공동체인 교회는 오프라인뿐 아니라 동시에 온라인상의 디지털 교회를 지향한다. 디지털 네트워크에 기초한 디지털 교회는 공교회 public church 와 하나님 나라에 대한 은유를 제공한다. 디지털 매체의 네트워크가 지닌 모든 사람을 향한 개방성과 확장성은 공교회와 하나님 나라누룩 비유의 메타포가 된다.[78] 포스트휴먼 실천신학으로서의 기독교교육학은 디지털 교회의 이러한 개방성과 확장성을 토대로, 또한 오프라인 교회와의 상호의존적 관계 속에서 위에서 제시한 교육적 과제들을 수행하도록 지원한다.

온라인과 오프라인 사이의 네트워크와 더불어, 포스트휴먼 실천신학으로서의 기독교교육학은 공생 교육 공동체 형성을 위하여 생애주기별 단계와 세대 통합의 관점을 고려하고, 가정, 학교, 지역사회, 글로컬 시민 사회공적 영역, 더 나아가 비인간 존재 등과의 네트워크까지 포괄하기 위하여 노력한다.

6. 공동선으로서 하나님 나라의 조에를 지향하는 공적 파이데이아의 재구성

하나님 나라의 조에는 "인간의 개체적 생명을 넘어선 생기론적 생성력인 대문자 생명 Life"에 기반을 둔 조에Braidotti 와 몰트만의 만유재신론적 비전 혹은 위에서 살펴본 만물 신학 사이의 대화에 기초하여 생명의 개념을 유기체와 생명체를 넘어 비유기체적 존재들과 만물까지 포괄한 확장된 생

---

78   양금희, "포스트 코로나 시대의 "온택트(ontact)" 기독교교육에 관한 연구," 『기독교교육논총』 68 (2021), 56-58.

명 개념이다. 이러한 맥락에서, 포스트휴먼 public 개념은 공공대중^{인간} 뿐 아니라 행성 공중^{planetary public} 이라는 관점에서 비인간 존재의 중요성도 고려한다. 그리고 포스트휴먼 공동선도 역시 행성 공중을 전제한 것이 되어야 한다. 이제 공동선은 인간 존재만을 위한 선이 아니라, "지구 행성의 만물을 위한 공동선"^{planetary common good for all things} 으로 이해된다.[79] 포스트휴먼 실천신학으로서의 기독교교육학은 공적 이슈에 참여할 때, 하나님 나라의 조에로서의 생명 개념에 기초하여 행성 공중과의 연대 가운데 공동선에 기여할 수 있도록 공적 파이데이아의 재구성에 참여한다.

포스트휴먼 실천신학으로서의 기독교교육학은 좀 더 구체적으로, 공적 파이데이아가 실천되는 공교육 현장에서 생태 정의와 사회 정의가 통전적으로 교육될 수 있도록 노력을 기울인다. 즉, 공적영역의 정의 담론에 참여할 때, 생태 정의와 사회 정의가 분리되지 않고 통전적임을 인식할 수 있게 한다는 것이다. 앞에서 언급한 민중과 "비인간 민중" 또는 인간 하위주체^{subaltern}와 비인간 하위주체^{혹은 생태적 하위주체}가 겪는 불의는 사회적 정의와 동시에 생태적 정의의 문제이기 때문이다.

포스트휴먼 실천신학으로서의 기독교교육학은 또한 그리스도인들이 생태 위기와 더불어 공론장에서 펼쳐지는 오늘의 첨단기술과 관련된 공동선 담론에 적극 참여할 수 있도록 지원한다. 이를 위하여 공동선의 관점에서 첨단기술과 비인간화, 첨단 기술권력의 남용, 끝없는 인간 향상 욕망, 첨단기술의 파괴적 결과, 첨단기술 혜택의 양극화 등에 대하여 지속적으로 성찰하고, 비판적으로 평가하며, 창조적 대안을 제시할 수 있는 역량을 기를 수 있도록 교육적으로 지원한다.

---

79 "행성적 차원의 공공성을 확립하는 기독교교육"에 대하여 다음을 참고할 것. 주연수, "코로나 세대, 공적 기독교교육의 방향성 연구: 언캐니와 성육신적 연대," 『기독교교육논총』 74 (2023), 48.

나가는 말

"올여름^{2024년} 서울에서 사상 처음으로 한 달 연속 열대야가 지속되었다", "올여름은 우리 생애에서 맞이하는 가장 시원한 여름이 될 것이다", "지구 온도 1도 상승에 소모된 에너지는 역사상 가장 강력한 핵폭탄인 차르봄바의 2,540만개에 해당하는 에너지이다", "재앙적 기후 변화를 가져올 지구 온도 1.5도 도달이 6년 밖에 남지 않았다", "생태 위기로 인하여 인류는 집단 자살의 길을 걷고 있다"라는 말들이 여러 곳에서 계속 들려온다. 이는 우리가 직면한 기후 위기의 절박함을 나타내는 표현이다. 이러한 기후 위기 혹은 생태 위기의 배후에는 기술이 자리 잡고 있다. 산업혁명을 시작으로, 제1, 2기계 시대를 지나오면서 기술은 긍정적 혹은 부정적 차원에서 생태위기와 상관관계 속에서 존재해 왔다. 그런데 근본적인 문제는 인간이며, 인간중심주의 혹은 인간 예외주의다.

이 장에서는 이러한 맥락에서 기술과 생태에 초점을 맞추어 탈인간주의 혹은 탈 인간예외주의를 지향하는 비판적 포스트휴머니즘이 추구하는 인간 존재와 비인간 존재 사이의 공-산적이고, 상호 얽힘의 사유와 성서적·신학적 비전 사이의 대화를 통하여 포스트휴먼 실천신학의 과제를 모색하였다. 이 과정에서 비판적 포스트휴머니즘은 오늘의 포스트휴먼 상황에 대한 여러 가지 중요한 통찰력을 제시해 주었지만, 한계점 또한 노출하였다. 그중 하나는 현재의 위기에 대한 구체적 대안의 부족, 혹은 대안의 모호함이라 할 수 있다. 물론 오늘의 위기가 너무나 복합적이고 중층적이어서 그런 점도 있겠지만, 실천신학의 입장에서는 갈증을 느끼는 부분이라 할 수 있고, 이 장도 그러한 점에서 유사한 한계성을 노출하고 있다고 할 수 있다.

그러나 반대로, 이러한 한계성이 바로 미래의 포스트휴먼 실천신학이 기여할 수 있는 부분이기도 하다. 이 장은 포스트휴먼 실천신학의 과제라는 차원에 초점을 맞추었기에 이러한 과제를 어떠한 대상과 현장에서 어떤 방법으로 수행할 것인가에 대한 보다 구체적 제안이 후속 연구에서 다루어져야 할 것이다. 앞으로 실천신학 분야에서 특히 기독교교육학도 이러한 대화와 구체적인 대안 제시에 더욱 창조적인 역할을 해 나가야 할 것이다.

한 가지 더 지적하자면, 현재 포스트휴머니즘과 신학 사이의 대화가 주로 과정신학적 관점 사이에서 이루어지는 것을 감안할 때, 보다 다양한 신학적 관점과의 대화가 시도될 필요가 있다고 본다. 개혁신학을 비롯하여 다양한 신학과의 비판적 대화가 활발하게 이루어질 때 그 설득력이 더 높아질 것이다. 이러한 상호 비판적 대화가 활성화되기를 기원하면서 이 장을 마무리한다.

참고문헌

강우성 외 3인. 『포스트휴머니즘의 쟁점들』. 서울: 갈무리, 2021.
김동환. "포스트휴머니즘에 내재된 포스트모던 특성에 관한 신학적 비평." 『대학과 선교』 45 (2020), 91-119.
_____. "포스트휴먼으로서의 인간에 관한 철학적 신학의 비평." 『장신논단』 51(3) (2019), 121-50.
김은혜. "첨단기술 시대, 신학의 과제와 전망: 인간과 기술의 공진화(co-evolution)에 대한 신학적 상상력과 기술신학 정립의 필요성." 김은혜 외 8인. 『기술신학』. 서울: 동연. 2024, 11-46.
_____. "포스트 바디시대에 대한 신학적 응답: 성육신적 몸(body)과 신체(flesh)의 개념을 중심으로." 『신학과 실천』 68 (2020), 759-84.
김효숙. "4차 산업혁명 시대의 교육목회." 『기독교교육정보』 58 (2018), 113-38.

문규민.『신유물론 입문: 새로운 물질성과 횡단성』. 성남: 두 번째 테제, 2022.

박유신, 조미라. "미래사회를 위한 포스트휴먼 교육."『미술교육논총』31(2) (2017), 179-216.

박일준. "포스트휴먼 시대의 인간론: 동아시아적 여물의 관점에서 얽힘과 네트워크적 연장 읽기."『기독교교육정보』71 (2021), 1-37.

_____.『인공지능 시대, 인간을 묻다』. 서울: 동연, 2018.

박종현 외 12인.『대중문화와 영성』. 서울: 동연, 2021.

박휴용. "포스트휴머니즘의 윤리적 패러다임과 기독교 윤리."『기독교교육정보』72 (2022), 1-54.

_____.『포스트휴머니즘과 교육의 미래』. 전주: 전북대학교출판문화원, 2019.

서윤호. "포스트휴먼 사회에서의 인간존엄의 문제."『통일인문학』90 (2022), 227-54.

손화철.『호모파베르의 미래』. 파주: 아카넷, 2020.

신승환.『포스트휴머니즘의 유래와 도래』(서울: 서강대학교출판부, 2020).

심귀연.『이 책은 신유물론이다』. 서울: 도서출판 길, 2024.

안영혁. "인공지능 시대 공공성의 기독교교육적 이해."『기독교교육정보』71 (2021), 39-76.

안택윤. "포스트휴먼 시대에서의 인간성과 기술의 관계 변화와 기독교 사회윤리적 책임에 관한 논의: 포스트휴머니즘 사상들의 비판과 헤프너의 "하나님의 형상론"을 중심으로."『기독교사회윤리』49 (2021), 305-36.

양금희. "포스트 코로나 시대의 "온택트(ontact)" 기독교교육에 관한 연구."『기독교교육논총』68 (2021), 41-76.

오경환. "포스트휴먼 시대의 도래: 감각의 확장인가 퇴보인가?."『기독교교육정보』73 (2022), 1-29.

우정길 외 4인.『포스트휴머니즘과 교육학』. 서울: 학지사, 2021.

이경란.『로지 브라이도티, 포스트휴먼』. 서울: 커뮤니케이션북스, 2017.

이성호. "기후 위기 시대의 생태신학: 탈식민적 생태비평과 초객체 이론의 도전." 김은혜 외 8인.『기술신학』. 서울: 동연. 2024, 131-76.

이은경. "기술시대 포스트휴먼화가 종교와 교육에 미치는 영향과 기독교 교육에의 시사점." 김은혜 외 8인.『기술신학』. 서울: 동연. 2024, 177-209.

이창호. "디지털 리터러시와 포스트휴머니즘에 대한 기독교윤리적 성찰: 포스트휴머니즘의 인간론적 담론을 중심으로."『교육교회』503 (2021), 10-15.

이혜영 외 3인.『트랜스휴머니즘과 포스트휴머니즘』. 서울: 한국학술정보, 2018.

장보철. "인공지능에 대한 목회신학적 고찰."『신학과 실천』59 (2018), 247-67.

장신근. "포스트식민주의 실천신학과 오늘의 기독교교육학의 과제."『선교와 신학』63 (2024), 413-51.

전현식, 김은혜.『생태 사물 신학』. 서울: 대한기독교서회, 2022.

정형철.『종교와 트랜스휴머니즘』. 서울: 한국학술정보, 2022.

조해정. "포스트휴먼 담론에 대한 중도 존재론적 접근: 중도로 포스트휴머니즘 읽기."『동아시아불교문화』54 (2022), 399-427.

주연수. "코로나 세대, 공적 기독교교육의 방향성 연구: 언캐니와 성육신적 연대." 『기독교교육논총』 74 (2023), 33-55.

최유미. 『해러웨이, 공-산의 사유』. 서울: b, 2020.

한국포스트휴먼학회. 『포스트휴먼시대의 휴먼』. 파주: 아카넷, 2016.

홍경실. "베르그송과 포스트휴머니즘과의 만남: 신체에 대한 이해를 중심으로." 『인문학연구』 111 (2018), 1-20.

홍성욱. 『포스트휴먼 오디세이』. 서울: 휴머니스트, 2019.

홍성욱 외. 『인간·사물·동맹: 행위자네트워크 이론과 테크노사이언스』. 서울: 도서출판 이음, 2010.

Barad, Karen. *Meeting the Universe Halfway: Quantum Physics and the Entanglement of Matter and Meaning*. Durham: Duke University Press, 2007.

Bennett, Jane. *A Political Ecology of Things*. Durham: Duke University Press, 2010.

_____. *Vibrant Matter: A Political Ecology of Things*. 문성재 역. 『생동하는 물질』. 서울: 현실문화, 2020.

Braidotti, Rosi. *Posthuman Knowledge*. 김재희, 송은주 역. 『포스트휴먼 지식』. 파주: 아카넷, 2022.

_____. *The Posthuman*. 이경란 역. 『포스트휴먼』. 파주: 아카넷, 2015.

Brynjolfsson, Erik, and Andrew McAfee. *Second Machine Age: Work, Progress, and Prosperity in a Time of Brilliant Technologies*. 이한음 역. 『제2의 기계시대, 인간과 기계의 공생이 시작된다』. 서울: 청림출판, 2014.

Haraway, Donna. *Staying with the Trouble: Making Kin in the Chthulucene*. 최유미 역. 『트러블과 함께하기』. 서울: 마농지, 2021.

Heidi, Campbell. *Networked Theology*. Grand Rapids: Baker Academic, 2016.

Keller, Catherine. *Political Theology of the Earth: Our Planetary Emergency and the Struggle for a New Public*. 박일준 역. 『지구정치신학』. 논산: 대장간, 2022.

Latour, Bruno. *We Have Never Been Modern*. Translated by Catherine Porter. Cambridge: Harvard University Press, 1993.

Osmer, Richard, and Friedrich Schweitzer. *Religious Education between Modernization and Globalization*. Grand Rapids: Eerdmans, 2003.

_____. *Practical Theology: An Introduction*. 김현애, 김정현 역. 『실천신학의 네 가지 중심과제』. 서울: 예배와 설교 아카데미, 2012.

Vita-More, Natasha. "The Transhumanist Manifesto." https://www.humanityplus.org/the-transhumanist-manifesto. [2024년 9월 5일 접속].

제 6 장

리처드 오스머의 실천신학적 기독교교육학 연구

들어가는 말

리처드 로버트 오스머[1950-]는 국내외적으로 널리 알려진 기독교교육 학자이며 실천신학자이다. 이 장에서는 그의 은퇴[2018년]를 기점으로 학문적 공헌을 정리하여 기념하고, 오늘의 상황에 대한 함의를 모색하고자 한다. 이를 위하여 먼저 그의 생애와 학문적 여정을 시대적으로 구분하여 간략하게 살펴본다. 이어서 그의 실천신학적 기독교교육 사상을 교수사역에 초점을 맞추어서 논의한다. 오스머는 "기독교교육"보다 "교수사역"[teaching ministry]이라는 용어를 선호한다. 그가 교수사역에 관심을 가지게 된 것은 일차적으로 어린 시절 교회학교에서의 신앙교육과 여러 목회현장에서의 경험을 통하여 교수사역의 중요성을 절감했기 때문이다. 그러나 더 나아가 학문적으로는 20세기 미국의 종교교육운동 전통에서 드러나는 여러 문제점[내용보다 과정에 대한 강조점, 교회의 교수사역에 대한 무관심, 규범적인 신학적 차원에 대한 결여 등]을 점차 인식하면서 교수사역에 대한 관심을 가지게 되었다. 오스머가 교수사역이라는 용어를 선호하는 또 다른 이유는 이 용어가 칼뱅에서 시작되는 개혁교회 전통을 잘 드러내고 있다고 보기 때문이며, 20세기 중반 기독교교육운동의 정신을 비판적으로 계승한다는 의미도 포함되어 있다고 본다.[1]

오스머의 가장 큰 학문적 공헌 중의 하나는 회중의 신앙 교수사역 연구와 더불어 실천신학의 새로운 패러다임을 제시한 것이다. 그런데 그의

---

1 James Smart, *The Teaching Ministry of the Church* (Philadelphia: The Westminster Press, 1954).

실천신학 사상은 기독교교육학, 보다 구체적으로는 교수사역과 분리되지 않고 상호연관되어 있다. 즉 사회과학적인, 특히 교육학적인 패러다임 보다는 실천신학적 패러다임에서 교수사역에 대한 이론을 모색하였다. 오스머는 이미 박사학위 논문에서부터 이러한 두 가지를 상호연계시키는 작업을 시작하였다.[2] 이를 염두에 두고 박사과정에서 시작되어 지금까지 이어져 온 오스머의 새로운 패러다임의 실천신학 구성작업을 살펴본다. 마지막 부분에서는 오늘의 상황에서 그의 교수사역과 실천신학적 접근이 한국 기독교교육학과 실천신학, 특히 회중 사역에 주는 함의를 모색해 보고자 한다.

I. 오스머의 생애와 학문적 여정[3]

1. 출생에서 하버드·예일의 신학교육까지

오스머는 1950년 뉴욕주 라크몬트 Larchmont 에서 리처드 오스머 Richard Osmer 와 버니스 오스머 Bernice Osmer 사이에서 태어났다. 그의 가족은 한때 세

---

2   Richard Osmer, "Practical Theology and Contemporary Christian Education: An Historical and Constructive Analysis," 2 Vols., (Ph. D. Dissertation, Emory University, Atlanta, GA, 1985).

3   오스머의 생애에 관해서 다음의 자료를 참고하였다. Blair Bertrand, Kenda Dean, and Amanda Drury, "Introduction," in *Consensus and Conflict: Practical Theology for Congregations in the Work of Richard R. Osmer*, ed. by Blair Bertrand, Kenda Dean, and Amanda Drury (Eugen: Cascade Books, 2019). Kathy Dawson, "Richard Robert Osmer," *20th Century Christian Educators*, https://www.biola.edu/talbot/ce20/database/richard-robert-osmer [2024년 3월 4일 접속]. Richard Osmer, *Practical Theology: An Introduction*, 김현애, 김정형 역, 『실천신학의 네 가지 중심과제』 (서울: WPA, 2012), 23-27.

인트루이스에서 잠시 살기도 했으나, 그는 대부분의 유년기와 청소년기를 노스캐롤라이나의 그린스보로^{Greensboro}에서 보냈다. 오스머의 부모는 장로 교단과 연합 그리스도교^{United Church of Christ} 교단에 속한 교회에서 아주 신실 하게 신앙생활을 하였던 그리스도인들이었다. 오스머의 아버지는 장로가 되기 전, 주일학교의 교장으로 섬기기도 하였다. 오스머는 어린 시절부터 이러한 부모의 영향 하에 교회에서 활발하게 신앙생활을 하면서 자라났다. 그는 어린 시절, 입교, 고등학교 시절에 이르기까지 교회학교의 신실한^{특히 남성} 교사들로부터 신앙교육을 받고 이들로부터 큰 영향을 받았다고 회상했 는데, 이러한 것이 계기가 되어 훗날 교회의 교수 사역에 대한 비전을 가지 게 되었다고 한다.

오스머는 채플힐^{Chaplehill}에 위치한 노스캐롤라이나 대학 재학시절 동 급생의 쌍둥이 자매인 샐리를 만났고, 학사학위를 취득한 후 그녀와 결혼 하였다. 그 이후 샐리는 오스머의 학문적, 목회적 여정에서 매우 소중한 동 반자의 역할을 하였다. 1972년 오스머는 하버드대학 신학부에서 특히, 세 계종교학 연구소^{Center for the Study of World Religions}에서 세계종교를 공부하기 위 하여 보스턴으로 옮겨갔고, 그곳에서 목회자^{pastor}로서 작은 교회를 섬기면 서 2년 동안 목회 현장의 중요성에 대한 소중한 경험을 하게 된다. 오스머 는 하버드에서 자신의 평생 멘토인 제임스 파울러^{James Fowler, 1940-2015}를 만 나게 된다. 당시 파울러는 신앙발달이론 연구를 시작한 지 얼마 되지 않은 때였는데, 오스머는 하버드 대학원에서 함께 공부하던 아내 샐리와 함께 신앙발달이론의 기초가 된 인터뷰 연구원으로 참여하였다. 2년간 교회에 서의 사역을 통하여 오스머는 자신의 신앙과 지적인 관심 혹은 이론과 신 앙이 통합되지 못하고 분리되는 경험을 하게 된다. 당시 하버드는 신앙발 달에 대한 파울러의 수업 외에는 기독교교육과 실천신학 분야가 너무 빈약 했고, 실천신학 분야의 정년트랙 교수도 없었던 관계로 훗날 오스머는 하

버드에서 실천신학에 대하여 배운 것이 별로 없었다고 회상했다.[4]

오스머는 하버드에서의 공부세계종교가 자신의 신앙과 학문적 경향에 잘 맞지 않는다는 사실을 깨닫고 2년 후에 한스 프라이, 데이비드 켈시David Kelsy, 조지 린드벡의 지도하에 바르트를 공부하기 위하여 예일대학 신학부로 편입을 하였다. 하지만 오스머는 예일에서의 바르트 연구도 실제 목회와는 전혀 관련이 없는 아주 난해한 공부였다고 회상했다. 그는 바르트를 정말 열심히 공부했지만, 너무 어려워서 그의 책들을 한동안 서가에 묵혀 두었다고 회고했다.[5]

오스머는 "신학교에서 내가 받았던 수업들은 주로 교회 교리에 초점을 맞추고 있었기 때문에, 특정한 사건이나 상황을 해석하기 위해 신학을 활용하는 훈련은 거의 배우지 못했다"[6]고 했으며, 또한 실천신학이 목회에 어떤 의미를 가지고 있는지도 알기 힘들었다고 한다. 신학과 실천을 통합하는 과목은 한 과목밖에 수강하지 못했다. 설교는 신학적 배경이 없는 사람이 가르쳤고, 목회상담은 종교심리학적 관점에서 가르쳤다. 당시 예일에는 종교교육운동의 거장인 랜돌프 밀러Randolph C. Miller가 교수로 재직하고 있었으나, 역설적으로 밀러의 교수방법에 대한 평판이 너무 좋지 않아서 오스머를 포함하여 그의 강의를 수강하는 사람이 거의 없었다고 한다. 소위 "제4영역"실천신학 영역인 "응용영역"application area은 객원 목회자 교수, 가족치료 전문가 등이 강의를 맡고 있는 형편이었다.[7]

이처럼 오스머는 하버드와 예일에서 신학을 공부하면서 "신학적 지식의 구성적 원천으로서 실천에 대한 관심"이 결여되어 있음을 인식하게

---

4   Bertrand, Dean, and Drury, "Introduction," 5-6.
5   위의 책.
6   Osmer, 『실천신학의 네 가지 중심주제』, 33.
7   Richard Osmer, "Consensus and Conflict in Practical Theology: Reflection," Blair Bertrand, Kenda Dean, and Amanda Drury, eds., *Consensus and Conflict*, 215-16.

되었다.[8] 그 결과 신학적 이론과 목회현장 사이의 큰 괴리감을 경험하면서 양자 사이를 유기적으로 연결해 줄 수 있는 실천신학에 대한 열망이 그에게 점차 생겨나기 시작한 것으로 보인다.

2. 산간지역 전임목회와 박사학위 시절

오스머는 예일에서 석사학위를 마친 후, 테네시주 동부 산간지역의 두 교회에서 아내와 공동목회를 시작하였다. 두 사람은 협동목사 자격으로 자매결연 관계에 있는 두 교회에서 함께 사역하였다. 이 시절 오스머 부부는 여름에는 당시 젊은 교사들에게 최신 교육이론들을 가르쳐주었던 주날루스카 호湖 실습학교Lake Junaluska Laboratory Schools 에 활발하게 참여하기도 하였다. 그는 자신의 회중들에게 이러한 학교에 참여하도록 권고했고 이를 계기로 교회학교와 청소년 사역이 시작되었다.

그는 그곳 산간지역에서 아내와 공동목회를 하면서 교회 공동체와 산간 문화에 대하여 많은 것을 경험하게 된다. 오스머는 "우리는 교회의 많은 결정이 내려지는 곳이 교회 운영위원회가 아니라, 농부들이 오전 일을 끝내고 커피 한 잔 마시기 위해 모이는 큰길 옆 주유소 매점이라는 사실을 알게 되었다"고 회상하기도 하였다.[9] 이러한 목회 경험은 오스머가 학문적 여정에 있어서 지역교회 회중에 대한 애정과 관심을 가지게 된 결정적 역할을 하게 된다. 특히 이곳에서의 목회를 통하여 기독교교육이 "교회 공동체 전체의 건강과 사명"에 얼마나 중요한지를 체험하게 되고, 오랫동안 교회

---

8   위의 책, 216.
9   Osmer, 『실천신학의 네 가지 중심주제』, 24.

학교가 없던 그 교회에 교회학교를 세우고 성장시키는데 큰 역할을 하였다.

오스머는 몇 년간의 산간지역 목회를 마치고 조지아주 아틀란타의 감리교 대학인 에모리 대학 캔들러 신학부에서 파울러의 지도하에 박사학위를 시작하게 된다. 박사학위를 공부하는 동안에도 그는 아틀란타 지역의 교회에서 목회자로 섬겼다¹⁹⁸³⁻⁸⁴. 그는 에모리에서 기독교교육학과 실천신학을 본격적으로 공부하면서 실천신학 분야에서 또 다른 학문적 멘토인 찰스 거킨과 로드니 헌터^{Rodney Hunter}를 만나게 된다. 에모리에서 오스머는 "신학과 인격"이라는 과목을 통해서 비로소 처음으로 학문적 분야로서 실천신학에 대한 공부를 시작하게 된다.

당시 거킨, 헌터, 파울러 등은 1980년대에 새롭게 부상하고 있던 실천신학에 대한 새로운 논의의 중심인물들이었다. 헌터는 목회돌봄의 다양한 모델들을 소개해주었는데, 이를 통하여 오스머는 신학과 실천이 서로 대화하는 여러 가지 방식들을 배우게 되었다. 또한 구약의 지혜문학과의 대화를 통하여 특정 상황에서 어떻게 지혜로운 판단을 내릴 수 있는지를 탐구하는 헌터의 과목을 수강하기도 하였다. 거킨은 에릭 프롬^{Erich Fromm}에 대한 박사 세미나를 개설하였는데, 오스머는 이 세미나에서 거킨이 광범위하게 사용하는 사례연구의 중요성에 대하여 배우기도 하였다. 사례연구는 임상목회교육^{CPE}에서 주로 많이 활용되는 연구방법으로, 거킨이 이 방법을 많이 활용한 것은 그가 에모리로 오기 전에 임상목회교육 운동의 리더로서, 특히 미국 임상목회교육협회 회장으로서 많은 역할을 했기 때문이다. 오스머는 거킨의 중요한 저서인 *The Living Human Document*를 저술하는 동안 연구조교로 일하기도 하였다.¹⁰ 거킨의 목회상담학, 특히 그의 몰트만

---

10 Charles Gerkin, *The Living Human Document*, 안석모 역, 『살아있는 인간문서: 해석학적 목

신학과의 대화에 대한 연구는 오스머에게 큰 영향을 끼쳤다.[11] 오스머는 자신의 박사학위 논문의 부심이기도 했던 이들로부터 교수사역에 있어서 "신학적 특수성"theological particularity, 즉 신학은 교수사역의 방법과 내용에 결정적 영향을 끼친다는 사실도 배우게 된다.

오스머의 박사학위 주심이면서 멘토였던 파울러는 신앙발달이론을 통하여 국제적인 명성을 누렸는데, 그의 신앙교육, 도덕철학, 발달심리이론 등은 오스머에게 다양한 형태로 영향을 미쳤다. 파울러는 오스머에게 질적 연구와 유럽에서의 경험연구 동향요하네스 밴 더 밴, Johannes van der Ven 등을 소개해 주었다. 개인적으로도 파울러는 오스머에게 다양한 연구 기회를 열어주고, 신앙발달연구 센터의 연구 프로젝트에 참여하도록 해주었다. 이를 통하여 오스머는 재정적인 도움도 받을 수 있었다. 오스머는 에모리 대학 캔들러 신학부에서 2년 동안 조교수로 봉직하였고, 1985년에는 "실천신학과 현대 기독교교육학: 역사적, 구성적 분석"이라는 논문으로 박사학위를 취득하였다.[12]

오스머는 자신이 박사과정을 통하여 배우고 경험한 것을 다음과 같이 4가지로 정리한다.[13]

1) 실천신학은 단순히 신학적 이론을 적용하는 응용신학이 아닌 그 자체의 역사와 연구방법을 지닌 학문적 정체성을 지닌 신학이란 사실을 배

회상담학』(서울: 한국심리치료연구소, 1998).

11 Osmer, "Consensus and Conflict in Practical Theology: Reflection," 216. 오스머는 후에 Richard Osmer, *The Teaching Ministry of Congregation*, 장신근 역,『교육목회의 새로운 패러다임』(서울: 대한기독교서회, 2007)에서 회중 교수사역을 위하여 몰트만 신학과 심도있는 대화를 시도한다.

12 Richard Osmer, "Practical Theology and Contemporary Christian Education: An Historical and Constructive Analysis," 2 Vols., Ph.D. Dissertation, Emory University, Atlanta, GA, 1985.

13 Osmer, "Consensus and Conflict in Practical Theology: Reflection," 217-19.

우게 되었다.

2) 실천신학적 작업에서 기본적인 신학적 이슈에 참여하는 것이 매우 중요함을 인식하게 되었다.

3) 실천신학은 본질적으로 학제적 대화를 지향한다는 사실을 알게 되었다.

4) 거킨, 헌터, 파울러와의 관계를 통하여 실천신학 분야의 다양한 학자들과 동료들을 만나게 되었다.

요약하자면 오스머는 박사과정을 통하여 "실천신학은 철학, 인간과학, 다른 신학분야들과 같은 대화 파트너들과 함께하는 전적으로 학문적이고, 연구중심의 분야"임을 배우게 되었다고 회상한다.[14] 이처럼 에모리에서의 박사학위 공부는 이후에 펼쳐지는 그의 학문적 여정에 결정적인 모판의 역할을 하게 된다.

3. 기독교교육학자 · 실천신학자로서의 교수와 연구

박사학위를 마친 후 오스머는 에모리의 캔들러 신학부에 재직하면서 3년간 신앙발달센터에서 연구활동을 하였고, 그 이후에 버지니아주의 리치몬드에 위치한 유니온 신학대학원 Union Presbyterian Seminary 의 교수로 옮겨가게 된다. 그는 이곳에서 4년간 조교수로 재직하면서 당시 장로교 기독교교육 대학원 Presbyterian School of Christian Education 에서 가르쳤던 사라 리틀, 찰스 멜처트 Charles Melchert, 그웬 홀리 Gwen Hawley 등과 동료로서 학문적 교류를 하였다.

오스머는 1990년부터 뉴져지에 위치한 프린스턴 신학대학원의 부름

---

14   위의 책, 219.

을 받고 2018년 은퇴까지 28년간 그곳에서 교수로 봉직하였다. 재직 기간 중 그는 테넌트 기독교교육대학원 원장, 실천신학부 학장을 역임하였다. 1990년부터 2012년까지는 토마스 시노트 Thomas W. Synnott 기독교교육 석좌 교수로, 2012년부터 2018년 은퇴까지는 특이하게도 자원하여 랄프, 헬렌 에쉔펠터 Ralph B. and Helen S. Ashenfelter 선교학 및 전도학 석좌교수로 재직하였다. 이러한 변화는 이후에 설명하겠지만, 기독교교육에 대한 그의 관심이 목회의 여러 분야로 확대되어 가는 과정과 연관되어 있다고 할 수 있다.

오스머는 2024년 5월 현재까지 기독교교육학과 실천신학에 관한 6권의 책을 단독으로, 6권은 공동으로 저술하였다. 이 가운데 6권의 책이 한글로 번역되었으며, 저서 외에도 50여 편의 학술 논문들이 출판되었다.[15] 그 외에도 그는 미국장로교단 PCUSA의 입교 프로젝트를 주도했고, 1991년에는 프리드리히 슈바이처 Friedrich Schweitzer, 한스 밴 더 밴 Hans van der Ven, 단 브라우닝 등과 같이 국제적으로 저명한 실천신학자들과 함께 "국제실천신학회 International Academy of Practical Theology"의 창립을 주도하였고, "국제실천신학학술지 International Journal of Practical Theology"의 창간에도 큰 공헌을 했으며, 편집장으로도 오랫동안 봉사하였다. 오스머는 미국장로교회 PCUSA의 목사로 안수를 받았다. 오스머는 2018년 프린스턴신학대학원 교수직에서 은퇴하였고, 이를 기념하여 그의 동료, 친구, 제자들이 함께 저술한 은퇴기념 저서 *Consensus and Conflict*가 2019년 그에게 헌정되었다.[16] 은퇴 후 오스머는 현재 노스캐롤라이나에 거주하고 있다.

이상과 같이 오스머의 생애를 통하여 그의 기독교교육학과 실천신학의 학문적 여정이 어떻게 전개되었는지를 간략하게 살펴보았다. 이를 통하

---

15   Sarah Bixler ed., *Collected Essays of Richard R. Osmer* (Seattle: Kindle Direct Publishing 2022). 여기에는 Osmer가 1985년에서 2022년까지 발표한 논문 48편이 실려 있다.

16   Blair Bertrand, Kenda Dean, and Amanda Drury, eds. *Consensus and Conflict*.

여 그가 신학공부를 시작하면서 부터 신학과 목회현장 사이의 갈등 혹은 간격에 대하여 깊이 고민을 해왔음을 알 수 있다. 그가 기독교교육학자와 실천신학자의 길을 가게 된 것도 역시 이러한 이론과 실천 사이의 분리 혹은 갈등에 대한 문제의식을 가지고 양자의 상호대화적 관계를 모색해 나가는 과정이었다고 해도 과언이 아닐 것이다.

Ⅱ. 오스머의 기독교교육학: 교수사역을 중심으로

1. 개혁신학 전통에 기초한 교수 사역

오스머가 사용하는 "회중의 교수사역"이라는 용어는 교회만을 위한 사역, 혹은 회중을 충실한 교인으로 양육한다고 하는 좁은 의미가 아니다. 오늘의 여러 가지 다양한 대내외적 도전에 직면한 교회와 그 구성원들이 다양한 현장에서 하나님의 말씀에 기초하여 어떻게 이러한 도전에 제대로 응답할 수 있도록 도전과 지원을 제공할 것인지를 모색하는 폭넓은 의미에서의 회중 교수사역이다.

박사과정을 마치고 교수로서 그의 본격적 학문적 여정을 시작한 1980년대 후반부터 그는 개인주의, 반근대적 권위주의, 과학적 합리성, 세계화, 포스트모더니즘 등과 같은 다양한 시대적 도전에 대하여 응답하는 가운데 교수사역에 대한 다양한 연구를 수행하였다. 그는 회중의 교수사역에 대한 연구에서 다양한 신학적 입장과의 대화를 시도했다. 초기에는 종교개혁신학과 개혁신학, 중기에는 몰트만의 삼위일체 신학, 발타자르의 미학적 신학, 벤츨 밴 호이스틴^{Wentzel van Huyssteen}의 과학신학, 영성신학, 조나단 에드워즈^{Jonathan Edwards}의 신학, 후기에는 대럴 구더^{Darrell Guder}의 선교신학, 칼 바르트 신학 등과 대화하는 가운데 교수사역에 대한 구성적 연구를 시도해 왔다. 이러한 여러 신학 가운데 오스머는 개혁신학을 가장 중심에 두고 이 입장에서 다양한 신학들과의 대화를 시도해 왔다.

『교육목회의 회복』에서 오스머는 오늘의 미국 주류교회가 쇠퇴해 가는 핵심적 이유 중의 하나가 교수직 혹은 교수권위의 상실이라고 본다.[17] 교수직 혹은 교수권위의 상실은 1990년대 초, 미국 사회가 직면한 네 가지 도전과 밀접하게 연관되어 있다. 즉 1) 기술적 합리성^{기술적, 도구적 이성의 확산}, 2) 급속한 사회변동, 3) 구조적 다원주의, 4) 문화적 다원주의^{세계관의 다양성} 등이다. 그리고 이러한 도전에 대하여 주류교회는 개인주의 또는 반근대적 권위주의로 응답하였다고 보았다. 전자는 "근대 개인주의의 새롭고 보다 극단적인 형식의 내면화에 의해 근대성에 지속적으로 적응해 나가는 것"이며, 후자는 "권위의 전통적인 형식에 대한 재강조를 통해 근대성을 거부해 나가는 것"이다.[18] 전자는 교수권위의 죽음을 가져왔고, 후자는 권위주의를 초래하였다. 이러한 양극화 된 상황에서 오스머는 교수직^{teaching office}의 권위를 어떻게 회복할 것인가에 대한 보다 근본적인 차원의 문제를 『교육목회의 회복』에서 시도한다.[19]

교회사를 통하여 나타난 교수직과 관련된 세 가지 핵심과제는 다음과 같다. 첫째는, "교회의 규범적 신념과 실천을 결정하는 것이다." 둘째는, "변화하는 문화와 역사적 컨텍스트 하에서 이런 신념과 실천을 재해석하는

---

17 Richard Osmer, *A Teachable Spirit: Recovering the Teaching Office in the Church*, 박봉수 역, 『교육목회의 회복』(서울: 한국장로교출판사, 1996).

18 위의 책, 44.

19 위의 책, 35.

것이다." 셋째는, "각 새로운 세대에 의해 이들이 의미 있게 수용되고, 각 개인들에 의해 보다 깊이 있게 이해되도록 하기 위해 교회의 규범적 신념과 실천을 가르칠 교육적 제도, 과정, 커리큘럼을 만들고 지속해 가는 것이다."[20]

오스머는 개혁신학의 입장에서 개인주의 또는 반근대적 권위주의를 넘어서는 제3의 길을 모색하는 가운데, 교수권위를 회복하기 위해서는 다음 두 가지 사명을 수행해야 한다고 본다. 첫째는, 경건의 한 형태로서 "배움의 영"teachable spirit을 양육하는 것이다. 둘째는, 교회의 삶의 다양한 수준의 권위들로 하여금 교회의 본질과 실천이 무엇인지를 가르칠 수 있는 상호 확장적이고 상호 교정적 대화에 참여를 가능하게 하는 기구조직과 관계를 형성하는 것이다.[21] 오스머는 배움의 영이라는 개념을 칼뱅에게서 가져오는데, 칼뱅은 아우구스티누스의 경건 개념에 빚지고 있다. 칼뱅은 기독교 경건의 핵심 가운데 하나는 배움의 영이라고 보았다. "초월적이고 주권적인 하나님과의 관계 안에서 죄로 가득 찬 인간은 배울 수 있어야 하고, 특히 하나님께서 새 생명이라 부르신 사람들에게는 더욱 그러하다."[22]

2. 회중을 위한 신앙 교수사역 방법과 통로

오스머는 앞에서 살펴본 것처럼 『교육목회의 회복』에서 교회가 "신학적 과제를 개선하고 실천신학적 성찰의 실제적인 센터"가 되어야 함을 강조하는데, 『신앙교육을 위한 교수방법』에서는 교회가 이러한 과제를 잘

20　위의 책, 28.
21　위의 책, 47-48.
22　위의 책, 68.

실천할 수 있도록 "신앙교수 방법론"을 구체적으로 제시한다.[23] 회중들을 위한 신앙교수 방법론을 제시함에 있어서 그는 먼저 니버의 신앙이해에 기초하여 신앙이 지닌 다양한 측면 가운데 신념, 관계, 헌신, 신비 등의 네 가지를 선택하여 각각에 적합한 신앙교육 방법을 제안한다. 이러한 4가지 차원의 신앙에 상응하는 각 각의 신앙교육 방법은 강의법, 토의법, 삶의 이야기 재해석, 역설의 사용 등이다. 오스머에 의하면 교회의 신앙교육의 기본 목적은 "신앙이 일깨워지고, 지원받고, 도전받을 수 있는 장을 만드는 데 있다."[24] 교육이 신앙을 가져다주지는 못하겠으나, 그것은 신앙이 존재할 수 있도록 하고 동시에 성장하도록 해주는, 하나님께서 사용하시는 중요한 도구 중의 하나이다.[25]

회중의 신앙교육을 위한 교수 방법과 더불어 오스머는 자신의 저서 *Confirmation*에서 신앙 교수의 또 다른 핵심 통로 중 하나인 견신례 교육을 제시한다.[26] 미국 장로교단PCUSA의 견신례 프로젝트에서도 활발하게 활동했던 오스머는 단편적이고 프로그램 중심의 접근이 아닌 실천신학적 연구를 지향하면서, 청소년 발달이론, 근대화이론, 교회사, 조직신학, 교육학 등과의 상호적 대화를 통한 대안적 방향을 모색한다. 그는 먼저 근대 이후 새로운 인간 발달단계로 자리 잡게 된 청소년기에 대한 발달심리학적 이해

---

23 Richard Osmer, *Teaching for Faith: A Guide for Leaders of Adult Groups*, 사미자 역, 『신앙교육을 위한 교수방법』(서울: 한국장로교출판사. 1995), 17.

24 위의 책, 23.

25 위의 책, 19.

26 Richard Osmer, *Confirmation: Presbyterian Practices in Ecumenical Perspective* (Louisville: Geneva Press, 1995). 오스머는 2018년에 "Confirmation Project"에 대한 연구 보고서를 출판하였다. 이것은 미국 5개 교단 청소년들을 대상으로 3년간 시행한 경험연구를 통하여 견신례가 이들에게 어떠한 변화를 가져왔는지, 부모, 회중, 멘토의 역할은 무엇이며, 어떤 교육 방법과 프로그램이 효과적이었는지, 유럽 7개국 견신례 비교연구와는 어떤 차이와 공통점이 있는지 등에 대하여 실천신학적 방법으로 연구한 보고서이다. Richard Osmer and Katherine Douglass eds., *Cultivating Teen Faith: Insights from the Confirmation Project* (Grand Rapids: Eerdmans, 2018).

를 통하여 19세기까지 이어져 온 전통적인 견신례 패러다임이 변화되어야 함을 강조한다. 이어서 저자는 교회사와의 대화를 통하여 신약성서에 나타나는 견신례의 선례부터 시작하여 교부시대, 종교개혁시대, 근대, 그리고 오늘에 이르기까지 그 역사를 자세하게 논한 후에 오늘의 상황을 고려하는 가운데 대안적 모델의 견신례 교육을 제안한다.[27]

오스머에 의하면 견신례 교육은 일정한 연령에 도달하면 모두 통과의례처럼 참여하는 일종의 교리교육의 기회로만 간주되어선 안 되며, "교회의 신앙에 대한 개인적인 고백과 더불어 인격적으로 신앙을 선언하고, 삼위일체 하나님에 대한 순종을 서약하는 언약인준 행위를 모두 강조"하는 실천이 되어야 한다고 역설한다. 이러한 맥락에서 부모나 교사의 압력이나 강제적 권유가 아니라, 개인적으로 신앙고백과 순종서약이 준비된 청소년들을 대상으로 견신례 교육이 실시되어야 한다. 그리고 견신례교육은 "등록과정^{자원자 선발}" → "영적 멘토링" → "성경 및 교리문답교육" → "견신례 예배" → "견신례 이후의 지속적 돌봄" 등의 일련의 연속적인 연계과정을 통하여 체계적이며 장기적인 교육과 양육으로 이루어져야 한다.[28]

3. 세계화, 다문화, 포스트모던 시대의 교수사역

2000년대, 즉 새로운 밀레니엄에 들어서면서 오스머의 교수사역에 대한 연구는 세계화, 다문화, 포스트모더니즘에 대한 논의 속에서 전개된다. 세계화는 1980년대 중반 이후 가속화된 현상으로, 전 지구적으로 상호

---

27 위의 책, Part 2.
28 오스머의 견신례 신학에 대하여 다음을 참고할 것. 장신근, "한국교회 견신례 교육의 대안적 방향에 관한 연구,"『기독교교육논총』, 75 (2023), 7-31.

연결된 통신과 교통 시스템, 그리고 경제적 교류로 인하여 세계가 초국가적이며 동시에 이질적인 이종의 글로벌 공동체로 되어가는 현상을 뜻한다.[29] 오스머는 이러한 세계화를 교수사역이 직면한 새로운 도전으로 보면서 먼저 역사적-해석적 틀로서 세계화 이론을 논의한다. 세계화 시대의 교수사역은 "지구적 성찰성 global reflexivity"을 양육하여 더욱 "인도적 humane 이고 책임적인" 세계화에 기여할 수 있어야 한다.[30] 지구적 성찰성이란 다음과 같다.

> 문화적 타자 others 에 대한 의식의 심화와 성찰, 그리고 전체 세계에 대한 다양한 이미지의 구성이 그것이다. 이것은 세계의 구성 요소를 결합하는 전 세계적 의식으로서 세계화를 이해해야 한다는 뜻이다. 이 의식은 두 가지 방향에서 동시에 형성된다. 한편으로는 지역 전통의 상대화이며, 다른 한편으로는 전통들에 대한 새로운 관심으로서 세계화의 힘을 이해하고 반응하는 자원을 제공하는 것을 포함한다.[31]

한편으로 오스머는 바울서신에 나오는 세 가지 형태의 교수사역인 카테키시스 신앙교육, 훈계 exhortation, 도덕교육, 분별 discernment, 영성교육 에서 발견되는 과제들을 세계화 시대의 상황에서 재해석하여 간략하게 제안한다. 이 세 가지 교수사역은 『교육목회의 새로운 패러다임』에서 본격적으로 심도 있게 논의된다.

---

29 Richard Osmer, "The Teaching Ministry in a Multicultural World," in *Religion, Globalization & Spheres of Life*, ed. Max Stackhouse (Grand Rapids: Eerdmans, 2000), 37.

30 Richard Osmer, "Globalization, Global Reflexivity, and Faith Development Theory: The Continuing Contribution of Fowler's Research," in *Developing a Public Faith: New Directions in Practical Theology*, ed. by Richard Osmer and Friedrich Schweitzer, 연세기독교교육학 포럼 역, "세계화, 세계적 성찰성 그리고 신앙발달이론: 파울러 연구의 지속적 공헌," 『공적신앙과 실천신학』(서울: 대한기독교서회. 2005), 234.

31 위의 책, 224.

다른 한편으로, 오스머는 지구적 성찰성을 양육하는 교수사역을 위하여 파울러의 신앙발달 단계이론과의 대화를 시도한다.[32] 신앙발달 단계이론이 필요한 이유는 오늘의 기독교 신앙이 세계화의 여러 인지적 도전에 직면하여 그 관점의 확장을 요청하기 때문이다. 이런 맥락에서 신앙발달 단계이론은 신앙이 지닌 1) 사회적 의식의 경계 확장, 2) 관점 취득^{특정 집단과} 계층 및 자신의 관점보다 타자 전통의 관점 채택의 확장, 3) 전 인습 도덕에서 후^탈 인습 도덕으로의 확장 등을 통하여 기독교 신앙의 관점과 범위를 확장하고 심화시켜 나가는데 도움을 준다.

독일 튀빙겐 대학교 신학부 교수인 프리드리히 슈바이쳐와 함께 저술한 *Religious Education Between Modernization and Globalization*에서 오스머는 미국과 독일이 처한 독특한 사회문화적 상황에서, 동시에 양국이 함께 직면했던 근대화의 도전에 종교교육이 어떻게 응전하면서 변화되어 왔는지를 상호 비교 연구한다. 먼저 이들은 오늘의 세계화와 포스트모던 상황에서 양국이 직면하고 있는 도전을 1) "교회가 청소년들을 제대로 포용하고 교육하지 못하는 상황", 2) "공교육으로부터 교회의 분리 현상", 3) "가족과 교회 사이의 점증하는 거리감", 그리고 4) "정체성을 형성하는 도덕적 에토스의 부족" 등이라고 지적한다.[33]

이러한 맥락에서 두 사람은 21세기의 종교교육이 수행해야 할 과제를 다음과 같이 제안한다.[34] 첫째, 종교교육은 다문화주의의 맥락에서 회중

---

32   위의 책, 230-33.

33   Osmer and Schweitzer, *Religious Education Between Modernization and Globalization* (Grand Rapids: Eerdmans, 2003), xi-xix. 이 책과 더불어 최근 Osmer는 Schweitzer, 김현숙과 공저로 지구화시대의 종교교육 비교연구(독일, 미국, 한국)에 대한 책을 출판하였다. Hyun-Sook Kim, Richard Osmer, and Friedrich Schweitzer, *The Future of Protestant Religious Education in an Age of Globalization* (Münster: Waxmann, 2018).

34   Osmer and Schweitzer, *Religious Education Between Modernization and Globalization*, Part III.

을 넘어선 공교육파이데이아과 사회의 공적 삶과 공동선에 공헌해야 한다. 회중 공동체가 국가적이며 지구적 차원의 공적 삶을 위한 덕성과 의사소통적 능력을 소유할 수 있도록 양육해야 한다. 둘째, 종교교육은 회중교육을 위하여 교차 학제적 사고를 해야 한다. 오늘의 종교교육은 고도의 다원주의적 상황에 처해 있는 회중을 위하여 만병 통치약식의 보편적 교육모델이 아니라, 특정한 신학적 관점과 오늘의 문화적 원천에 대한 교차 학제적 연구에 기초한 구체적 교육모델을 제시해야 한다. 셋째, 종교교육은 포스트 모던적 자아를 고려하는 가운데 다양한 형태의 개인 신앙 여정을 인정해야 한다. 넷째, 종교교육은 가정교육에 있어서 수사학적 합리성에 기초해야 한다. 가정을 위한 종교교육에 있어서 이러한 수사학적 합리성은 학자들로 하여금 가정에 대한 논의에 부모와 가정을 중요한 청중으로서 참여하도록 해주며, 더 나아가 더 넓은 공적 영역들을 포함하는 "합리적 의사소통 모델"을 가능하게 해준다는 것이다.

4. 회중 교수사역의 세 가지 주요과제

오스머의 교수사역 저서 중 가장 중요한 위치를 점하는 『교육목회의 새로운 패러다임』은 교수사역에 대한 새로운 지평을 열어주는 연구이다.[35] 이 책은 그가 강조하는 실천신학의 네 가지 중심과제, 즉, 기술적-경험적 차원, 해석적 차원, 규범적 차원, 실용적 차원의 과제 등에 기초하여 저술되었다. 이에 관한 내용은 잠시 후에 논하기로 하고, 여기에서는 바울서신에

---

[35] Richard Osmer, *The Teaching Ministry of Congregations*, 장신근 역, 『교육목회의 새로운 패러다임』(서울: 대한기독교서회, 2007).

기초하여 제시하는 세 가지 교수사역에 대하여 알아보기로 한다.

오스머는 오늘의 포스트모던 상황에서 교수사역의 규범을 바울서신에서 찾아내는데, 이를 위하여 현대 성서신학과의 대화를 시도한다. 세 가지 교수사역인 카테키시스, 훈계, 분별은 교회가 존재하는 한 영속적으로 수행되어야 하는데, 그 형태는 시대적 상황에 따라서 해석적이며 창조적이어야 한다. 사도 바울에게 있어서 이러한 세 가지 교수사역의 기초는 바로 로마서 6장에 나오는 세례였다. 여기에서 바울은 "너희에게 전하여 준바 교훈의 본"이라는 구절을 사용하는데, 오스머는 로마서의 회중들이 전해 받은 교훈의 본이 바로 세례의 패턴에 기초한 세 가지 교수사역이라고 본다. 바울에게 세례는 그리스도인이 어떻게 살아야 하는가에 대한 패러다임으로 작용하는데, 구체적으로 1) 그리스도의 구속으로 연합되는 패러다임, 2) 그리스도인의 순종 패러다임, 3) 그리스도 안에 있는 삶의 종말론적 패러다임이다.[36] 이러한 세례의 패러다임에 기초한 회중의 교수사역 목적은 다음과 같다.[37]

1) 그리스도인들로 하여금 그리스도 안에서 이루어진 세상을 향한 하나님의 구속에 대하여 좀 더 잘 이해하고 참여하도록 돕는 것을 모색한다.
2) 그리스도인들로 하여금 부활하셔서 우주를 다스리시는 주님 universal Lord 과의 관계 속에서 자라도록 돕는 길을 모색한다.
3) 기독교 공동체의 구성원들로 하여금 피조물을 위한 하나님의 약속된 미래를 지향하게 한다.

36   위의 책, 53.
37   위의 책, 57-58.

고린도전서 3-4장과 12-14장에 의하면 바울은 회중 가운데서 자신이 수행했던 교수사역의 가장 중요한 목적을 "사랑 가운데 교회를 세우는 일" 혹은 "회중 형성"으로 보았다. 이러한 "세움"또는 건설과 연관하여 오스머는 교수사역에 대한 다음 네 가지의 함의를 제시한다.[38]

1) 성령은 세움의 주체 agent 이시며 따라서 교수사역의 주체이시다.
2) 교수사역은 사랑 안에서의 세움이라는 규범을 확립한다.
3) 교수사역은 그리스도인들로 하여금 영적인 은사들을 인식하고 공언 claim 하도록 도와주며, 그들이 사역을 통하여 성장할 수 있도록 도와준다.
4) 지도자들은 모본 example 을 통하여 가르친다.

이상의 세례와 세움에 기초하여 오스머는 바울서신에 나타난 교수사역의 세 가지 과제를 제시한다.[39] 먼저, 카테키시스는 새롭게 그리스도인이 된 사람들에게 기독교 전통이나 구약성서에 관한 것들을 해석과정을 통하여 전달함으로써 기독교적 정체성을 형성해 나가도록 지원하는 교수사역으로 "신앙교육"과 연관되어 있다. 둘째, 훈계는 도덕형성, 도덕교육, 모범적인 실제 사례 등을 통하여 하나님의 사랑을 실현해 나가도록 돕는 교수사역이다. 이는 "도덕교육"으로 오늘로 말하자면 기독교 윤리교육이라 할 수 있다. 그리고 셋째, 분별은 불확실한 상황 속에서도 개인적이며 동시에 공동체적인 맥락에서 종말론적인 소망 안에서 하나님의 뜻을 인식하는 능력을 키우는 교수사역으로 "영성교육"과 연관되어 있다.

---

38 위의 책, 70-73.
39 위의 책, "제2장: 바울 교수사역의 세 가지 과제: 카테키시스, 훈계, 그리고 분별."

오스머는 이러한 바울의 세 가지 교수사역의 과제를 오늘의 상황에 적용하기 위하여 1) 실천 프레임^{회중형성}, 2) 커리큘럼 프레임^{회중교육}, 3) 리더십 프레임^{회중의 지도력}, 4) 필그림 프레임^{개인에 대한 회중적 지원} 등 네 가지 프레임과 연계시킨다. 그리고 오늘의 세계화와 포스트모던 시대의 맥락에서 한국^{서울의 소망교회}, 미국^{프린스턴의 낫소장로교회}, 남아공^{스텔른보쉬 연합개혁교회} 등의 세 회중을 대상으로 이러한 교수사역이 회중의 맥락에서 어떻게 이루어지고 있는지를 사례연구를 통하여 밝혀낸다.[40] 마지막 장에서는 위르겐 몰트만과 한스 우르스 폰 발타자르^{Hans Urs von Balthasar}의 신학^{하나님의 드라마}을 통하여 회중 교수사역을 위한 규범을 제시하고, 이에 기초하여 오늘의 상황에서 세 가지 교수사역의 과제를 실천하는 구체적인 방안을 제안한다.[41]

Ⅲ. 오스머의 실천신학 여정: 학문성과 현장성의 통합

1. 실천신학에서의 근대적 신학백과사전 전통에 대한 비판

오스머에 의하면 전통적으로 실천신학은 근대신학의 패러다임 안에서 학문적인 정체성을 제대로 인정받지 못하고 소위 "응용신학"^{applied theology}으로 간주되어 왔는데, 그 뿌리에는 근대의 신학백과사전적 신학 이해가

---

40 소망교회는 실천 프레임, 낫소장로교회는 커리큘럼 프레임, 스텔른보쉬 연합개혁교회는 리더십 프레임에 초점을 맞추어 사례연구를 시도하였으며, 필그림 프레임은 이상의 세 회중 모두를 대상으로 하였다.
41 위의 책, 제3부.

자리 잡고 있다. 근대 신학백과사전 전통은 근대 합리성 모델에 기초하고 있는데, 이러한 모델에서는 1) ^자연^과학이 합리성의 전형으로 간주되었으며, 2) 합리성은 점차 전문화된 연구프로그램의 형태를 띠게 되었고, 3) 실천이성은 순수연구의 발견을 적용하는 기술적 과업으로 간주되었다.[42] 슐라이어마허의 『신학연구개요』는 이러한 신학백과사전 전통을 잘 보여주는 신학 전반에 관한 안내서인데, 여기에서 신학은 세 가지로 구분된다.[43] 슐라이어마허는 신학을 나무에 비유하는데 철학신학, 역사신학, 실천신학 등은 각각 나무의 뿌리, 몸통, 수관에 해당한다. 실천신학이 수관에 해당한다는 것은 소위 이론신학인 철학신학과 역사신학의 연구결과를 그대로 이어받아서 적용하는 학문분과라는 뜻인데 ^릴레이 모델^ 슐라이어마허 이래 최근까지도 이러한 이해가 이어져 왔다. 여기에는 실천신학이 "연구나 이론구성과는 상관이 없고 다만 기술만을 다루는" 분야라는 전제가 깔려있다.[44]

오스머는 이러한 근대 신학백과사전 패러다임 안에서 실천실학은 자기 자신의 고유한 합리성을 가지지도 못하고, 소위 이론적 신학 분과의 연구 내용을 단지 적용하기만 하는 "응용신학"^applied theology^으로 전락하고, 기독교 실천의 개념도 목회를 위한 기술의 차원으로 축소되어 버린다고 비판한다. 그리고 이에 대한 대안적 형태의 실천신학을 모색하는 노력을 박사과정부터 지속적으로 수행해 왔다. 이러한 노력은 다음 세 가지로 요약할 수 있다. 첫째, 실천신학은 더이상 교회와 목회자의 사역에 초점을 맞춘 교회-목회 패러다임에 국한되지 않는다. 둘째, 실천신학은 자체의 고유한 이론을 구성해야 할 과제를 가지고 있다. 셋째, 실천신학은 다른 신학 분과 보다 더 직접적으로 변혁을 위한 방법론에 관여한다.[45]

---

42 Osmer, *Confirmation*.
43 위의 책, 220.
44 위의 책, 221.

2. 실천신학의 고유한 합리성 모색

오스머는 대안적 실천신학을 구성해 나가는 과정에서 가장 우선적인 과제 중의 하나가 바로 실천신학의 고유한 합리성을 회복하는 것이라고 본다. 앞에서 살펴본 것처럼 근대 신학백과사전적 패러다임에서는 객관성, 예측, 통제, 방법론적 반복가능성 등의 특징을 지닌 근대 자연과학의 합리성을 전형으로 삼으면서 합리성의 범위가 축소되어버렸다.[46] 이러한 맥락에서 그는 실천신학의 고유한 합리성의 회복을 위하여 칼 바르트 신학과 대화를 시도한다. 그는 바르트 신학에 기초하여, 신학은 고유하고 자생적 형태의 합리성을 가지고 있다고 주장한다. "신학은 고유의 주제와 대상을 소유하고 있으며, 그것이 신학의 독특한 탐구방법, 증명방식, 논증과정을 결정한다고 본다."[47] 이러한 논리에 의하면 신학의 각 영역은 각각의 고유한 관점에서 전체를 반복하는 것으로 이해되어야 한다. 이는 신학의 각 분야를 엄격한 경계를 지닌 전문 연구프로그램에 기초하는 것으로 보는 신학백과사전적 접근에 대한 비판이다.[48]

이런 맥락에서 신학의 각 영역은 다른 영역들과 변증법적이고 환원 불가능한 관계 속에 있다. 서로가 서로를 필요로 하는 것은 어떤 영역도 하나님의 신비를 완전히 포착할 수 없기 때문이다. 따라서 실천신학도 자신의 고유한 관점에서 신학의 전체 과제와 연관된 질문을 제기해야 한다. 실천신학은 이제 더 이상 목회사역에 대한 기술과 방법론만을 다루는 분과가

---

45   위의 책, 222.

46   Richard Osmer, "Rationality in Practical Theology: A Map of the Emerging Discussion," *International Journal of Practical Theology*, 1-1 (1997), 11.

47   Osmer, *Confirmation*, 223.

48   위의 책. "신학의 과제는 신학적 성찰의 여러 형태를 고유한 관점에서 신학의 과제 전체를 다시 생각하는 것으로, 환언하자면, 각 부분 안에서 나타나는 전체를 다루는 것으로 이해해야 한다."

아니라, 하나님에 대한 가장 근본적 질문을 제기해야 한다. 즉, 실천신학은 자신의 고유한 관점에서 신학의 전체 과제와 관련된 질문들을 제기해야 한다. 이러한 사실은 실천신학이 고유한 합리성을 소유한다는 것을 뜻한다.[49]

3. 횡단적 합리성에 기초한 학제대화

오스머의 교수사역과 실천신학 연구에 있어서 가장 큰 특징 중의 하나가 바로 다양한 학문 분야들과의 대화이다. 먼저 기독교 신학의 제 영역과의 대화에서 그는 성서신학 바울서신에 나타난 회중의 세 가지 교수사역의 과제, 교회사 견신례의 역사, 교수직, 교수권위에 대한 역사, 특히 교수직, 교수권위에 대한 종교개혁신학적 고찰, 조직신학 회중의 교수사역 규범을 위한 몰트만의 사회적 삼위일체론과 발타자르의 미학신학, 실천신학의 합리성 회복을 위한 바르트와의 대화 등, 실천신학 영성신학, 목회상담, 회중연구, 전도학, 선교학, 특히 선교적 교회론 등 등 거의 모든 신학 분야들과의 대화를 시도한다.

다음으로 일반학문과의 대화는 교육학 듀이의 실천-이론 교육철학, 교수학습방법론 등, 심리학 발달심리학, 가드너의 다중지능이론, 진화심리학 등, 뇌과학, 사회학 근대화이론, 세계화 이론 등, 문화인류학, 철학 비판적 실재론, 신아리스토텔레스주의적 실천이해 등, 수사학 새로운 실천신학의 합리성 모색, 과학 칼반 슈락과 벤츨 밴 호이스틴의 후기 토대주의 과학과 횡단적 합리성 등, 문학 아동 판타지 문학 등이다.

이러한 다양한 학제대화를 위하여 오스머는 후기 토대주의 철학에 기초한 "횡단적 합리성 모델"을 제시한다. 객관주의와 상대주의에 대한 대안적 관점인 후기 토대주의 철학에 의하면, "지식은 지역적이고 상황적인 local and contextual 사회적 실천, 언어, 가치들에 의하여 형성"되며, 인간은 "인지적, 가치론적, 실용적 차원 등과 같은 합리성의 자원을 소유하고 있다."[50] 우리

---

49   위의 책, 225.

인간은 이러한 합리성의 자원을 공유하지만 상이한 문화, 학문영역, 학제에 따라서 상이하게 발전할 수 있다는 것이다. 후기 토대주의는 "타인의 관점과 대화하기 위하여 자신들의 문화적 또는 학제적 컨텍스트를 넘어설 수 있는 인간 능력 또는 책무성 양자를 모두 강조하기 위하여" 횡단적 이성의 개념을 제시한다.[51] 횡단성이란 "자신의 것과 상이한 관점들을 가로질러 갈 수 있는 능력"이다.[52] 포스트모던적 다원주의 사회에서 우리는 이성을 횡단적으로 사용하여 "상이한 학제, 연구 분야, 그리고 문화들의 공통점overlaps과 차이점divergences을 탐구한다."[53]

횡단적 학제대화는 주로 타 학문의 합리성에 기초하여 학제대화를 시도하는 비판적상관관계 모델과, 동시에 타 학문의 합리성과의 통약불가성을 주장하는 변형모델과는 구별된다.[54] 횡단적 학제대화 방법은 먼저 신학적 합리성에 기초하여 자신의 정체성을 확고하게 세우는 가운데 대화를 시도한다. 그러나 이와 동시에 타 학문 분야들을 넘나들면서 이들의 합리성과도 대화를 시도한다. 즉 신학과 타 학문 분야 사이의 상이한 "연구 수사학"rhetoric of inquiry을 잘 인식하여 각자의 정체성을 지켜나가면서도 대화를 이어간다. 실천신학은 타 학문 분야의 고유한 인식론적 가치와 수사학적 규범에 기초한 합리성을 존중하는 가운데 대화를 한다. 이때 실천신학은 타 학문에서의 통찰력을 통하여 특정한 신학적 주제에 대한 자신의 이해를 수정하기도 하며, 반대로 타 학문의 이해를 수정하기도 하며, 때로는 타 학문의 방향에 목적과 목표를 제시하기도 한다.

---

50   Osmer, 『교육목회의 새로운 패러다임』, 595, 599.
51   위의 책, 603.
52   위의 책.
53   위의 책, 603.
54   Richard Osmer, "Toward a Transversal Model of Interdisciplinary Thinking in Practical Theology," in *The Evolution of Rationality: Interdisciplinary Essays in Honor of J. Wentzel van Huyssteen*, ed. F. L. Shults (Grand Rapids: Eerdmans, 2006), 339-41.

또한 횡단적 학제대화는 대화에 있어서 구체성 concreteness 을 강조한다. 여기에서 구체성이란 특정 방식으로 연구를 수행하는 특정 학자와, 이같은 특정 방식으로 연구를 수행하는 특정 신학자 사이에서 학제적 대화가 이루어진다는 것을 지칭한다. 또한 여기에서는 인간이 지닌 합리성의 보편적 자원을 인정하는 가운데, 문화적, 종교적, 그리고 학제적 경계가 지닌 투과성[침투성]을 강조하며, 간 종교, 간 문화, 간 학제 대화의 형태를 띠면서 자기 자신과 다른 관점들을 넘나드는 cross over 책무성를 강조한다.[55]

4. 실천신학의 "합의 모델"

앞에서 언급한 것처럼 오스머의 실천신학은 교수사역, 교수직, 교수권위, 교수방법론, 견신례교육, 영성교육, 선교교육 등과 같은 주제에 대한 연구와 연관하여, 또한 근대적 실천신학 이해에 대한 대안을 모색하는 가운데 점진적으로 발전해 왔으며, 『실천신학의 네 가지 중심과제』의 출판을 통하여 현재 전 세계적으로 가장 많이 활용되는 "합의 모델" consensus model 로 자리를 잡게 된다.[56] 이 모델에 의하면 실천신학은 "기독교 공동체의 지체들에게 특별한 사회적 맥락 안에서 어떤 실천을 수행하는 방법과 교회의 사명을 구현하는 법을 가르치는 기독교 신학의 한 분과다."[57]

실천신학은 또한 "어떻게"와 "왜"라고 하는 두 가지 중심적인 문제와 관련된다. 전자는 "기독교적인 실행과 사명에 관여하는 방법에 실천적인

---

55   Osmer, 『교육목회의 새로운 패러다임』, 603.
56   Bertrand, Dean, and rury, "An Introduction," 2.
57   Richard Osmer, "Practical Theology," in *Mapping Modern Theology: A Thematic and Historical Introduction*, ed. by. Kelly M. Kapic and Bruce L. McCormack, 박찬호 역, "13장: 실천신학," 『현대신학 지형도: 조직신학 각 주제에 대한 현대적 개관』 (서울: 새물결플러스, 2016), 534.

도움을 줄 수 있는 구체적인 가이드라인과 모델을 제공"하는 것과 연관되어 있다. 후자는 "왜 그런 행동들이 중요한지, 왜 그런 행동들이 하나님을 섬기고 영화롭게 하는 것인지, 그리고 왜 그런 행동들이 특별한 사회적 맥락에서 어떤 특정한 노선을 따를 때 가장 잘 수행될 수 있는지의 이유 역시 제공한다."[58] 새로운 패러다임의 실천신학은 다음과 같은 네 가지의 중심과제를 수행한다.[59]

1) 기술적-경험적 과제[제사장적 청취] : 무엇이 특수한 사회역사적 sociohistorical 맥락에 위치한 현대 신앙 공동체의 실천과 사명에서 이루어지고 있는가?

2) 해석적 과제[현자적 지혜] : 왜 이것은 그 특수한 공동체들 안에서 이루어지고, 어떻게 그것은 가장 잘 해석되고 설명되는가?

3) 규범적 과제[예언자적 분별] : 그 공동체들이 믿음에 신실하고 적절한 것이 되기 위해 무엇이 마땅히 진행되어야 하는가?

4) 실용적 과제[섬김의 리더십] : 어떤 실천적인 모델과 원칙이 공동체들로 하여금 자신의 원천과 환경의 관점에서 하나님의 백성으로 부르심을 받은 자신의 소명을 보다 잘 구현할 수 있게 해주는가?

실천신학의 이 같은 네 가지 중심과제는 『교육목회의 새로운 패러다임』에서 잠시 언급한 것처럼, 포스트모던 상황에 처해있는 오늘의 회중 교수사역을 위한 구성원리로 작용한다. 더 나아가 네 가지 중심과제는 기독교 공동체가 다양한 실천을 수행할 때 중심원리가 된다.

---

58   위의 책, 534.

59   Osmer, 『실천신학의 네 가지 중심과제』. Osmer, "13장: 실천신학," 533-72.

Ⅳ. 오스머 기독교 교육사상과 오늘의 기독교교육에 대한 함의

여기에서는 오스머의 실천신학적 기독교 교육사상이 오늘의 기독교교육을 향한 함의가 무엇인지 논의한다. 오늘의 기독교교육이 처한 상황은 "포스트 코로나"라는 말로 요약될 수 있을 것이다. 지구적 코로나 바이러스 COVID 19 팬데믹으로 지난 몇 년간 지구촌은 정치, 경제, 문화, 종교 등 모든 영역에서 엄청난, 그야말로 누구도 경험하지 못한 전대미문의, 충격과 위기를 경험하였다. 이로 인하여 교회를 비롯한 다양한 기독교교육의 현장에서 현장교육이 제대로 실시되지 못하고, 온라인을 통하여 그야말로 명맥을 유지하는 수준의 교육이 이루어져 왔다. 그런데 우리는 코로나 팬데믹을 단순히 코로나 바이러스가 전 지구적으로 퍼져나간 현상이라는 것을 넘어서서, 인간중심주의로 이루어져 온 우리들의 삶의 양태무한 소비주의, 경제적 양극화, 생태계 파괴 등에 대한 지구생태계의 반격이라는 넓은 관점에서 해석하고 이해해야 할 것이다.

이러한 맥락에서 오늘의 기독교교육은 포스트 코로나 시대를 위한 대안적 형태의 교육을 다양한 각도에서 준비해 나가야 할 것이다. 더 나아가 이러한 대안적 기독교교육은 단기 처방과 프로그램이 아니라 성서적, 신학적 관점에 충실하면서도 오늘의 시대와 지속적으로 대화하는 통전적 기독교교육을 지향해야 할 것이다. 이를 염두에 두고 오스머의 기독교 교육사상에 기초하여, 포스트 코로나 시대의 대안적 기독교교육 형성을 위해서 어떠한 과제들이 수행되어야 할지를 제안한다.

1. 성서적 · 신학적 관점에 기초한 견고한 정체성 형성

포스트 코로나 시대를 위한 대안적 형태의 교육은 무엇보다 오늘의 다원주의적 상황에서 살아가는 하나님의 백성들에게, 구체적으로는 회중들에게, 확고한 기독교적 정체성을 세워주는 교육이 되어야 할 것이다. 상대주의적 신념, 가치, 그리고 윤리가 지속적으로 강화되고 있는 오늘의 상황은 포스트 코로나 시대에도 우리들의 삶의 전반에 걸쳐서 더욱 강력한 힘으로 작용할 것으로 예상된다. 코로나 사태로 인하여 개인 사이의 사회적 거리두기는 일차적으로는 물리적 현상이지만, 심리적으로도 개인적 고립과 소외를 강화시키는 역할을 하고 있다. 포스트 코로나 시대에는 이러한 두려움과 공포로 인한 개인주의 현상의 심화와 더불어, 이에 기인하는 상대주의적 현상도 더욱 강화될 것으로 예상되는데, 이는 계속 기독교교육에 대한 중대한 도전으로 작용할 것이다.

오스머의 교육사상은 오늘의 다원주의적 상황에서 살아가는 하나님의 백성들에게 확고한 기독교적 정체성을 세워주는 기독교교육 모델 구성을 위한 매우 소중한 원리와 실례가 될 수 있다. 그의 교수사역과 실천신학적 관점은 처음부터 지금까지 일관되게 성서적, 신학적 기반에 충실한 모습을 보여준다. 예를 들어, 회중 교수사역의 원리와 규범을 위한 바울서신의 교수사역, 교회의 다섯 가지 핵심 사역 영역의 기초로서 크리스토 프락시스, 회중 교수사역의 구성원리로서 사회적 삼위일체론, 교수직과 교수권위 회복을 위한 칼뱅신학, 실천신학의 합리성을 위한 바르트 신학 등을 실례로 들 수 있을 것이다. 그러나 이러한 정체성의 차원은 아래에서 살펴볼 관계성 혹은 시대적 적합성의 차원과 분리되지 않고, 상호 연계적으로 상호의존적으로 연결되어 있다. 또한 앞에서 본 것처럼 다양한 성서적, 신학적 관점과 대화하지만, 그는 자신의 개혁신학적 관점 칼뱅, 바르트, 몰트만에 확고하게 서서 이러한 대화를 시도한다. 이처럼 다양한 성서적, 신학적 관점들과의 대화를 시도하면서도 개혁신학을 통하여 신학적 주체성을 세워나가는 것은 포스트 코로나 기독교교육을 모색하는 과정에서 가장 우선적으로 고려해야 할 부분일 것이다.

2. 구체적 회중을 위한 교수사역의 중요성

포스트 코로나 시대를 위한 대안적 형태의 교육은 기독교교육의 중심 현장인 지역교회의 회중을 새롭게 세워나가는edification 사역의 중요성을 일깨우고, 이를 실천해 나가는 창조적 교육이 되어야 한다. 한국교회는 지금까지 주일 예배, 특히 설교사역 중심의 목회에 강조점을 둠으로서 교육사역의 중요성을 간과해 왔고, 이번 코로나 사태는 이러한 현상을 더욱 악화시켰다고 할 수 있다. 사태의 급박함으로 인하여 온라인 예배 위주의 사역이 지속되었고, 그 밖의 교수사역은 거의 이루어지지 않았다. 포스트 코로나 시대에도 이러한 상황이 개선되지 않는다면, 특히 성인 교수사역은 심각한 위기를 맞게 될 것이다. 배움의 영을 상실한 교회는 개혁교회의 핵심 중의 핵심을 잃어버리는 것이다.

오스머의 교수사역론은 포스트 코로나 시대 한국교회의 교수사역 강화를 위한 중요한 이론적 원리와 실천 방법론을 동시에 제공한다. 전통적으로 기독교적, 성서적 신앙형성과 변형의 가장 중요하고 구체적인 현장은 바로 회중이다. 회중 교수사역에서 일차적으로 중요한 것은 오스머가 지적한 것처럼 배움의 영, 교수직, 교수권위 등을 회복하고, 동시에 교수사역이 영속적으로 잘 실천되기 위한 조직, 제도, 체제, 교육과정 등을 마련하는 것이다. 하나님 앞에서 나 자신이 죄인이며, 하나님에 대한 우리의 인식은 한계가 있고, 우리는 하나님의 학생이며, 교회는 우리의 성화를 위한 학교라는 의식과 풍토를 교회 안에서 회복하는 것이 일차적인 과제이다. 배움의 영은 개혁교회 전통에서 매우 중요한 경건의 한 형태라는 것을 일깨우는 것은 매우 중요한 과제이다.

이와 더불어 회중 내에 다중적 차원의 교수직과 권위의 회복을 위하여 노력해야 할 것이다. 가장 시급한 것 중의 하나가 "가정에서 부모의 교수직과 교수권위의 회복"이라 할 수 있다. 온라인 예배로 인하여 가정에서 부모와의 신앙교육을 위한 접촉이 좀 더 많아진 기회를 계기로 포스트 코로나 시대에는 가정의 일차적 신앙교육적 기능 회복을 위한 부모의 교수직과 교수 권위의 회복이 어느 때 보다 요청된다.

더 나아가 이러한 회중의 교수사역이 일회적이고 단기적 열정으로 끝나지 않고 다양한 교육 기구, 제도, 교육과정 등을 통하여 지속되어 갈 수 있도록 구조화, 제도화, 기구화해 나가는 노력을 계속해 나가는 것이 포스트 코로나 시대의 회중 교수사역을 위하여 함께 수행해야 할 과제이다. 먼저, 이를 위한 평생교육과 세대 통합적 관점에서 장단기 교육정책을 세우고, 필요한 영적, 물적, 인적 자원을 확보하여 단계별로 실현해 나가는 지속적이고 체계적 노력이 요구된다.

3. 세상과의 소통 및 공동선을 위한 횡단적 학제대화

포스트 코로나 시대를 위한 대안적 형태의 기독교교육은 세상과의 소통을 위한 학제 대화 능력을 양육해 나가고 공동선에 기여해야 한다. 코로나 사태 이전도 마찬가지였지만, 이번 사태를 통하여 한국교회가 사회와의 소통에 여전히 미숙하고 폐쇄적이라는 것이 여실히 드러났다. 이것은 동시에 한국교회의 공공성의 부족을 의미하기도 한다. 코로나 사태에 직면하여 한국교회는 다양한 학문 및 관점들과의 대화를 통하여 사태를 잘 파악하고 자신의 사명을 수행하기보다는, 신학과 성서에 대한 문자적 해석에 기초하여 이를 왜곡되게 해석하거나, 공적공동체로서 공중보건과 안전을 위한 일에 앞장을 서야 함에도 불구하고 근본주의 신학적 관점에서 공적 통제와 감시를 신앙 자유의 침해로 과장하고 왜곡하는 일들이 빈번하게 발생하였다. 이러한 신앙의 관계성에 대한 문제는 정체성의 문제와 상호의존적이다. 올바른 정체성 위에서 올바른 관계성이 세워질 수 있는 것이다. 양자는 서로 영향을 끼치며 상호의존적이다.

오스머의 교수사역과 실천신학적 접근에서 시도되었던 다양한 형태의 학제 대화는 포스트 코로나 시대의 기독교교육학과 실천신학적 학제 대화에 좋은 모델이 된다. 먼저 오늘의 포스트 코로나 상황에서 유래하는 다양한 이슈들에 대하여 기독교교육학과 신학 내의 다양한 분과들 사이의 상호적이고 호혜적 대화가 이루어져야 하고, 동시에 타 학문과 문화적 관점들과의 대화가 다양하게 이루어져야 한다.[60] 여기에는 재난 시 인간에게 나타나는 이기주의, 고립, 배척, 폐쇄, 차별, 폭력, 혐오 등과 이를 극복하기 위한 인간 번영을 위한 생명, 상생, 공생, 포용, 치유, 회복 등과 같은 이슈들이 포함되어야 한다.[61] 오스머가 제안하는 횡단적 학제 대화의 원리는 두 가지로 요약할 수 있다. 첫째, 대화 파트너와 만날 수 있는 공통부분과 그렇지 못한 부분을 분명히 구분하라. 둘째, 구체적 대화 파트너와 대화를 위한 구체적 이슈를 정하라.

---

60 이에 대한 좋은 실례로 다음을 참고할 것. 박경수, 이상억, 김정형 편, 『재난과 교회: 코로나 19 그리고 그 이후를 위한 신학적 성찰』(서울: 장로회신학대학교출판부, 2020). 신형섭, 박재필, 김성중 편, 『재난과 교회: 코로나19 그리고 그 이후를 위한 목회적·교육적 성찰』(서울: 장로회신학대학교출판부, 2020).

61 장신근, "코로나 19를 통해 보는 교회교육의 공적 사명과 역할," 『교육교회』 404 (2020), 17.

학제 대화와 더불어 오스머가 공동의 선에 대한 회중의 공헌을 강조한 것처럼, 포스트 코로나 기독교교육학에서는 특히 재난과 위기의 시대에 약자를 위한 하나님의 사랑을 실천하고, 공적 영역과 담론에 참여하고, 민주시민의 품성을 양육하는 교육에 더욱 강조점을 두어야 할 것이다. 이러한 공동선을 추구하는 기독교교육은 한국사회에서 한국교회의 대사회 지도력 회복을 위해서도 매우 시급한 교육이며, 교회에서 뿐 아니라 가정, 학교, 지역사회 등과의 상호연계와 협력 가운데서 이루어져야 한다.

4. 학문성과 현장성을 통합하는 실천신학

포스트 코로나 시대를 위한 대안적 형태의 교육은 학문성과 현장성이 통합된 실천신학 모델을 필요로 한다. 한국적 상황에서 오늘의 실천신학은 여전히 현장과는 분리된 이론적 논의에 머물러 있는 경우가 많다. 실천신학자들은 주로 이론적 차원에만 몰두하고, 교회 현장에서는 교회의 실천에 대한 실천신학적 성찰이 부족하거나 전무한 것이 오늘의 상황이다. 재난의 상황에서 발생하는 다양한 이슈들에 대한 실천신학적 성찰과 처방이 제대로 이루어지지 않음으로 인하여, 회중들은 일상의 삶에서 이러한 것들을 신앙적 관점에서 어떻게 대처해 나갈지에 대한 규범과 구체적인 가이드라인을 제공받지 못하고 있다. 포스트 코로나 시대에는 이러한 이슈들을 해결하기 위하여 학문성과 현장성이 통합된 실천신학 모델이 요구된다.

오스머의 실천신학적 접근은 학문성과 현장성이 통합된 실천신학 구성에 아주 중요한 모델이다. 먼저 학문적 차원에서 포스트 코로나 시대의 실천신학은 응용신학의 패러다임에서 벗어나서, 단순한 목회의 방법론과 프로그램만을 제시하는 것이 아니라 기술적-경험적, 해석적, 규범적, 실용적 차원에서의 과제를 상호연관적으로 수행해야 한다. 즉, "어떻게"와 "왜"를 상호연관 시켜나가야 한다. 특히 전통적 실천신학에서 부족했던 "왜"의 문제를 세상을 향한 하나님의 목적과 뜻이라는 관점에서 제시해야 한다.

다음으로 현장성의 차원에서 포스트 코로나 시대의 실천신학은 오스머가 강조한 것처럼 목회자와 회중을 실천신학자로 양육하는 사역에 집중해야 한다. 목회자의 경우 신학교육을 통한 실천신학 교육인데 오스머가 제시하는 다음과 같은 교육전략을 참고할 필요가 있다.[62]

1) 실용적 과제를 가르침에 있어 모델 제시와 학생 수행 사이의 상호작용
2) 구체적인 사건, 정황, 상황과의 관계 속에서 실천신학적 해석을 실천하기 위해 사례연구와 결정적 사건에 관한 보고서 활용하기
3) 과제수행 능력과 실천신학적 해석을 통합하도록 반복해서 질문하기
4) 사례연구, 결정적 사건, 실천 등과 긴밀하게 연결된 해석이론
5) 수행과 자기성찰의 포트폴리오

실천신학자로서의 회중 양육을 위한 교육은 기독교의 핵심 교리와 실천을 오늘의 상황과의 대화를 통하여 새롭게 해석, 성찰, 분별하여, 일상의 삶에서 실천해 나가는 능력을 구비시키는 교육이다. 목회자 뿐 아니라, 특히 회중을 이러한 의미의 평신도 실천신학자로 양육해 나가는 사역을 통하여 이들을 주체적인 신앙인으로 세워나감으로써 교회와 사회 개혁이 가능해진다. 통전적 신학과 성서적 신앙에 기초한 평신도 실천신학자 양육은 포스트 코로나 기독교육의 중요한 과제이다.

---

62   Osmer, 『실천신학의 네 가지 중심과제』, 334-40.

5. 회중 사역의 통합에 대한 실천신학적 관점

포스트 코로나 시대를 위한 대안적 형태의 교육은 교회의 본질적 사역에 대한 보다 광범위하고 통합적 관점을 제공해 주는 실천신학적 접근을 요구한다. 한국에서의 실천신학은 전통적으로 각 하위 분야들이 서로 분리되어 있고, 대화도 여전히 부족한 형편이다. 각 하위 분야들은 근대 신학백과 사전의 패러다임에 기초하여 전문화된 학문분야^{교육학, 상담학, 심리학, 예배·설교학 등}에 기초하여 세분화되어 있고, 이를 통합하는 관점과 노력이 부재해 왔다. 신학교육 현장에서도 실천신학의 각 하위분과 사이의 융합적 수업이 제한된 범위에서만 이루어지고 있는 형편이다. 이러한 상황은 특히 코로나 위기와 같은 이슈에 직면하여 이를 극복해 나가는데 필요한 사역에 대한 통합적 시각을 가질 수 없게 만든다. 기독교교육학, 예배·설교학, 영성학, 목회상담학, 기독교사회복지학, 기독교윤리학, 선교학 등이 각각의 관점에서 사역의 방향과 방법을 제시하다 보니 사역의 현장에서는 혼란을 느끼게 된다.

앞에서 본 것처럼 오스머는 교수사역에서부터 시작하여 실천신학의 여러 영역을 회중의 사역이라는 관점에서 통합해 나가는 모습을 보여주었다. 한국에서는 "교육목회"라는 이름으로 이와 유사하게 예배, 선교, 교육, 봉사, 친교 등의 회중 사역 전 영역을 통합적으로 바라보려는 시도가 이어져 오고 있다. 하지만 상호성이 결여되어 기독교교육에 지나친 방점이 찍히게 되면 횡단적 학제 대화가 되지 못하는 경향이 있다. 따라서 오스머의 실천신학적 접근, 특히 하나님의 프락시스 개념을 통하여 이를 통합해 나가는 시도가 필요하다. 교회의 전 사역을 각 각의 전문화되고 상호분리된 영역이 아닌, 하나님의 프락시스, 즉 크리스토 프락시스^{마르투리아, 디아코니아, 독솔로지, 디다케, 코이노니아}에 참여하는 것으로 간주하면서 각 영역 사이의 교차적 대화를 통하여 회중 사역에 대한 통합적 혹은 융합적 관점과 방법을 제시하는 것이다. 이에 대한 자세한 논의는 지면의 제한으로 다음으로 미루기로 한다. 회중 사역의 통합을 위해서는 신학교육의 개혁, 특히 실천신학교육의 개혁이 전제되어야 한다.

나가는 말

기독교교육학과 실천신학에 대한 오스머의 사상은 최근 새로운 국면에 들어섰다. 두 가지 만을 언급하고자 한다. 첫째, 개혁신학과 실천에 기초한 영성에 대한 관심이다. 그 자신이 이그나티우스 전통에 있는 메노나이트 영성지도 과정에서 직접 훈련을 받기도 하였고, 교수-학습 과정에 이를 적용하고, 2015년에는 개혁신학 전통에 기초하여 *Spiritual Companioning* 이라는 영성 형성 안내서를 출판하기도 하였다. 여기에서 그는 기독교 영성을 "성령의 현존 안에서 그 능력으로 살아가는 모든 것에 관한 것이다. 그것은 그리스도와 하나 되고, 하나님과 이웃을 자신처럼 사랑하며, 기독교 공동체 안에서 삼위일체 하나님과 교제 가운데 살아가기 위한 탐색seeking의 기초를 형성"하는 것이라 정의한다.[63] 그는 개혁신학의 전통에 터하여, 영성 이해에 있어서 특히 성서와 회중 안에서의 "영성 형성"과 "동반"을 강조한다.

---

63   Richard Osmer, Angela Reed, and Marcus Smucker, *Spiritual Companioning: A Guide to Protestant Theology and Practice* (Grand Rapids, MI: Wm. B. Eerdmans Pub. Co. 2015), xviii.

둘째, 선교 신학과의 활발한 대화이다. 2012년부터 2018년 은퇴까지 그는 기독교교육학 석좌교수를 떠나서 자원하여 선교학 및 전도학 석좌교수로 재직하였는데 이러한 변화는 기독교교육에 대한 그의 관심이 회중 사역의 여러 분야로 확대되어 가는 과정과 연관되어 있다. 오스머는 실천신학적 관점에서 "선교적 교회론"과의 대화를 시도한다. 특히 그는 과거에 몰트만 신학과 대화를 많이 시도해왔으나, 최근에는 바르트 신학에 기초하여 전도학과 선교학의 관점에서 실천신학 연구를 계속하고 있다.[64] 이러한 변화는 최근 미국교회 회중들의 신앙의 질이 저하되고 동시에 복음 전도의 기회와 열정도 줄어드는 상황에 직면하여 복음 전도와 선교 신학에 관심을 가지게 된 것이라 할 수 있다. 이러한 맥락에서 그는 최근 자신의 사상이 과거보다 "신학적 확신", "인식론에 우선하는 존재론", "기독론 중심 삼위일체론", "하나님의 미션과 관련된 교회의 미션", "예수 그리스도 안에 나타난 우리를 위한 하나님", 그리고 "하나님의 행위로서 구원행위" 등의 주제에 더 강조점을 두는 방향으로 나아가고 있다고 고백한다.[65]

---

64 Richard Osmer, *The Invitation: A Theology of Evangelism* (Grand Rapids, MI: Wm. B. Eerdmans Pub. Co. 2021).

65 Osmer, "Consensus and Conflict in Practical Theology: Reflections," 220-23. 오스머는 복음전도와 선교신학을 실천신학적인 관점에서 접근하면서 최근 자신의 생각이 어떻게 변했는지를 바르트 신학에 기초하여 다음과 같이 요약한다.

　　1. 실천신학자들이 연구와 저술에서 본질적인 신학적 확신을 전면에 내세우는 것은 매우 중요하다. 바르트의 선택론과 화해론은 복음전도에 있어서, 특히 선교적 교회론에 있어서 매우 유용하다. 이러한 관점에서 복음전도는 교회의 증언 가운데 하나이다. 선교의 실천신학은 특정한 시공간에 있는 회중의 선교적 증언을 연구하고, 비판하고, 지도하는 것이다.

　　2. 실천신학에서는 인식론보다 존재론이 우선권을 가진다. 하나님의 존재가 하나님에 대한 우리들의 지식을 결정한다. 이것은 흔히 바르트의 실행주의/현실성주의(actualism)라고 한다. 하나님의 행위 안에 하나님의 존재가 있다. 이것은 우리가 인식할 수 있는 것과 인식할 수 없는 것에서부터 시작하는 근대적, 포스트모던적 사고를 뒤집는 것이다. 우리는 하나님께서 자신을 우리에게 주실 때만 하나님을 알 수 있다. 그리고 이것은 독특하고, 누구도 능가할 수 없는(unsurpassable) 방식으로 예수 그리스도 안에서 일어난다.

　　3. 바르트의 기독론중심적 삼위일체론은 우리가 신학을 수행해 나가는데 중요한 함의를 지닌다. 이것은 성서에 대한 특별한 주의를 기울이도록 한다. 성서에는 예수 그리스도 안에서 이루어진 하나님의 화해 이야기가 나타난다. 이러한 다양한 성서의 내용은 하나님 지식에 관한 가장 중요한 원천(source)이다. 이것은 우리에게 하나님이 누구이시며, 과거에 하나님이

마지막으로 오스머의 전체 사상에 대한 비판적 평가는 자주 제기되는 다음의 질문에 대한 간단한 답으로 대신하고자 한다. 즉, 학문적 여정을 시작한 초기부터 기독교교육학에 대한 실천신학적 접근과 횡단적 학제 대화를 지속적으로 이어온 그의 접근 방법이 기독교교육학의 정체성을 약화시키는 것이 아닌가? 이에 대하여, 필자는 이러한 접근이야말로 오히려 오늘의 다원주의적 상황에서 기독교교육학이 대화적이면서도 확고한 정체성을 지닌 학문으로 존립하기 위하여 필수적이라고 판단한다. 기독교교육학의 올바른 정체성은 신학의 다른 분야들과의 동등한 학문적 대화가 이루어질

어떻게 행동하셨고, 하나님의 백성이 무엇을 해야 하며 어떤 방식으로 존재해야 하는지를 알려준다,

4. 성서의 하나님 증언이라는 중심내용, 즉 예수 그리스도 안에 나타난 우리를 위한 하나님은 실천신학이 다양한 신학들과 대화하도록 인도한다. 이 신학들은 교회가 하나님을 예배하고 섬기는데 있어서 안내와 비판을 제시한다. 실천신학은 철학과 과학과의 대화 이전에 성서학, 교리학, 교회사, 기독교윤리 등과 우선적으로 대화해야 한다. 오늘의 실천신학이 직면한 가장 중요한 도전은 상관관계 모델을 넘어서서 다른 신학 분야들을 실천신학의 대화에 참여시키는 법을 발견하는 것이다.

5. 복음전도에 관한 나의 관심은 다음과 같은 기초 질문을 새롭게 하도록 했다. 복음은 무엇인가? 교회가 복음을 증언한다는 것은 무슨 뜻인가? 하나님의 미션과 관련된 교회의 미션은 무엇인가? 최근 복음전도에 대한 나의 생각은 세상에서 예수 그리스도 가운데 나타난 하나님의 화해에 대한 이해를 증진시키는 것에 초점이 맞추어져 있다.

6. 성서에 나오는 이 세상에서의 예수 그리스도를 통한 하나님의 화해는 이미 성취된 현실, 즉 그 범위에 있어서 보편적이라는 것이다. 구원의 순간(soteriological moments)은 그리스도를 향한 결단에서 이루어지는 것이 아니라, 그것은 하나님의 행위이다. 그것은 이미 예수 그리스도의 삶, 죽음, 부활에서 일어났다. 그것이 구원의 순간이다. 우리가 이미 성취된 구원을 전유하는 것은 시간과 공간 속에서 단일한 형태로 일어나지 않는다. 복음에 대한 응답을 동일한 패턴으로 강요하는 것은 성서적이지 않고 인간을 구원의 도구로 지나치게 과장하는 것이다.

7. 회중이 복음에 대한 일차적 해석을 대표한다고 하는 레슬리 비긴의 말에 동의한다. 복음에 관하여 처음 듣고 보는 것은 바로 구체적인 공동체의 제자들이 공유하는 삶을 통해서이다. 이런 차원에서 회중은 일차적 전도자(evangelist)다. 회중은 그들의 삶 가운데서 함께 화해의 영성을 구체화해야 하며, 세상에서 그 화해를 실천해야 한다. 화해하는 공동체로서 회중은 자신이 세상과의 대척점에 서 있어도 세상과 연대해야 한다. 그 이유는 하나님이 그들을 사랑하셨고, 그리스도 안에서 하나님과 화해되었기 때문이며, 세상이 이러한 화해가 모두에게 계시되는 그때를 향하여 나아가고 있기 때문이다.

8. 복음전도는 타인들과 화해의 복음을 함께 나누는 것인데, 다양한 방식으로 이루어진다. 복음전도의 접근법과 모델들은 변화될 수 있다. 그것은 컨텍스트 의존적이다. 주류교회들이 복음전도에 잘 참여하지 않는다는 사실에 대하여 실천신학자들은 무엇이라고 해야하는가?

때 가능하다. 교육학을 비롯하여 지나치게 사회과학에 의존하거나, 혹은 자신을 응용신학의 한 부분으로 간주하는 경우, 기독교교육학의 진정한 학문적 정체성 형성은 불가능해진다. 다만, 우리가 그와 대화하면서 기억해야 할 한 가지 사실은 그의 사상이 북미라고 하는 특정한 맥락에서 이루어졌다는 것이다. 그러나 동시에 오늘을 살아가는 우리는 지구화의 상황에서 상당히 많은 부분들을 공유하고 있는 것도 사실이다.

이상에서 살펴본 바와 같이 일평생 개혁신학 전통에 든든히 서서 기독교교육과 실천신학이 전개되는 컨텍스트와 끊임없이 대화를 시도해온 오스머의 실천적이며, 열정적이고, 창조적 신학 함은 오늘의 포스트 코로나 시대의 기독교교육의 방향을 위한 믿음직한 지표가 되어주리라 생각하며 그의 학문적 업적에 감사와 경의를 표한다.

참고문헌

1차 자료: 오스머의 저서와 논문 (최근 출판 순)

Bixler, Sarah, ed. *Collected Essays of Richard R. Osmer*. Seattle: Kindle Direct Publishing 2022. (1985년에서 2022년까지 발표한 논문 48편 모음집)

Mikoski, Gordon, and Richard Osmer. *With Piety and Learning: The History of Practical Theology at Princeton Theological Seminary 1812-2012*. Zurich: LIT, 2011.

Osmer, Richard. *The Invitation: A Theology of Evangelism*. Grand Rapids, MI: Wm. B. Eerdmans Pub. Co. 2021.

_____, Hyun-Sook Kim, and Friedrich Schweitzer. *The Future of Protestant Religious Education in an Age of Globalization*. Münster: Waxmann, 2018.

_____, and Katherine Douglass. *Cultivating Teen Faith: Insights from the Confirmation Project*. Grand Rapids, MI: Wm. B. Eerdmans Pub. Co. 2018.

_____, Angela Reed, and Marcus Smucker. *Spiritual Companioning: A Guide to Protestant Theology and Practice*. Grand Rapids, MI: Baker, 2015.

_____. "Practical Theology." In *Mapping Modern Theology: A Thematic and Histori-cal Introduction*. Edited by Kelly M. Kapic and Bruce L. McCormack. 박찬호 역. "실천신학."『현대신학 지형도: 조직신학 각 주제에 대한 현대적 개관』. 서울: 새물결플러스, 2016, 533-71.

_____. *Practical Theology: An Introduction*. 김현애, 김정형 역.『실천신학의 네 가지 중심과제』. 서울: 예배와 설교 아카데미, 2012.

_____. "Toward a Transversal Model of Interdisciplinary Thinking in Practical Theology." In *The Evolution of Rationality: Interdisciplinary Essays in Honor of J. Wentzel van Huyssteen*, edited by F. Shults, 327-45. Grand Rapids: Eerdmans, 2006.

_____. *The Teaching Ministry of Congregations*. 장신근 역.『교육목회의 새로운 패러다임』. 서울: 대한기독교서회, 2007.

_____. "Rhetoric and Practical Theology: Toward a New Paradigm." In *To Teach, To Delight, and To Move: Theological Education in a Post-Christian World*, edited by David Cunningham, 171-99. Eugen: Cascade Books, 2004.

_____, and Friedrich Schweitzer. *Religious Education Between Modernization and Globalization*. Grand Rapids: Eerdmans, 2003.

_____. "Globalization, Global Reflexivity, and Faith Development Theory: The Continuing Contribution of Fowler's Research." In *Developing a Public Faith: New Directions in Practical Theology*. Edited by Richard Osmer and Friedrich Schweitzer. 연세 기독교교 육학 포럼 역. "세계화, 세계적 성찰성 그리고 신앙 발달이론: 파울러 연구의 지속적 공헌."『공적신앙과 실천신학』. 서울: 대한기독교서회, 2005, 222-44.

_____. "The Teaching Ministry in a Multicultural World." In *Religion, Globaliza-tion, and Spheres of Life*, edited by Max Stackhouse, 37-75. Grand Rapids: Eerdmans, 2000.

_____. "Rationality in Practical Theology: A Map of the Emerging Discussion." *International Journal of Practical Theology* 1 (1997), 11-40.

_____. *Confirmation: Presbyterian Practices in Ecumenical Perspective*. Louisville: Geneva Press, 1995.

_____. *Teaching for Faith: A Guide for Leaders of Adult Groups*. 사미자 역.『신앙교육을 위한 교수방법』. 서울: 한국장로교출판사. 1995.

_____. "Teaching as Practical Theology: Methodological Reflections." In *Religious Education and Theology*. Edited by Norma Thompson. 김재은, 임영택 역. "제12장: 실천신학으로서의 교육."『기독교교육과 신학의 대화』. 서울: 성광문화사, 1994, 320-50.

_____. *A Teachable Spirit: Recovering the Teaching Office in the Church*. 박봉수 역.『교육목회의 회복』. 서울: 한국장로교출판사, 1996.

_____. "Practical Theology and Contemporary Christian Education: An Historical and Constructive Analysis." 2 Vols. Ph.D. Dissertation, Emory University, Atlanta, GA, 1985.

2차 자료

박경수, 이상억, 김정형 편. 『재난과 교회: 코로나19 그리고 그 이후를 위한 신학적 성찰』. 서울: 장로회신학대학교출판부, 2020.

신형섭, 박재필, 김성중 편. 『재난과 교회: 코로나19 그리고 그 이후를 위한 목회적·교육적 성찰』. 서울: 장로회신학대학교출판부, 2020.

장신근. "코로나 19를 통해 보는 교회교육의 공적 사명과 역할." 『교육교회』 404 (2020), 15-22.

_____. "한국교회 견신례 교육의 대안적 방향에 관한 연구." 『기독교교육논총』 75 (2023), 7-31.

Bertrand, Blair, Kenda Dean, and Amanda Drury, eds. *Consensus and Conflict: Practical Theology for Congregations in the Work of Richard R. Osmer*. Eugen: Cascade Books, 2019.

Dawson, Kathy. "Richard Robert Osmer." 20th Century Christian Educators. https://www.biola.edu/talbot/ce20/database/richard-robert-osmer [2024년 3월 4일 접속].

Smart, James. *The Teaching Ministry of the Church*. Philadelphia: The Westminster Press, 1954.

제 7 장

공적 실천신학의 관점에서 본 집중 손인웅 목사의 목회

들어가는 말

지역교회는 실천신학의 가장 핵심적인 실천 현장 가운데 하나이다. 지역교회 혹은 구체적 회중에 대한 관심이 결여된 실천신학에서는 실천적 전략 혹은 방법을 소홀히 다루게 되고, 이론의 차원에 집착하게 되며, 이상적 논리만을 내세울 가능성이 높아진다. 이러한 이유로 실천신학자들은 회중연구congregation study를 통하여 자신들의 이론을 특정한 지리적, 역사적, 사회적, 문화적, 정치적, 신앙적 상황에서 존재하는 구체적 회중 혹은 교회 현장과 연계하여 이를 검증하는 노력을 계속 기울여 왔다. 예를 들어, 제임스 파울러, 단 브라우닝, 리차드 오스머와 같은 실천신학자들은 모두 자신의 실천신학적 이론을 구체적 회중과의 대화를 통하여 정립해가는 것을 볼 수 있다.[1] 이런 맥락에서, 오늘의 한국교회와 목회자에 대한 실천신학적 연구는 필수적이라 할 수 있다.

이 장에서는 서울 성북구 성북동에 위치한 예장 통합 소속의 덕수교회와 그곳에서 지역사회와 한국교회 및 사회를 향한 화해, 섬김, 일치의 사역을 감당해온 집중執中 손인웅 목사의 목회를 공적 실천신학의 관점에서

---

[1] 예를 들어, James Hopewell의 경우, *Congregation: Stories and Structures* (Philadelphia: Fortress Press, 1987)에서 Bigelow Methodist Church, Corinth Methodist Church, Corinth Baptist Church와, James Fowler의 경우 *Weaving the New Creation*, 박봉수 역, 『변화하는 시대를 위한 기독교교육』(서울: 한국장로교출판사, 1996)에서 Cornerstone African Methodist Episcopal Church, Saint Stephen Episcopal Church, Covenant Baptist Church와, Don Browning 의 경우 *A Fundamental Practical Theology: Descriptive and Strategic Proposals* (Minneapolis: Fortress Press, 1996)에서 Wiltshire Church와, Richard Osmer의 경우, *The Teaching Ministry of Congregation*, 장신근 역, 『교육목회의 새로운 패러다임』(서울: 대한기독교서회, 2007)에서 소망장로교회(서울), Nassau Presbyterian Church (Princeton, NJ), United Reformed Church in Stellenbosch (South Africa)와 대화를 시도한다.

살펴보고, 다양한 위기 가운데 처해있는 오늘의 한국교회, 특히 한국교회의 목회자들을 향한 함의를 성찰하고자 한다. 손인웅 목사는 현재 덕수교회 원로 목사로 경북대학교 사범대 국문학과, 장로회신학대학교 신학대학원[M. Div.]을 졸업하고, 미국 멕코믹 신학대학원에서 목회학 박사[D. Min.]를 취득하였다.[2] 손인웅 목사는 신대원 재학 중 처음으로 덕수교회에서 교육전도사로 시무하였고, 이후로 1972년부터는 부목사로, 1977년부터는 위임목사로 35년간 목회하고 2012년에 원로 목사로 추대되었다.[3] 이는 한국교회에서 전무후무한 기록이라 할 수 있다. 덕수교회는 1946년 서울 안동교회 위임목사와 예장 통합 총회장을 역임한 고[故] 최거덕 목사[1907-1990]에 의하여 서울 정동에서 창립되었고, 1984년에 현재 위치인 성북동으로 이전하였다. 성북동 시대를 맞이한 덕수교회는 손인웅 목사의 지도력 하에 지역사회를 섬기는 디아코니아 사역을 한국교회에서 선구적으로 시작하였고, 그 사역은 2012년 그가 은퇴한 이후에도 지금까지 지속적으로 이어져 오고 있다. 손인웅 목사는 덕수교회에서의 목회 외에도 총회, 노회, 신학교, 교회연합기관, 복지기관, 에큐메니컬 기관, 시민사회단체 등에서 한국교회의 일치와 화해 그리고 사회를 향한 섬김에 많은 공헌을 하였다.[4]

　　이러한 내용을 토대로 이 장에서는 손인웅 목사의 목회를 공적 실천신학이라는 관점에서 분석하고 평가하고자 한다. 먼저 공공신학과 공적 실천신학의 태동 배경과 핵심 내용을 간략하게 정리하고 각각에 대한 정의를 내려 본다. 후반부에서는 1) 공적 실천신학자, 2) 말씀선포와 예전 목회, 3)

2　In-Woong Son, "Serving and Sharing of the Church: Vitalizing the Church through Diaconal Ministry" (Doctor of Ministry Dissertation, McCormick Theological Seminary, 1993).

3　손인웅 목사의 생애에 관하여 다음을 참고 할 것. 박현숙, 『삼애일치: 손인웅의 생애와 섬김: 삼애일치 제2권』(서울: 대한기독교서회, 2021).

4　손인웅 목사의 신학과 사역에 관한 내용은 다음을 참고할 것. 임희국, 김만준, 손인웅, 『삼애일치: 손인웅의 목회와 신학, 제1권』(서울: 대한기독교서회, 2021). 장신근 편, 『삼애일치: 손인웅과 함께 일한 사람들, 제3권』(서울: 대한기독교서회, 2021).

교육목회, 4) 친교, 섬김, 선교를 위한 목회 등 4가지 주제로 구분하여 손인웅 목사의 목회를 공적 실천신학의 관점에서 논의한다.

I. 공공신학과 공적 실천신학

1. 공공신학이란 무엇인가?

최근 한국을 비롯하여 세계의 신학계에서 활발하게 논의되고 있는 공공신학은 근대화의 과정을 통하여 이어져 온 종교의 사사화私事化, privatization 현상에 대한 대안적 운동이라 볼 수 있다. 신앙의 사사화란 신앙이 사적인 영역에만 머물러 공적 영역에서 이루어지는 공공선을 위한 담론에 영향력을 미치지 못하고 개인과 교회 내부로 게토화되는 현상을 지칭한다. 한국에서 공공신학에 대한 관심이 고조되고 있는 이유는 한국교회 지도자들과 그리스도인들의 비윤리적 행태, 사회와의 소통 능력 상실, 근본주의적 신앙 태도, 개교회 중심주의, 권위주의, 물질주의 등을 들 수 있을 것이다. 이로 인하여 한국교회는 사회로부터 신뢰를 상실하고 오히려 개혁의 대상으로 지목되고 있다. 이에 대한 반성과 대안으로 공공신학에 대한 관심이 높아지게 된 것이다.

공공신학을 이해하기 위해서는 그 의미를 협의와 광의로 구분하여 정의할 필요가 있다. 먼저, 넓은 의미의 공공신학은 교회 중심의 고백적 신학과는 다르게 세계를 향한 신학의 공적인 사명을 강조하는 것으로, 그 기원을 성서와 기독교 신학의 전통예언서의 사회변혁 전통, 지혜문학의 보편적 지혜전통, 복음서에 나타나는 예수님의 예언자적 사역, 바울의 복음에 대한 변증에서 찾을 수 있다. 성서적 전통과 신학의 역사 속에 나타나는 신학의 공적인 사명은 1) 정의롭고 평등한 공동의 삶 형성 차원, 2) 현실 개혁적 차원, 3) 변증적이며 대화적 차원 등을 포함한다.[5] 첫 번째 사명은, 하나님 사랑에 기초하여 이웃사랑이라는 차원에서 하나님께서 구원의 역사 가운데 의도하시는 정의와 평등의 공동체를 만들어나가는 것을 지칭한다. 두 번째 사명은, 정치, 경제, 문화, 사회 등의 현실 속에서 나타나는 여러 불의에 저항하며, 억압받고, 소외되고, 고난받는 자들과 연대하며 현실의 개혁을 추구해 나가는 것을 뜻한다. 세 번째 사명은, 공동선을 위하여 하나님께서 창조하신 보편적 이성과 도덕성에 기초하여 세상과 소통하고 대화하며, 동시에 세상의 언어와 개념에 기초하여 복음을 변증하고 소통하는 것이다.

반면에 좁은 의미의 혹은 좀 더 전문적 의미의 공공신학은 이상의 3가지 사명을 포괄하지만, 오늘의 지구적이며 다원화된 상황을 고려하면서 개인과 정부 사이의 제3의 영역인 시민사회의 맥락을 중요하게 생각한다. 이러한 이해에 의하면 공공신학은 지역적이며 지구적 시민사회의 맥락에서 기독교적 세계관 혹은 가치관에 기초하여 정치, 경제, 문화, 사회 등의 영역에서 인간번영을 위한 공동선에 기여하는 "기독교 사회윤리" 혹은 "확장된 사회윤리"의 특성을 강하게 띠고 있다. 이는 교회론적 윤리와 대조되며 정치 신학과도 구별된다.[6] 정치 신학의 경우 왜곡된 국가 권력에 대한 견제, 비판, 개혁에 초점을 둔다면, 공공신학은 좀 더 성숙한 시민사회의 맥

---

5   이상의 3가지 사명에 대한 자세한 논의는 다음을 참고할 것. 장신근, "제1장: 공공신학이란 무엇인가?: 신학의 공적 역할 논의에 대한 지형연구,"『통전적 기독교교육의 이론과 실천현장』(서울: 장로회신학대학교출판부, 2017), 22-70.

6   이런 입장에서 공공신학은 전개한 신학자는 Max Stackhouse이다. Max Stackhouse, *Public Theology and Political Economy* (Grand Rapids, MI: Eerdmas, 1987). Max Stackhouse, *Essays on Ethics Economics and Education*, 심미경 역, 『지구화·시민사회·기독교윤리』(서울: 도서출판 패스터스 하우스, 2005), Max Stackhouse, *Globalization and Grace* (New York/London: The Continuum International Publishing Group, 2007) 등을 참고할 것.

락에서 "숙의"와 "합의"를 통한 공공선의 추구를 지향한다.

이 장에서 사용되는 공공신학의 개념은 위에서 언급한 광의와 협의의 두 가지 의미를 모두 포괄하며, 실천성과 현장성을 강조한다는 의미에서 보다 실천신학적이라고 할 수 있다.[7] 이러한 포괄적 의미에서의 공공신학은 다음과 같은 특징을 지닌다.[8] 첫째, 공공신학은 하나님의 나라를 지향하는 가운데 끊임없이 오늘의 상황과 공적 이슈들과 대화하는 신학이며, 동시에 행동 혹은 실천을 중시하는 신학이다. 둘째, 공공신학은 기독교적 정체성과 공적 삶을 향한 관계성 사이의 역동적 대화를 지향하는 신학이다. 셋째, 공공신학은 다양한 형태의 신학에 기초하여 신학의 공적 사명을 이해하고 실천하는 신학이다. 넷째, 공공신학은 공교회public church 형성과 공적 신앙public faith의 양육을 지향하는 신학이다. 다섯째, 공공신학은 지역-지구적glocal이며 에큐메니컬 연대를 추구하는 신학이다. 여섯째, 공공신학은 공동선을 위한 학제적 대화interdisciplinary dialogue를 지향하는 신학이다.

이상의 여러 논의에 기초하여 공공신학을 다음과 같이 정의할 수 있을 것이다.[9]

공공신학이란 성서와 기독교 신학의 역사에 뿌리를 둔 것으로, 기독교 신

---

[7] 최근 공공신학에 대한 다양한 논의는 다음을 참고하라. Jürgen Moltmann, *Gott im Projekt der Modernen Welt*, 곽미숙 역, 『세계 속에 있는 하나님: 하나님 나라를 위한 공적인 신학의 정립을 지향하며』(서울: 동연, 2008). 장신근, "제1장: 공공신학이란 무엇인가?: 신학의 공적 역할 논의에 대한 지형연구," 『통전적 기독교교육의 이론과 실천현장』(서울: 장로회신학대학교출판부, 2017), 22-70. 임성빈, 『21세기 한국사회와 공공신학』(서울: 장로회신학대학교출판부, 2017). 김근주, 『복음의 공공성: 구약으로 읽는 복음의 본질』(서울: 비아토르, 2017). 성석환, 『공공신학과 한국사회』(서울: 새물결플러스, 2019). 윤철호, 『한국교회와 하나님 나라를 위한 공적신학』(서울: 새물결플러스, 2019). 최경환, 『공공신학으로 가는 길: 공공신학과 현대 정치철학의 대화』(서울: 도서출판100, 2019). 정승훈, 『공공신학과 신체정치학: 시민 사회와 후기 자본주의』(서울: 동연, 2022). 황경철, 『어서와, 공공신학은 처음이지?: 일상과 신앙을 이어 주는 공공신학 입문서』(서울: 세움북스, 2023).

[8] 장신근, "제1장: 공공신학이란 무엇인가?" 66-70.

[9] 위의 책, 70.

앙과 실천의 개인주의화 및 사사화 현상에 직면하여 하나님 나라의 비전 하에 그리스도인들의 공적 신앙양육과, 공적 공동체로서의 공교회 형성을 통하여 공동선을 지향하는 여러 차원의 공적 삶을 형성하고 변형시켜나 가는 것을 목표로 한다. 다원주의 상황에서 기독교적 관점에서의 공적 가치관을 다른 전통이나 학문과의 대화를 통하여 제시함으로써 공적 담론에 참여하고 공적 에토스를 형성하는데 기여하는 신학이다.

2. 공적 실천신학이란 무엇인가?

그렇다면 공적실천신학이란 무엇인가? 공적실천신학은 공공신학이 지향하는 1) 정의롭고 평등한 공동의 삶 형성 차원, 2) 현실 개혁적 차원, 3) 변증적이며 대화적 차원 등을 공유하면서 이를 1) 기술적-경험적 과제, 2) 해석적 과제, 3) 규범적 과제, 4) 실용적 과제 등과 같은 핵심 과제를 통하여 수행하는 신학이다.[10] 첫째, 기술적-경험적 과제는 지금 실천의 현장에서 어떠한 일이 일어나고 있는가를 경험적 연구를 통하여 기술 혹은 묘사하는 과정이다. 둘째, 해석적 과제는 왜 이러한 일이 발생하는가를 다양한 입장에서 해석하는 것이다. 첫 번째와 두 번째 과제는 순환적 관계 속에서 상호적으로 영향을 끼친다. 셋째, 규범적 과제는 하나님이 원하시는 올바른 실천이란 무엇인가를 질문하면서, 실천의 규범을 성서적·신학적 차원에서 때로는 타 학문과의 대화를 통하여 탐구하는 것이다. 넷째, 실용적 과제는 이상의 세 가지를 염두에 두면서, 구체적인 맥락에서의 실천이 어떠한

---

10 최근 실천신학 분야의 논의에서 일반적으로 수용되고 있는 실천신학의 4가지 차원에 대하여 다음을 참고하라. Richard Osmer, *Practical Theology: An Introduction*, 김현애, 김정형 공역, 『실천신학의 네 가지 중심과제』(서울: 예배와 설교 아카데미, 2012).

모습으로 어떻게 수행되어야 하는가에 대한 구체적인 방법을 모색하는 것이다.

이상의 4가지 과제는 전통적으로 실천신학을 소위 이론신학의 결과를 적용하고 응용하는 신학으로 간주하는 동시에 실천의 범위를 목회자의 목회 기술과 교회 내로 한정해 온 것을 반성하고, know-how뿐 아니라 know-why까지도 포괄하는 학문으로 세워나가기 위한 것이다. 이러한 맥락에서 공적실천신학이란 "오늘의 세계화, 다원주의 상황에서 그리스도인들과 교회가 직면한 신앙과 실천의 개인주의화, 사사화, 정치·경제·문화·생태적 차원의 불평등과 불의, 세상과의 소통 부족 등에 직면하여, 하나님 나라의 공동선을 지향하면서 이들이 삼위일체 하나님의 창조, 구속, 영화 등의 실천에 참여하며, 공적 신앙을 양육하고 공교회를 형성함으로써 1) 정의롭고 평등한 공동의 삶을 만들어나가고, 2) 지구적·지역적 차원의 불의한 현실을 개혁하며, 3) 세상을 향한 복음의 변증과 공동선을 위한 대화적 능력을 양육해 나가는데 기여하는 신학이다."[11]

그런데 한 가지 중요한 사실은 공적실천신학은 사회와 세상과의 관계에만 초점을 맞추는 신학이 아니라, 하나님의 백성들과 교회의 확고한 신앙적 정체성을 요청한다는 것이다. 삼위일체 하나님에 대한 확고한 신앙적 고백과 확신이 없다면 공적실천신학은 일종의 시민종교 혹은 종교적 차원의 보편윤리가 되어 버린다. 공적실천신학이 사회의 공공선에 기여하기 위해서는 반드시 공공성에 대한 성서적, 신학적 관점 혹은 확신에 기초해야한다.

---

11 장신근, "공적실천신학으로 본 한국교회의 현실과 개혁과제," 『장신논단』, 51-5 (2019), 250.

3. 공적 실천신학자로서의 목회자

공공신학과 공공실천신학이 공중, 공동선, 공교회, 공적 신앙 등에 대한 공허한 이론적 논의에 머물지 않고 현실의 변화로 이어지기 위해서는 구체적으로 누가 공공신학을 하며, 공적 실천신학을 할 것인가에 대하여 물어야 할 것이다. 물론 일차적으로 학문적 영역에 속한 신학자와 세상의 현실에서 살아가는 공중으로서의 평신도도 중요하지만, 여기에서는 지역교회 목회자에 초점을 맞추어 논의하려고 한다. 목회자는 신학자들의 이론과 평신도들의 실천을 연결해 주는 중요한 역할을 감당하기에 공공신학의 실천에 있어서 누구보다 중요한 위치에 있다.

이러한 맥락에서 케빈 밴후저 Kevin Vanhoozer와 오언 스트래헌 Owen Strachan은 『목회자란 무엇인가』라는 책에서 목회자는 "목회자-신학자"가 되어야 한다고 주장하면서, 동시에 목회자를 "공공신학자"라고 칭한다. 이들은 '공공' public 이라는 용어의 어원적 뿌리를 "'성인成人 주민'을 뜻하는 라틴어 pubes와 '사람들'을 뜻하는 라틴어 populus"에서 찾는다. 즉 "공공"이란 근본적으로 다름이 아니라 '성인 주민'과 '사람들'을 지칭한다는 것이다. 공공에 대한 이러한 폭넓은 이해에 기초하여 밴후저와 스트래헌은 목회자-신학자는 "공중/모든 곳에 있는 사람들을 위해, 공중/하나님의 백성 안에서 그들을 위해 일하기 때문에 공공신학자다"라고 주장한다.[12] 즉, 목회자-신학자는 공공신학자로서 지역교회의 맥락에서 공중이면서 동시에 하나님의 백성이라는 두 가지 정체성을 지닌 교인들을 위하여 사역하지만, 이들을 위한 사역은 곧 교회 밖 사회의 구성원들公衆을 위한, 즉 이들의 번영人間繁榮

---

12 Kevin Vanhoozer and Owen Strachan, *The Pastor as Public Theologian*, 박세혁 역, 『목회자란 무엇인가』(서울: 포이에마, 2016).

을 위한 사역이 된다는 것이다. 목회자-신학자가 지역교회에서 하나님의 백성을 양육하고 훈련하는 사역은 그들 자신과 교회만을 위한 것이 아니다. 목회자-신학자는 공공신학자로서 그리스도의 몸인 교회 공동체 안에서 전도자, 교리문답 교사, 예전 집례자, 변증가로서 하나님의 백성들을 잘 양육하고 훈련하여 이들이 교회 밖의 공중을 섬기고 사회를 변혁시켜 나갈 수 있도록 지원하는 사명을 감당한다. 이러한 맥락에서 밴후저와 스트래헌은 목회자-신학자를 다음과 같이 정의한다.[13]

> 목회자-신학자는 특수한 종류의 보편적 지식인, 즉 삶의 모든 것을 하나님이나 예수 그리스도의 복음과 관계된 것으로 바라보는 일을 전공으로 삼는 보편적 지식인이다. 목회자-신학자는 그리스도의 몸을 살아 움직이게 하는 그리스도의 지성으로서 존재하는 유기적 지식인이다.

이러한 맥락에서, 필자는 목회자-신학자를 넓은 의미에서 "공적 실천신학자"public practical theologian 라고 부를 수 있다고 본다. 공적 실천신학자로서의 목회자는 공공신학적인 비전에 기초하여 지역교회에서 하나님의 백성들을 대상으로 목회를 한다. 하지만 이러한 목회는 교회 공동체에 속한 하나님의 백성들 자신의 개인적 이익과 교회의 유익만을 위한 것이 아니라, 모든 곳에 있는 사람들公衆의 공동선 혹은 인간번영에 기여할 수 있도록 하기 위함이다. 이를 위하여 공적 실천신학자로서의 목회자는 교인들의 공적 신앙 양육을 위한 다양한 통로와 방법을 제시하고 교회를 공적 공동체인 공교회로 세워나가는 데 헌신한다.

---

13   위의 책, 55.

Ⅲ. 공적 실천신학의 관점에서 본 손인웅 목사의 목회

손인웅 목사의 목회를 다양한 관점에서 바라볼 수 있지만, 앞에서 논의한 공공신학, 특히 공적 실천신학의 관점에서 가장 잘 이해할 수 있다고 본다. 그 이유는 그가 어느 목회자보다 탁월하게 공적 실천신학적 관점에서 목회를 창조적으로 감당해왔으며, 이러한 점에서 그를 공적 실천신학자의 모델이라고 할 수 있기 때문이다. 여기에서는 공적 실천신학자의 모범으로서 그의 목회에 나타나는 중요한 특징들을 살펴보고자 한다.

1. 공적 실천신학자

손인웅 목사는 학문적 영역에서의 전문 신학자는 아니었지만, 현장 목회자로서 공적 신앙과 공교회를 지향하는 목회를 통하여 공공 신학함 혹은 공적실천신학자의 모범을 보여주었다고 할 수 있다. 그의 공적실천신학 사상에 중요한 영향력을 끼친 인물 가운데 한 사람은 은준관 교수이다. 손인웅 목사는 1980년대 후반부터 은준관 교수가 주도하는 교육목회실천협회와 교회실천협의회에 함께 참여하면서 실천적 교회론을 통하여 균형 잡힌 목회에 대한 시각을 가지게 되었고, 이후 두 사람은 실천신학대학원의 설립과 운영을 통하여 새로운 패러다임의 실천신학교육에 함께 연대해 왔다. 또한 목회학 박사를 통하여 만나게 된 로버트 월리 Robert Worley 와 칼 더들리 Karl Dudley 도 그의 공적실천신학 사상의 지평을 심화시켜 주었다. 이종성, 한스 큉 Hans Küng, 위르겐 몰트만, 김명용 등과 같은 조직신학자들은 신학과 실천 사이의 역동적이며 통전적 관계와 교회의 공적 사명에 대한 비전 형성에 큰 영향을 끼쳤다.

손인웅 목사의 공적 실천신학적 특징은 먼저 이론과 실천의 관계에서 잘 드러나는데, 이와 관련하여 그는 이론에서 실천 이론→실천이라는 일 방향이 아닌 양자 사이의 대화적 관계 혹은 상호성을 목회에서 잘 보여 주었다. 그의 목회는 "목회에 대한 신학적 성찰"과 이에 기초한 "새로운 목회적 실천"으로 이어지는 지속적인 순환 관계 속에서 이루어져 왔다목회적 실천 → 신학적 성찰 → 새로운 목회적 실천 …. 혹자는 이를 "신학이 있는 목회"라고 부르기도 한다. 그에게 있어서 일평생의 신학공부, 교육목회 세미나 참여, 목회학 박사 과정, 다양한 신학 세미나 참여, 매주 회중을 대상으로 하는 목회서신 쓰기, 다양한 매체에서 자신의 목회에 대한 글쓰기, 강의 등은 자신의 목회에 대한 신학적 성찰이 이루어지는 중요한 기회였다.

다음으로 그의 목회에서 나타나는 실천은 개인과 교회에 한정된 협의의 개인 경건 중심 혹은 교회 중심의 실천이 아니라, 보다 넓은 의미의 "삼위일체 하나님의 실천"에 참여하는 것이었다. 아래에서 논의할 예배, 선교, 교육, 친교, 봉사 등의 실천은 바로 하나님의 백성들이 삼위일체 하나님의 창조, 구속, 영화의 실천에 참여하는 것으로 이해되었다. 손인웅 목사는 이를 통하여 덕수교회의 목회적 실천의 범위를 교회 밖으로 확대하며 심화시켰다. 공적 실천신학자로서 손인웅 목사는 이러한 목회적 실천 개념에 기초하여 공적 신앙과 공교회 형성을 지향하면서 온전한 신앙을 양육하는 목회를 추구하였다.

2. 말씀선포와 예전 목회[14]

손인웅 목사의 말씀선포 사역에서 우리는 다음과 같은 공적 실천신학적 특징들을 발견할 수 있다. 첫째, 복음선포에 있어서 세상과의 소통 차원으로, 변증적 차원이라고 할 수 있다. 그는 설교를 통하여 성서의 메시지와 정치, 경제, 문화, 철학, 역사, 문학, 예술, 사회과학, 자연과학 등과 같은 여러 분야 사이의 끊임없는 대화를 시도하였다. 이와 더불어 한국인 목회자로서 논어, 맹자, 대학, 중용 등과 같은 동양의 다양한 고전에서 나타나는 인간의 보편적인 지혜를 성서의 메시지와 상관시켜 나가기 위하여 많은 노력을 기울였다. 중용에 나타나는 중도의 지혜와 융합적 사고는 그의 호인 집중執中에서 잘 나타나듯이, 그 자신이 복음과 오늘의 상황을 대화시키는 기본원리로 작용하였다. 이처럼 설교를 통한 세상과의 지속적인 소통은 가장 두드러진 공적 실천신학적 특징이라 할 수 있다.

둘째, 공교회와 공적 신앙에 기초한 교회개혁이다. 손인웅 목사는 자신의 설교사역을 통하여 시종일관 교회는 단지 구원의 방주가 아닌 구원선, 즉 세상을 향하여 성도들을 적극적으로 파송하고 세상의 구원을 위하여 세상 안에서 활동하는 구원선이 되어야 함을 강조하였다. 그는 설교를 통하여 교회는 세상을 위하여 존재하고, 세상을 섬기고, 자신의 것을 나누는 공적 신앙을 지닌 그리스도인들의 공적 공동체로 변화되어야 한다는 것을 역설한다.

셋째, 지역사회 섬김 및 시민사회와의 연대를 통한 공동선에 대한 추구이다. 손인웅 목사는 설교를 통하여 교회가 자신이 처해있는 지역사회와

---

14 이하의 내용은 다음에서 가지고 와서 조금 수정을 가하였다. 장신근, "공공신학의 눈으로 바라본 오색목회설교," 손인웅 편, 『하나님나라 백성공동체를 세우는 오색 목회설교』(서울: 한들출판사, 2012), 593-97.

더 나아가 시민사회 맥락에서 성육신적 선교를 감당하고 섬겨나가야 할 임무를 가지고 있음을 선포하였다. 그는 하나님의 선교^{Missio Dei} 신학에 근거하여 다양한 지역사회와 시민사회 단체들과의 연대를 통한 목회를 해왔고 그의 설교에는 이러한 내용이 잘 드러나고 있다. 그의 설교에는 지역사회를 어떻게 섬겨야 할지에 대한 성서적, 신학적 배경, 영적 자세 등이 잘 나타나 있으며, 이는 지역사회 섬김과 시민사회와의 연대 사역을 위한 안내자 및 격려자의 역할을 감당해 왔다.

넷째, 인간의 구원을 넘어선 창조세계의 생명 살림에 대한 관심이다. 손인웅 목사는 창조세계에 대한 종말론적인 생명살림의 비전과 실천에 대한 말씀을 강단에서 지속적으로 선포하였다. 예를 들어 "정의, 평화, 창조질서의 보존^{JPIC}"이라는 설교에서 창조세계 보존은 정의와 평화가 함께 성취되어야 함을 강조한다. "니느웨도 사랑하시는 하나님"이라는 설교에서는 니느웨 백성뿐 아니라 그 성읍에 속한 수목과 육축 등 생명체 전체를 긍휼히 여기시고 사랑하시는 하나님의 모습을 부각시킴으로써 총체적 생명살림을 강조하며, 동시에 니느웨의 구원이 중동과 세계 평화와 직결되어 있음을 선포한다. "세 가지 사랑 하나 되게"라는 설교에서는 하나님 사랑, 인간 사랑, 그리고 자연에 대한 사랑이 서로가 조화를 이루고 하나가 되어야 함을 선포하면서 "생태학적인 신앙고백"을 정립해야 함을 역설한다.[15]

여러 가지 예전 가운데 성만찬은 덕수교회 성도들의 공적 신앙 형성에 있어서 매우 소중한 통로가 되어왔다. 손인웅 목사는 오래전부터 매월 1회 주일예배 혹은 수요예배에서 성만찬을 시행해왔다. 그는 성만찬이 예수 그리스도의 십자가와 부활의 신앙 안에서 하나님의 구원에 대한 감사와 감

---

15 손인웅 목사의 설교 모음집은 다음을 참고할 것. 손인웅, 『육경강해』(서울: 금빛출판사, 1996). 손인웅, 『풀밭이 있는 잔잔한 물가 1·2권』(서울: 종로서적성서출판, 2000). 또한 1977년부터 2021년까지의 주일설교 제목과 본문은 다음을 참고할 것. 임회국, 김만준, 손인웅, 『손인웅과 함께 일한 사람들: 삼애일치 제1권』(서울: 대한기독교서회, 2021), 261-327.

격을 회복하고 성령 하나님이 주시는 새로운 생명력으로 세상에서 복음을 증언하고 실천하는 능력을 부여받는 현장이 될 수 있도록 많은 노력을 기울여 왔다. 보이는 말씀으로서 성만찬은 하나님의 백성인 덕수교회 성도들이 예수 그리스도의 십자가와 부활을 체험한 자들로 어떻게 이 세상을 섬기고 변화시키는 삶을 살아가야 할지 결단하는 현장이 되어왔다. 이런 맥락에서 손인웅 목사는 십자가와 부활의 신앙에 기초하여 실존적이고 인격적인 차원의 신앙에서 더 나아가 성도들의 공적 신앙을 양육하는 중요한 통로로서 성만찬 예전을 매우 중시하였다.

3. 교육목회

손인웅 목사는 신학 공부를 시작하기 전부터 사범대학에서 국어 교육학을 전공하고, 13년 동안 야학에서 경제적으로 어려운 학생들을 가르치고, 군대 교회에서 교회학교 학생들을 지도하는 등 다양한 교육경력을 소유하고 있다. 이러한 경험과 배경으로 인하여 그는 신학을 공부하면서부터 교회의 교육적 사명에 관심을 가지고 이에 헌신하게 된다. 특히 덕수교회에서 1968년 교육전도사 시절부터 1977년 위임목사가 되기까지 여러 부서에서 열정적으로 교회교육을 담당하였다. 위임목사가 된 이후에는 목회자 전문화 세미나 등에 참석하면서 교육목회에 대한 비전을 가지게 되었고 이를 덕수교회 현장에서 지속적으로 실천해 왔다.

이후 저명한 기독교 교육학자인 마리아 해리스^{Maria Harris}가 제시한 교육목회의 다섯 가지 영역에 대한 이론을 새롭게 정립하고, 목회현장에서 이를 각 2년 단위로 계속 실천해 왔다.[16] 예를 들어, 처음 2년은 말씀의 선포와 전도에, 그 다음 2년은 가르침과 훈련에 강조점을 두는 식이다. 해리스의 교육목회를 이론적 기초로 삼은 이유는 그녀의 교육목회 모델이 개인적, 실존적 차원의 신앙성숙에 머무르지 않고 사회적, 공적, 생태적 차원까지 포괄하는 통전성을 보여주었기 때문이다. 손인웅 목사는 덕수교회에서의 이러한 교육목회를 "오색목회"라고 불렀다.

2000년에는 평생교육의 관점에서 수행되는 전인적인 교육목회에 대한 이론적 기초와 함께 구체적인 교육과정을 『평생교육 커리큘럼의 이론과 실제』를 통하여 제시함으로 평생 교육목회의 개념을 한국교회에 보급하고 심화시켜나가는 데 큰 공헌을 하였다.[17] 2010년에는 이러한 평생교육 커리큘럼을 좀 더 보완하고 개선해 나가기 위하여 교회학교의 교육 목적, 내용, 방법 등을 평가하고 이를 바탕으로 대안을 모색하는 작업을 실시하였다.[18]

손인웅 목사는 이러한 작업을 통하여 평생교육의 관점에서 영아기부터 노년기까지 전 세대를 아우르는 기독교 평생교육을 덕수교회에서 실천해 왔다. 특히 평생교육은 덕수교회 교인들이 개인적 차원의 신앙에 머무르지 않고 교회 밖의 일상의 삶과 사회에서 하나님 나라의 백성으로 부르심을 받은 소명을 잘 이루어 나가도록 지원하는 공적 신앙 교육에 특별한 강조점을 두었다. 예를 들어, 모든 연령의 연간 교육과정에는 전통적인 구분과는 달리 "사회/봉사/선교/환경"의 영역이 포함되어 평생에 걸친 공적 신앙의 실천과 형성이 강조되었다.[19] 그리고 이들과 관련된 교육을 위하여

---

16   교육 목회의 5가지 영역은 1) 말씀의 선포와 전도, kerygma, 2) 가르침과 훈련, didache, 3) 예배와 예전, leiturgia, 4) 친교와 교제, koinonia, 5) 봉사와 섬김, diakonia 등이다.

17   대한예수교장로회총회교육부·덕수교회 편, 『평생교육 커리큘럼의 이론과 실제』(서울: 한국장로교출판사, 2000).

18   장신근, "덕수교회 평생교육 커리큘럼의 평가와 개선방안 연구: 교육 1부(영아부-고등부)를 중심으로(연구보고서)," 2010년 7월 25일, 1-165.

19   모든 연령별 교육과정에는 1) 예배, 2) 성경/교리, 3) 자아/공동체/친교, 4) 사회/봉사/선교/

이론보다 다양한 현장에서의 체험교육을 강조하였다.

4. 친교, 섬김, 선교의 목회

여기에서는 제한된 지면으로 인하여 친교, 섬김, 선교의 목회를 함께 묶어서 기술하고자 한다. 손인웅 목사는 친교, 섬김, 선교 사역에 있어서 먼저 덕수교회 공동체 내에서 하나님 사랑에 기초한 성도 간의 화목과 상호 섬김을 매우 강조하였다. 예를 들어, 수십 년 동안 당회에서 만장일치제를 지켜온 것이나, 교회 내의 위계적인 행정구조를 동심원의 평등 구조로 개선한 것도 교회 내의 상호 섬김을 위한 매우 중요한 실천이었다. 그가 교회 내의 화목과 상호 섬김을 강조한 것은 성도들이 교회에서부터 먼저 하나님의 사랑 안에서 화목과 섬김을 체험하고 실천해야만 일상의 삶과 세상에서도 공공신학이 지향하는 정의롭고 평등한 공동의 삶 형성에 공헌할 수 있다고 믿었기 때문이다.

손인웅 목사는 1980년대 중반 덕수교회가 성북동으로 이전하면서 지역사회의 주민들과 친밀한 관계 속에서 이들을 섬기는 디아코니아 사역을 시작하였다. 지역사회를 위한 덕수공부방, 덕수유치원, 성북사회봉사단, 덕수복지문화센터 등을 설립하여 성도들이 섬김과 나눔의 신앙을 실천하는 현장이 되도록 하였다. 그 외에도 지역사회 학생들의 장학금 마련을 위한 알뜰시장 바자회와 종교인 연합바자회 등도 디아코니아와 동시에 중요한 코이노니아 교육의 현장이 되었다.[20] 손인웅 목사는 지역사회를 섬기는 이

환경, 5) 교사교육, 6) 가정 부모교육 등의 6가지 영역이 포함되어 있다. 대한예수교장로회총회교육부·덕수교회 편, 『평생교육 커리큘럼의 이론과 실제』.
20 손인웅 목사의 제안으로 매년 성북동 지역에 거주하는 경제적으로 어려운 주민들을 돕기 위

같은 디아코니아 사역을 다른 교회들과 상호연계시켜서 전국적으로 확대하는 일에도 큰 역할을 감당하였다예를 들어 기독교 사회복지 엑스포 2005. 그리고 그는 하나님의 선교 신학 혹은 하나님 나라의 신학에 기초하여 선교를 교회 밖 세상을 향한 친교와 섬김이라는 차원에서 이해하고 실천하였다. 공공신학에서 강조하는 정의롭고 평등한 공동체의 형성 차원이 이러한 친교, 섬김, 선교의 목회에서 잘 드러난다고 할 수 있다.

손인웅 목사는 대학생 시절에 장로교 교단이 통합과 합동으로 분열되는 모습을 목격하고 교회연합에 대한 비전을 가지게 되었다. 그리하여 대학생 시절에 복음주의 계열의 CCC한국대학생선교회와 에큐메니컬 진영의 KSCF한국기독교학생총연맹 단체에서 동시에 회장으로 활동하기도 하였다. 손인웅 목사는 자신을 "복음적 에큐메니스트"라고 칭하면서, 오랜 세월 동안 다양한 에큐메니컬 기관 혹은 에큐메니컬 시민사회 단체들에서 봉사하면서 한국교회 내 교단 간의 분열과 갈등을 치유하고 하나 됨을 위한 노력, 즉 코이노니아의 사역을 감당해 왔다.[21] 그런데 이러한 연합사역에 참여하면서 그가 소망한 것은 형식적이며 기구적 일치보다는 한국교회가 연대하여 친교, 섬김, 선교를 함께 감당하고, 특히 교회가 사회봉사, 남북통일, 사회통합, 사회와 소통, 생태계 보존 등의 이슈와 관련하여 사회의 공동선에 기여하도록 하기 위함이었다.

하여 덕수교회, 길상사, 성북동 성당이 연합하여 주관하는 종교인 바자회는 2024년 현재 13회를 맞이하였다.

21 대한예수교장로회(통합) 총회, 서울 강북노회, 장로회신학대학교, 미주장로회신학대학, 서울여자대학교, 피어선 신학교, 실천신학대학원, 서울장로회신학대학교, 한국기독공보사, 국민문화재단(국민일보), 한국기독교언론포럼, 기독교사상, 기독경영연구원, 평화통일자문위원회, 평화통일기독교연대, 한국기독교학술원, 대한성서공회, 서울시자원봉사센터, 서울시교시(교회와 시청)협의회, 장기기증운동본부, 작은자복지선교회, 선한사마리아인운동본부, 국제평화옥수수재단, 한국교회봉사단, 한국종교인봉사자협의회, 한국기독교목회자협의회, 한국교회협의회, 기독교윤리실천운동본부, 한국기독교사회복지협의회, 생명의쌀운동본부, 희망브릿지, 한국노인샬롬복지원, 한국교회희망봉사단, 한국자원봉사협의회, KNCC, WCC 등을 들 수 있다.

나가는 말

홍수가 나면 정작 마실 물이 귀해진다는 평범한 진리가 한국교회에 꼭 들어맞는 것 같다. 수많은 신학교에서 매년 수천 명의 졸업생이 배출되고 있고, 수많은 목회자가 한국교회를 섬기고 있다. 한국교회는 오래전부터 목회자의 포화상태를 경험하고 있다. 하지만 올바른 신학과 영성에 기초하여 하나님의 실천에 참여라는 관점에서 균형 잡힌 목회를 하는 목회자들이 얼마나 될까? 이런 질문을 할 때마다 먼저 떠올리게 되는 목회자가 손인웅 목사이다. 개인적으로, 필자는 1987년 신학대학원 재학 시 덕수교회에서 교육전도사를 시작으로 전도사, 부목사로 사역했던 것을 항상 감사하게 생각하고 있다. 여러 가지 이유가 있지만, 전도사와 부목사를 거치면서 목회와 신학을 통전적으로 조화시켜 나가는 손인웅 목사를 통하여 목회자-실천신학자의 모델을 보아왔기 때문이다.

특히, 필자는 이러한 과정에서 교회의 공적 역할과 공적 실천신학자로서 목회자의 역할이 무엇인지를 먼저 경험적으로 배우게 되었고, 그 이후 유학 시절에 비로소 공공신학을 본격적으로 접하고 실천신학적인 관점에서 연구를 시작하였다. 그리고 이를 기초로 기독교교육학과 실천신학을 통하여 교회를 어떻게 공적 공동체로 형성해 나가며, 하나님의 백성들을 공적 신앙으로 양육할 수 있을 것인지를 계속 연구해 오고 있음을 감사하게 생각한다.

마지막으로 이 장이 실천신학의 현장 연구에 실제적 도움이 되기를 바라고, 동시에 앞으로 한국교회의 상황에서 실천신학과 지역교회 사이의 상호적이고 창조적 대화가 지속적으로 이어져서 실천신학의 현장성 회복과 한국교회의 개혁이라는 열매로 나타나기를 소망한다.

참고문헌

대한예수교장로회총회교육부.『평생교육 커리큘럼의 이론과 실제』. 서울: 한국장로교
　　출판사, 2000.

박현숙.『손인웅의 생애와 섬김: 삼애일치 제2권』. 서울: 대한기독교서회, 2021.

성석환.『공공신학과 한국사회』. 서울: 새물결플러스, 2019.

손인웅.『육경강해』. 서울: 금빛출판사, 1996.

_____.『풀밭이 있는 잔잔한 물가 1·2권』. 서울: 종로서적성서출판, 2000.

손인웅 외.『우리는 이렇게 기도합니다』. 서울: 금빛출판사, 1997.

_____.『섬김·화해·일치의 목회와 신학: 집중 손인웅 목사 목회 30주년 기념문집』.
　　서울: 한들출판사, 2007.

_____.『뜻깊은 만남 소중한 사람들: 집중 손인웅 목사 담임목회 30주년 기념논문
　　집』. 서울: 한들출판사, 2011.

손인웅 외 7인.『하나님나라 백성공동체를 세우는 오색 목회설교』. 서울: 한들출판사,
　　2012.

윤철호.『한국교회와 하나님 나라를 위한 공적신학』. 서울: 새물결플러스, 2019.

임성빈.『21세기 한국사회와 공공신학』. 서울: 장로회신학대학교출판부, 2017.

임희국, 김만준, 손인웅.『손인웅과 함께 일한 사람들: 삼애일치 제1권』. 서울: 대한기
　　독교서회, 2021.

장신근.『손인웅과 함께 일한 사람들: 삼애일치 제3권』. 서울: 대한기독교서회, 2021.

_____. "공적실천신학으로 본 한국교회의 현실과 개혁과제."『장신논단』51-5 (2019),
　　247-75.

_____.『통전적 기독교교육의 이론과 실천현장』. 서울: 장로회신학대학교출판부,
　　2017.

Browning, Don. *A Fundamental Practical Theology: Descriptive and Strategic Propos-
　　als.* Minneapolis: Fortress Press, 1996.

Fowler, James. *Weaving the New Creation.* 박봉수 역.『변화하는 시대를 위한 기독교
　　교육』. 서울: 한국장로교출판사, 1996.

Hopewell, James. *Congregation: Stories and Structures.* Philadelphia: Fortress Press,
　　1987.

Kevin, Vanhoozer, and Owen Strachan. *The Pastor as Public Theologian.* 박세혁 역.
　　『목회자란 무엇인가』. 서울: 포에이마, 2016.

Osmer, Richard. *Practical Theology: An Introduction.* 김현애, 김정형 역.『실천신학의
　　네 가지 중심과제』. 서울: 예배와 설교 아카데미, 2012.

_____. *The Teaching Ministry of Congregation.* 장신근 역.『교육목회의 새로운 패러
　　다임』. 서울: 대한기독교서회, 2007.

Sohn, In-Woong. "Serving and Sharing of the Church: Vitalizing the Church through Diaconal Ministry." Doctor of Ministry Dissertation. McCormick Theological Seminary, 1993.

Stackhouse, Max. *Essays on Ethics Economics and Education*. 심미경 역. 『지구화 · 시민사회·기독교윤리』. 서울: 도서출판 패스터스 하우스, 2005.

_____. *Globalization and Grace*. New York: The Continuum International Publishing Group, 2007.

_____. *Public Theology and Political Economy*. Grand Rapids, MI: Eerdmas, 1987.

제8장

공적 실천신학으로 바라본 한국교회 현실과 개혁과제

들어가는 말: 공공신학에 대한 실천신학적 이해

지난 20여 년 동안 국내외 신학계에서 활발하게 논의되어 오고 있는 공공신학을 이해하기 위해서는 그 의미를 협의와 광의로 구분하여 정의할 필요가 있다. 먼저, 넓은 의미의 공공신학은 교회 중심의 고백 신학과는 다르게 세계를 향한 신학의 공적인 사명을 강조하는 것으로, 그 기원을 성서와 기독교 신학의 전통에서 찾을 수 있다. 성서적 전통과 신학의 역사 속에서 나타나는 신학의 이러한 공적인 사명은 1) 정의롭고 평등한 공동의 삶 형성 차원, 2) 현실 개혁적 차원, 3) 변증적이며 대화적 차원 등을 포함한다.[1]

반면에 좁은 의미의 혹은 사회 윤리적 의미의 공공신학은 이상의 3가지 사명을 포괄하지만, 오늘의 지구적이며 다원화된 상황을 고려하면서 개인과 정부 사이의 제3의 영역인 시민사회의 맥락을 중요하게 생각한다. 이러한 이해에 의하면 공공신학은 지역적이며 지구적 시민사회의 맥락에서 기독교적 세계관 혹은 가치관에 기초하여 정치, 경제, 문화, 사회 등의 영역에서 공동선에 기여하는 "기독교 사회윤리" 혹은 "확장된 사회윤리"의 특성을 강하게 띠고 있다고 할 수 있다. 이는 교회론적 윤리와 대조된다.[2]

---

1   이상의 3가지 사명에 대한 자세한 논의는 다음을 참고하라. 장신근, "제1장: 공공신학이란 무엇인가?: 신학의 공적 역할 논의에 대한 지형연구,"『통전적 기독교교육의 이론과 실천현장』(서울: 장로회신학대학교출판부, 2017), 22-70.

2   이런 입장에서 공공신학은 전개한 신학자는 Max Stackhouse이다. Max Stackhouse, *Public Theology and Political Economy* (Grand Rapids, MI: Eerdmas, 1987). Max Stackhouse, *Essays on Ethics Economics and Education*, 심미경 역, 『지구화·시민사회·기독교윤리』(서울: 도서출판 패스터스 하우스, 2005), Max Stackhouse, *Globalization and Grace* (New York/London: The Continuum International Publishing Group, 2007) 등을 참고할 것.

이 장에서 사용되는 공공신학의 개념은 위에서 언급한 광의와 협의의 두 가지 의미를 모두 포괄하며, 실천성과 현장성을 강조한다는 의미에서 보다 실천신학적이라고 할 수 있다.[3] 이러한 포괄적 의미에서의 공공신학은 다음과 같은 특징을 지닌다.[4]

첫째, 공공신학은 하나님의 나라를 지향하는 가운데 끊임없이 오늘의 상황과 공적 이슈들과 대화하며 동시에 행동/실천을 중시한다.

둘째, 공공신학은 기독교적 정체성과 공적 삶을 향한 관계성 사이의 상호의존적 관계에 기초한 다.

셋째, 공공신학은 다양한 형태의 신학에 기초하여 신학의 공적 사명을 인식시키고 실천하게 한다.

넷째, 공공신학은 공교회 public church 형성과 공적 신앙 public faith 양육을 지향한다.

다섯째, 공공신학은 지역-지구적 global 이며 에큐메니칼 연대를 추구한 다.

여섯째, 공공신학은 공동선을 지향하는 학제적 대화 interdisciplinary dialogue 를 지향한다.

---

3   이 장에서는 최근 공공신학에 대한 다양한 논의는 생략하며, 다음을 참고 하라. Jürgen Molt-mann, *Gott im Projekt der Modernen Welt*, 곽미숙 역,『세계 속에 있는 하나님: 하나님 나라를 위한 공적인 신학의 정립을 지향하며』(서울: 동연, 2008). 장신근, "제1장: 공공신학이란 무엇인가?: 신학의 공적역할 논의에 대한 지형연구,"『통전적 기독교교육의 이론과 실천현장』(서울: 장로회신학대학교출판부, 2017), 22-70. 임성빈,『21세기 한국사회와 공공신학』(서울: 장로회신학대학교출판부, 2017). 김근주,『복음의 공공성: 구약으로 읽는 복음의 본질』(서울: 비아토르 2017). 성석환,『공공신학과 한국사회』(서울: 새물결플러스, 2019). 윤철호,『한국교회와 하나님 나라를 위한 공적신학』(서울: 새물결플러스, 2019). 최경환,『공공신학으로 가는 길: 공공신학과 현대 정치철학의 대화』(서울: 도서출판100, 2019). 정승훈,『공공신학과 신체정치학: 시민 사회와 후기 자본주의』(서울: 동연, 2022). 황경철,『어서와, 공공신학은 처음이지?: 일상과 신앙을 이어 주는 공공신학 입문서』(서울: 세움북스, 2023).
4   장신근, "제1장: 공공신학이란 무엇인가?," 66-70.

그렇다면 공공신학에 대한 이러한 이해에 기초한 공적 실천신학이란 무엇인가? 공적 실천신학이란 오늘의 세계화, 다원주의 상황에서 그리스도인들과 교회가 직면한 신앙과 실천의 개인주의화, 사사화, 정치·경제·문화·생태적 차원의 불평등과 불의, 세상과의 소통 부족 등에 직면하여, 하나님 나라의 비전하에 공동선을 지향하면서 이들이 삼위일체 하나님의 창조, 구속, 영화 등의 실천에 참여하여 공적신앙을 양육하고 공교회를 형성함으로서 1) 정의롭고 평등한 공동의 삶을 만들어나가고, 2) 지구적·지역적 차원의 불의한 현실을 개혁하고, 3) 세상을 향한 복음의 변증과 공동선을 위한 대화적 능력을 양육해 나가는데 기여하는 신학이다. 더 나아가 이러한 공적 실천신학은 근대적 의미의 응용신학applied theology으로서의 실천신학 개념을 넘어서서 최근 새로운 패러다임의 실천신학에서 강조되고 있는 1) 기술적-경험적 차원, 2) 해석적 차원, 3) 규범적 차원, 4) 실용적 차원 등의 4가지를 핵심적 차원으로 간주한다.[5]

이 장은 공공신학과 공적 실천신학에 대한 이러한 특징과 정의에 기초하여 오늘의 한국교회이하 한국교회는 한국 개신교회를 지칭함가 직면한 도전과 위기들을 1) 지구적 도전, 2) 교회 내적 위기 상황, 3) 최근 통계로 본 대한사회적 이미지 등으로 나누어 다층적으로 분석해 본다. 그리고 공적 실천신학의 관점에서 개혁되어야 할 한국교회의 모습을 1) 성찰하고 회개하는Reforming Church교회, 2) 온전한 신앙을 지향하는 신학하는doing theology 교회, 3) 대화와 소통의 리더십과 거버넌스를 지향하는 탈성직 교회, 4) 공동선에 헌신하는 공적 공동체로서의 교회, 5) 상생의 생명공동체를 형성하는 디아코니아 교회 등으로 제안한다.

---

5 최근 실천신학 분야의 논의에서 일반적으로 수용되고 있는 실천신학의 4가지 차원에 대하여 다음을 참고하라. Richard Osmer, *Practical Theology: An Introduction*, 김현애, 김정형 공역, 『실천신학의 네 가지 중심과제』(서울: 예배와 설교 아카데미, 2012).

I. 공적 실천신학적 관점에서 본 한국교회의 현실

1. 지구적 도전

교회는 하나님 백성의 공동체이지만, 세상 속에 존재하므로 시대적 상황과 밀접한 관계 속에서 존재한다. 이러한 맥락에서 오늘날 한국교회가 직면한 도전과 위기를 시대적 상황과의 관계 속에서, 즉 거시적인 차원에서 파악할 필요가 있다. 먼저 오늘날 지구라고 하는 행성에서 살아가는 우리 인류에게 강력한 영향력을 끼치고 있는 것 중의 하나는, 비록 그 영향력이 예전에 비하여 약화되어 가고 있기는 하지만, 여전히 세계화라고 할 수 있다. 세계화는 우리 인류의 삶을 정치, 경제, 문화, 생태, 종교적 차원에서 혁명적으로 변화시키는 강력한 힘으로 작용하고 있다. 특히 "신자유주의", "사회개발주의", "환경주의", "신식민지주의" 등의 다양한 얼굴을 지닌 세계화는 성장과 번영을 약속하고, 어느 정도 그 약속을 실현해 온 것도 사실이지만, 결과적으로 더욱 심각한 정치, 경제, 문화, 생태적 차원의 모순, 억압, 착취, 그리고 심각한 양극화 현상을 동반해 왔다.[6] 그리하여 전통적인 인간관계, 가정, 사회의 가치관과 구조가 극심한 승자독식의 경쟁을 통하여 해체되어 서로 갈등하고 배척하는 정글 사회를 초래하고 있다.

예를 들어, 경제적 세계화는 인간의 좋은 삶에 대한 비전을 전적으로 자유로운 개인에 의한 경제적 번영에만 둠으로써 생태 공동체를 포함하여 여러 차원

---

[6] 세계화의 이러한 4가지 이론에 대한 기독교 윤리적 평가와 대안에 대해서는 다음을 참고할 것. Rebecca Peters, *In Search of the Good Life*, 방연상, 윤요한 역, 『좋은 세계화, 나쁜 세계화』(서울: 새물결플러스, 2012).

의 공동체에 해악을 끼치는 차원을 간과해 왔다. 그리하여 신자유주의적 자본주의의 살인적인 경쟁에서 살아남은 소수만이 그 경제적 번영을 누리고 나머지는 패자가 되는 승자독식의 모순을 계속 양산하고 있다. 폴란드 출신의 사회학자 지그문트 바우만Zygmunt Bauman에 의하면 오늘날 우리 인류는 역사상 어떤 시대에도 존재하지 않았던 개인들의 사회 즉 개인주의 사회가 되어버렸고, 오늘날 인류는 '우리'라고 하는 공동체에서 벗어나서 각자 홀로 떠도는 유목민과 같은 삶을 살고 있다고 보았다. 그 결과 공적이슈, 공적 책임, 공적 윤리는 사적인 문제로 전락하게 되었다. 그 배후에는 세계화에 의한 개인주의가 존재한다. 바우만은 오늘의 사회는 개인주의적 성향으로 말미암아 "인간과 인간, 인간과 사회가 맺는 관계가 일시적, 한시적인 계약관계"로 변질되어 버렸다고 한탄한다.[7] 지구적 위험사회의 맥락에서 국가가 개개인을 지켜주지 못한다는 불안감은 이웃과 공동체에 대한 불신과 해체로 이어지고 심각한 개인주의로 나타나게 된 것이다.

다음으로 오늘의 한국사회는 서구 사회처럼 분명하게 구별하기가 쉽지 않지만, 후기 세속사회 혹은 후기 종교사회로 나아가고 있다. 심화되어 가는 개인주의의 영향으로 교회와 같은 자발적 공동체에 가입하는 것을 회피하는 현상이나, 혹은 기성 종교가 비윤리적이며 자신들의 영적 요구를 채워주지 못하고 있다거나, 이들의 불의한 모습에 대한 실망으로 기존의 제도화된 종교를 떠나는 현상이 점차 증가하고 있다. 특히 젊은 세대들 가운데 기존의 제도 종교를 떠나서 자신을 무종교인이라고 밝히고, "영적인 것은 추구하지만 종교적이지는 않다Spiritual But Not Religious"고 말하는 경우가 빠르게 증가하고 있다.[8]

---

7   Zygmunt Bauman, *The Individualized Society*, 홍지수 역, 『방황하는 개인들의 사회: 우리는 각자 존재하고 나는 홀로 소멸한다』(서울: 봄아필, 2013).

8   지난 사 반세기 동안 한국사회의 19세 이상 성인의 무 종교화 현상은 매우 가파르게 진행되

또한 오늘의 세계는 다방면에서 포스트모던 사상의 영향 하에 있다. 포스트모더니즘을 다양하게 이해할 수 있으나 여기에서는 세계화와 밀접하게 연관되어 있는 것으로 보고자 한다. 즉, 포스트모더니즘은 "세계화의 아종亞種, subspecies 또는 특별한 형태의 지구적 성찰성global reflexivity"으로 간주될 수 있다는 것이다. 여기에서 지구적 성찰성이란 세계화의 과정에서 발생하는 "문화적 타자와 지구적 전체의 다양한 이미지에 대한 고양된 의식"을 뜻한다. 지구적 성찰성의 한 형태로서 포스트모더니즘은 1) 급진적 다원주의, 2) 과학과 기술 발전과 연루되어 있는 위험 risk 에 대한 고양된 의식, 3) 삶에 대한 과정적 이해 등을 특징으로 한다.[9] 이런 맥락에서 한국사회도 다양한 차원의 다원주의, 위험사회에 대한 의식의 강화, 삶의 전 과정을 통한 정체성 형성 등에 대한 의식이 더욱 강화되어 가고 있다.

포스트모더니즘과 더불어 세계화와 깊이 연관되어 있는 것이 4차 산업혁명이다. 4차 산업혁명은 첨단기술의 발달로 인한 5세대 이동통신과 광속의 유선통신망에 기초한 인공지능, 사물인터넷 등을 통한 초연결 및 초지능 혁명을 지칭한다. 4차 산업혁명은 물리학 기술, 생물학 기술, 디지털 기술 등의 융복합을 통하여 진행되고 있는 혁명적 변화를 뜻한다.[10] 이로 인하여 인간의 영역으로 간주되던 것들은 첨단기술로 대체가 되며, 인간의 삶과 가치관은 급격하게 변화된다. 제4차 산업혁명은 인류의 삶에 긍정적

고 있다. 목회데이터연구소의 2023년 10월 조사에 의하면, 무종교인 비율은 62.9%로 가장 저점이었던 2004년 43.0% 대비 20% 정도 큰 격차를 보이며 급증했다. (2022년 현재 19세 이상 성인 가운데 개신교인 비율은 16.3%). "1998년 이래 앞서던 종교인 비율은 2017년 무종교인에 역전됐고, 이후 무종교인이 점차 증가하며 종교인과의 격차는 더욱 벌어지는 추세를 보였다." 목회데이터연구소, "2023년 한국인의 종교현황," 넘버즈 224호 http://www.mhdata. or.kr/bbs/board.php?bo_table=koreadata&wr_id=276&page=2 [2024년 10월 10일 접속].

9   장신근, "제5장: 세계화의 도전과 공적 실천신학으로서의 기독교교육학의 과제,"『공적 실천신학과 세계화 시대의 기독교교육학』(서울: 장로회신학대학교출판부, 2007), 170-71.

10 클라우스 슈밥은 4차 산업혁명을 "3차 산업혁명에 기반을 두고 물리학, 생물학, 디지털 분야가 상호 교류하는 기술융합의 시대"라고 정의한다. Klaus Schwab, *The Fourth Industrial Revolution*, 송경진 역,『클라우스 슈밥의 제4차 산업혁명』(서울: 새로운 현재, 2016), 26.

인 변화와 더불어 부정적이며 파괴적인 결과를 동반하는 양날의 검과 같다. 인류의 선택에 따라서 재앙이 될 수도 있고, 반대로 인간의 공동번영을 위한 중요한 통로가 될 수도 있다. 제4차 산업혁명은 그동안 인류가 감히 상상하지 못했던 차원의 인간 한계에 도전장을 내밀고 있으며, 신적인 영역에까지 도달하기 위한 시도들이 계속될 것이다^{트랜스휴머니즘과 포스트휴머니즘의 도전}. 즉, 인간의 노화와 죽음을 극복하고 불멸, 쾌락에 기초한 행복, 신성추구^{Homo Deus}라는 목표를 향해 브레이커 없는 차와 같이 질주할 가능성이 크지만 아무도 그 결과는 예측하지 못한다. 하지만 통제력을 상실한 제4차 산업혁명은 인류를 엄청난 재앙으로 몰아갈 가능성이 매우 높다.[11]

세계화, 포스트모더니즘, 후기 세속사회, 디지털 사회, 제4차 산업혁명 등과 같은 엄청난 시대적 도전들은 한국교회를 향하여 신앙적이며, 신학적 차원의 응답을 요구하고 있다. 개인주의, 상대주의, 위험사회, 경제적 양극화, 인간의 신성추구 등과 같은 시대적 도전 앞에서 한국교회는 인간의 삶과 번영에 대한 대안적 가치관과 비전을 제시하는 가운데 공적 공동체의 사명을 수행할 것을 요청받고 있다. 한국교회의 위기는 먼저 거시적으로 이러한 지구적 차원의 도전들과의 관계 속에서 인식되어야 할 것이다.

2. 교회내적 위기 상황

위에서 언급한 지구적 차원의 거시적 도전을 염두에 두고, 여기에서는 한국교회 자체에서 드러나는 위기 상황들을 살펴보기로 한다. 이에 관

---

11 이에 관하여 Yuval Harari의 "인류 3부작"인 *Sapiens*, 조현욱 역, 『사피엔스』(서울: 김영사, 2015); *Homo Deus*, 김명주 역, 『호모 데우스』(서울: 김영사, 2017); *21 Lessons for the 21st Century*, 전병근 역, 『21세기를 위한 21가지 제언』(서울: 김영사, 2018) 참고.

해서는 지금까지 많은 논의가 있었기에 여기에서는 간략하게 언급하고자한다. 첫째, 신앙적 윤리적 삶의 위기이다. 한국교회의 위기의 근원에는 번영신앙, 샤머니즘적 신앙, 성공주의 신앙, 이단-사이비적 신앙 등과 같은 왜곡된 신앙이 자리 잡고 있다. 1970년대 이후 이루어진 급속한 경제성장과 맞물려 수적으로 폭발적 성장을 이룬 한국교회를 이끌어 온 신앙은 하나님나라의 원리에 기초한 성서적, 복음적 신앙보다는 개인적, 물질적, 세속적 성공과 축복에 기초한 성장을 정당화하는 무속적 성격이 강한 신앙이었다. 이로 인하여 신앙의 종말론적 차원을 상실하고, 현세에서 정당하지 못한 수단과 방법으로 이루어진 물질적 번영과 세속적 성공도 하나님의 축복으로 간주해 왔다. 그 결과 예언자적이며, 사회 개혁적인 신앙은 소수의 진보적 그리스도인 혹은 교회를 제외하고는 한국교회 내에서 제대로 자리를 잡지 못하였고, 개인주의적이고 사사화된 축복 신앙이 교인 개개인들에게 오랫동안 내면화되어 체질화되는 결과를 가져왔다.

둘째, 권위주의에 기초한 교회의 리더십과 거버넌스의 위기이다. 한국교회의 리더십과 거버넌스의 근저에는 여전히 유교적이고 가부장적인 권위의식이 깊이 자리 잡고 있다. 목회자와 평신도, 직분자와 비직분자, 젊은 세대와 기성세대, 남성과 여성 등과 같은 계급적인 이분법적 잔재가 여전히 한국교회 내에 어두운 그림자처럼 드리워져 있다. 특히 지역교회의 당회, 제직회, 공동의회와 같은 주요한 의결기구에 젊은 세대와 여성들의 목소리와 리더십이 여전히 배제되고 있는 현상은 오늘날 우리 사회의 엄청난 변화와 비교해 보면 신기할 정도로 전근대적인 모습을 보이고 있다고 할 수 있다.[12] 지역교회뿐 아니라 노회, 총회 차원에서 한국교회만큼 여성

---

12 예를 들어 2024년 여성안수 30주년을 맞이한 예장통합의 109회 총회에 참석하는 여성 총대의 경우 전체 총대 1500명 중 2.8%인 43명에 불과하다. 이는 지난해에 비해 2명이 증가한 숫자이다. 예장통합 총회가 발표한 2022년 통계에 따르면 목사(2만2180명)와 장로(1만8185명) 중 여성은 각각 13.49%, 6.48%에 그쳤다. 여성 위임목사는 전체 목사 중 1.33%로 41명이다.

이 공식적인 리더십과 거버넌스에서 소외되고 있는 곳도 찾아보기가 힘든 지경이다. 여성 목사와 장로 안수가 허락되지 않고 있는 교단들도 여전히 다수를 차지하고 있다.

셋째, 개교회 중심주의의 위기이다. 한국교회의 개교회 중심주의에 부정적으로 큰 영향을 끼친 것은 바로 대형교회일 것이다. 대형교회는 몇 가지 장점에도 불구하고 그 자체로 한국사회의 재벌과 같은 엄청난 인적, 물적 자원으로 막강한 영향력을 과시하면서, 직간접적으로 노회와 총회까지 좌지우지하는 정치적인 힘을 과시하는 경우가 빈번하다. 예를 들어, 법적으로 금지된 담임목사 세습의 문제도 개교회의 자유임을 내세우면서 정당화하는 모습을 보이고 있다. 그러나 한국사회에 존재하는 중소형의 지역교회들도 대형교회식의 성장에 대한 미련을 떨치지 못하고 있는 경우가 많으며, 공교회로서 하나 됨에 대한 의식과 실천이 여전히 부족하다. 특히 선교와 공동선 실천을 위한 중소형 교회들 사이의 연대와 협력은 찾아보기가 쉽지 않다. 각 교단의 노회와 총회도 이러한 기능을 제대로 감당하지 못하고 있는 것이 사실이다.

넷째, 반지성주의와 이성경시로 인한 위기이다. 이러한 경향은 권위주의적 성직의식과 가부장주의와 깊이 연루되어 있다. 한국교회의 목회자는 전통적 가치관의 영향으로 권위 있는 영적 아버지로 간주된다. 그 결과 평신도들은 영적 아버지인 목회자의 권위와 가르침에 일방적으로 의존하고 순종하면서, 교회에서는 자신의 합리적이고 이성적인 사고를 억누르거나 접어두는 경향이 많다. 또한 신앙의 지적인 차원, 즉, 이해를 추구하는 신앙은 경시되고 신비적이고 초월적 차원이 많이 강조됨으로써 신앙적 차

"'여성안수'가 여성 지도력 확대의 분기점이라고?" 『국민일보』 (2024년 10월 7일 자) https://www.kmib.co.kr/article/view.asp?arcid=0020596896&code=61221111&cp=nv [2024년 10월 7일 접속].

원에서의 건전한 지성과 이성의 양육을 부정적으로 바라보게 되었다. 이성적이고 합리적으로 판단하고 생각하는 주체적 평신도가 아니라 권위에 순종하여 따지지도 않고 묻지도 않는 평신도들로 인하여 사회는 교회를 반지성적이고, 맹목적이며, 불합리한 집단으로 바라보는 경우가 많다. 목회자들이 흔히 말하는 신학무용론도 대표적인 반지성주의의 한 형태라고 할 수 있다.

다섯째, 사회와의 소통 및 연대능력 상실로 인한 위기이다. 세상 속에 존재하는 하나님의 백성은 이 세상의 구원을 위하여 하나님의 부르심을 받은 존재들이다. 이를 위하여 세상과의 소통과 연대는 필수적이다. 그러나 한국교회는 여전히 교회와 세상이라는 이분법에 매여서 교회의 울타리를 벗어나지 못하고, 복음을 오늘의 문화와 시대적인 언어를 통하여 세상에 전하고 변증하는 역할을 효과적이며 창조적으로 잘 감당하지 못하고 있다. 전통적인 선포형식의 전도는 이제 효력을 발휘하지 못하고 있고, 오히려 사회로부터 비난을 받고 있다. 한국교회는 우리 사회의 약자와 소외된 자들의 편에 서서 이들에게 공감하고, 정의로운 사회를 위하여 함께 성육신적으로 연대하는 모습도 여전히 부족하다.

여섯째, 공적 이슈와 공적 영역에 대한 관심과 참여 부족으로 인한 공공성의 위기이다. 한국교회는 그동안 목회의 역량을 지역교회에 충성하고 헌신하는 평신도 양육이라는 좁은 의미의 제자훈련에 집중해 왔다. 물론 성경지식, 개인적 말씀묵상, 전도 등에 초점을 맞춘 이러한 신앙훈련도 필요하지만, 지역교회가 교인들이 시민사회의 구성원인 시민으로서 공동선을 위하여 성서적 가치관에 기초하여 사회의 불의에 저항하고, 공적 영역에서의 여러 이슈에 대한 담론에 참여하도록 지원하고 양육하는 일은 거의 이루어지지 않았다. 개인적인 민주 시민의 차원뿐 아니라, 한국교회의 차원에서도 성서적, 신학적 관점에 기초하여 다양한 공적 담론에 공헌하는 일도 여전히 부족하다. 공적이슈를 다루는 경우에도, 여전히 상호주관적이고 호혜적인 대화의 자세보다는 근본주의적 신앙에 기초하여 일방적인 주장을 관철하려는 자세가 강하다.

일곱째, 교회의 정치세력화 및 정치적 견해 갈등으로 인한 위기이다. 비록 소수이긴 하나, 과거 한국 사회의 민주화 과정에서 한국교회가 불의한 독재 정권을 향하여 저항하고 예언적 목소리를 발했던 것이 사실이다. 그러나 많은 경우 한국교회는 공동선을 추구하기보다는 집단이익 보호의 차원에서 현실정치와 관계를 맺어왔다. 명목상으로는 선교를 목적으로 내세워 왔지만, 그 과정이 정의롭지 못한 경우가 많았다. 따라서 이러한 것이 오히려 한국교회에 대한 타 종교와 사회의 부정적 이미지를 형성하는데 기여해 왔다. 또한 최근 들어 가장 문제가 되는 것은 교회 내의 젊은 세대와 기성세대 사이의 극명한 정치적 성향 차이와 이로 인한 세대 간 갈등의 심화 현상이다. 많은 젊은 세대들이 이로 인하여 기성세대와의 대화를 포기하거나 아예 교회를 떠나고 있다.

3. 최근 통계로 본 대한사회적 이미지

"기독교윤리실천운동"에서는 『2023 한국교회의 사회적 신뢰도 조사 결과 보고서』를 발표하였는데, 이는 2008년을 시작으로 일곱 번째 실시되는 추척조사이다.[13] 만 19세 이상 남여 천 명 기독교인, 비기독교인, 무종교인 모두 포함 을 대상으로 실시한 "2023 한국교회의 사회적 신뢰도 여론조사"에 따르면 한국교회에 대하여 "신뢰한다 매우 신뢰 2.7% + 약간 신뢰 18.3%"는 응답자는 21.0%였으

---

13   기독교윤리실천운동, 『2023 한국교회의 사회적 신뢰도 조사 결과 보고서』 https://cemk.org/

며, "신뢰하지 않는다별로 신뢰하지 않음 45.3% + 전혀 신뢰하지 않음 28.7%"는 74.0%로 국민의 5명 가운데 1명만이 한국교회를 신뢰하는 것으로 나타났다. 이러한 신뢰도는 제6차 조사인 2020년과 비교했을 때 10.8%, 제1차 조사인 2008년과 비교했을 때 무려 25.5%가 하락한 것이다.

특히 전체 응답자의 54.7%를 차지하는 무종교인들의 한국교회에 대한 신뢰도는 10.6%로 전체 평균의 절반밖에 되지 않았다. 또한 개신교인들도 37.3%가 한국교회를 신뢰하지 않는다는 응답을 하였다. 그리고 2020년 조사와 비교할 때, 이념적으로 보수 성향 응답자의 신뢰도는 큰 변화가 없었으나, 진보 성향은 11.4%가 하락하였다. 가장 신뢰하는 종교는 가톨릭이라는 응답이 21.4%, 다음으로 개신교가 16.5%, 불교가 15.7%였고, 가장 호감 가는 종교도 가톨릭이 24.7%로 가장 높았고, 불교도 23.4%로 거의 비슷했다. 개신교는 16.2%였다. 이는 최근 MZ 세대에서 불교에 대한 친근감이 높아지고 있는 것과 연관이 있는 것으로 보인다. 우리나라에서 봉사활동을 가장 많이 하고 있는 종교도 가톨릭이 29.4%로 가장 높게 보았고, 다음이 개신교 20.5%, 불교가 6.8%였다. 가톨릭의 경우 2020년 조사와 큰 차이가 없으나 개신교는 35.2%에서 15.1%로 2010년, 2013년 결과와 비교하면 절반수준으로 하락하였다.

구체적으로 "기독교 목사의 말과 행동에 믿음이 간다"는 물음에 긍정이 20.8%, 부정이 74.6%였다. "기독교인의 말과 행동에 믿음이 간다"는 물음에는 긍정이 20.6%, 부정이 75.2%로 전자와 유사한 응답을 하였다. "한국교회의 미래 사회 기여도 전망"에 대해서는 긍정이 25.2%, 부정이 69.6%였다. "한국교회의 신뢰도 제고를 위한 개선과제"에 대한 질문에서 "교회 이기주의"34.2%, "교회 지도자목사들의 삶"19.6%, "불투명한 재정 사

resource /29349/ [2024년 9월 10일 접속].

용"17.9%, "타 종교에 대한 태도"17.3%, "교인들의 삶"7.5% 순의 응답이 나왔다. 그리고 "한국교회의 신뢰도 제고를 위한 사회적 활동"에는 "윤리와 도덕 실천운동"55.8%, "봉사 및 구제 활동"17.8%, "환경, 인권 및 사회운동"12.6%, "학교 운영 등 교육 사업 활동, 교인들의 삶"8.1% 순이었다. "목회자의 신뢰도 제고를 위한 개선점"에 대해서는 "윤리/도덕성"26%, "사회 공동의 이익보다 교회 이익을 우선시하는 태도"20.9%, "물질 추구 성향"15.9%, "정치적 발언 및 정치 집회 참여"12.8%, "성범죄"8.2%, "사회적 문제에 무관심한 태도"4.7%. "목회자의 신뢰도 제고를 위한 개선점"에 대해서는 "나만 옳다는 자세"23.7%, "이기적 태도"21.5%, "정직하지 못한 언행"18.8%, "지나친 정치적 편향성"18.2%, "기복주의 신앙"14.4% 순이었다.

이상에서 살펴본 다양한 지구적, 교회 내·외적 도전과 위기는 대부분 공공신학의 특징인 1) 정의롭고 평등한 공동의 삶 형성 차원, 2) 현실 개혁적 차원, 3) 변증적이며 대화적 차원 등의 위기와 연관되어 있다. 그리고 이러한 한국교회의 개혁과제는 공공신학에 대한 단순한 이론적 논의를 넘어서서 공교회의 형성과 공적신앙의 양육을 지향하는 공적 실천신학적 차원의 해법을 요청한다.

II. 공적 실천신학으로 본 한국교회의 개혁과제

그렇다면 이러한 내적, 외적으로 다양한 위기와 도전에 직면한 한국교회가 공적 실천신학의 관점에서 실천해 나가야 할 개혁과제는 무엇인가? 이에 대한 답을 5가지 정도로 정리하여 제안하고자 한다.

1. 성찰하고 회개하는 Reforming Church

개혁교회 Reformed Church는 개혁된 교회이며, 동시에 계속해서 개혁하는 교회 Reforming Church이다. 공교회로서 Reforming Church가 수행해야 할 가장 중요하고 시급한 과제 가운데 하나가 지속적 회개이다. 온전한 회개는 지, 정, 의 차원, 과거, 현재, 미래의 차원, 개인적 차원과 공적인 차원을 모두 포괄한다. 전통적으로 한국교회는 개인적 차원의 회개는 상대적으로 많이 강조해 왔으나 공적인 차원은 도외시했다. 공공신학에서는 사적 차원과 공적 차원이 따로 분리된 것이 아니라 상호 연계된 것으로 보는 것처럼, 회개도 두 가지 차원이 함께 이루어져야 한다.[14] 먼저 개인적 차원의 회개는 한국교회에 깊이 뿌리내리고 있는 무속적 신앙, 성공주의 신앙, 번영신앙, 비윤리적 신앙과 같은 여러 부정적인 모습에 기여한 개개인이 하나님 앞에서 인격적인 관계를 통하여 자복하는 차원이다. 그리스도인 개개인이 주일의 예배와 일상의 삶에서 자신의 내면적인 동기와 양심을 정직하게 성찰하고, 더 나아가 이것이 회개의 실천으로 이어질 수 있도록 하는 것이다. 이는 하나님 앞에서 지속적으로 개개인의 양심을 성찰하면서 회개의 영성과 실천을 일상화하는 과정이다.

개인적 차원의 회개와 동시에 공동체적인 혹은 공적인 차원의 성찰과 회개가 이루어져야 할 것이다. 공적 차원을 상실한 개인적인 차원의 회개만으로는 온전한 회개가 될 수 없다. 공동체적인 혹은 공적인 차원은 한국교회가 공동체적으로 지은 죄에 대하여 교회 공동체가 공동의 책임감을 통감하면서 성찰하고 회개하는 것을 뜻한다. 한국교회가 하나님, 사람, 자연

---

14 장신근, "6장: 하나님 나라와 회개하는 신앙공동체를 위한 교육," 『창조적 교회교육 네비게이션(개정증보판)』(서울: 예영커뮤니케이션, 2016), 121-47.

앞에서 대속적이며, 예언자적이며, 생태적인 공교회의 역할을 감당하지 못한 것에 대하여 연대하여 구체적으로 고백하고 하나님의 용서를 구하는 회개이다. 여기에는 먼저 인지적인 차원에서 죄를 인식하는 단계와 이를 함께 후회하고, 아파하고, 탄식하고, 고백하는 정서적 단계, 그리고 그 결단을 실행으로 옮기는 실천단계 등이 포함된다.

인지적 차원은 예를 들어 한국교회가 약자와 가난한 자들과 함께하지 못한 것에 대한 다양한 사례, 통계, 대중매체 등을 통하여 잘못된 점들을 정확하고 객관적으로 인지하는 것이다. 이러한 내용을 더 많이 발굴하고 인식하는 것 자체가 힘든 과정이긴 하지만 성찰과 회개의 출발이 된다. 정서적 차원의 회개는 주일예배 현장이나 일상 삶에서 시편, 애가 혹은 공동 기도문을 통한 통회의 기도와 회개의 찬양 등을 통하여 이루어질 수 있다. 더 나아가 실천적 차원은 희생을 동반한 실행을 뜻한다. 예를 들어, 제2차 세계대전의 홀로코스트 피해자 가운데 생존자들을 위하여 1년간 무보수 자원봉사를 했던 독일교회를 들 수 있다. 우리나라의 경우 베트남 전쟁에서 많은 상처와 피해를 남겼던 피해자들을 향한 한국교회의 사과와 이들을 위한 무보수 봉사활동을 실례로 들 수 있을 것이다. 독일교회가 제2차 세계대전 시, 예언자적인 역할을 감당하지 못했음을 고백하는 "슈투트가르트 참회선언" 같이 중요한 사회적 이슈^{일제 강점기의 신사참배, 남북분단, 독재정권에 대한 순응, 공교육의 황폐화, 생태계 파괴 등}에 대한 공적 고백문을 공동으로 작성하여 발표하는 것도 중요한 공동체적 회개 방법이다.

성찰과 회개가 한국교회 개혁의 중요한 통로가 되기 위해서는 일회성의 행사와 프로그램이 아니라, 교회의 존재 목적과 목회 사역 전반을 이끌어가는 신앙과 실천의 원리가 되어야 한다. 즉, 회개는 레이투르기아^{Leiturgia}, 케리그마^{Kerygma}, 코이노니아^{Koinonia}, 디아코니아^{Diakonia}, 디다케^{Didache} 등 교회의 모든 사역에서 개인적, 공동체적으로 하나님 나라 복음의 본래 정신으로 돌아가기 위한^{ad fontes} 통로가 되어야 한다.

2. 온전한 신앙을 지향하는 신학하는^{doing theology} 교회

공적 실천신학은 공교회의 형성과 공적 신앙의 양육을 통한 온전한 신앙의 형성을 추구한다. 온전한 신앙 혹은 통전적 신앙이란 무엇인가? 마태복음 5장 48절에 나오는 "너희는 온전하라"고 하신 예수님의 말씀에서 우리는 온전한 신앙의 근본 원리를 발견할 수 있다. 이 구절에서 "온전함"이란, 원래 히브리어로는 "무엇에 마음을 다 바치는 것, 분열되지 않은 마음으로 무엇을 하는 것 또는 어떤 일을 완전하게 처리하는 것" 등을 뜻한다. 그런데 여기에서 온전함이란 "흠 잡힐 데 없이 완벽함을 뜻하는 것이 아니라 하나님과 이웃을 위하여 '전적으로' 개방하는 것"을 지칭한다^{참고 마 19:21}.[15]

> 이러한 맥락에서 통전적[온전한] 신앙은 먼저 개인적·실존적 차원에서 삼위일체 하나님과의 친밀하고 신실한 관계를 전제한다. 그리고 이와 더불어 공동체적, 공적, 생태적 차원에서는 삼위일체 하나님의 정의와 평화를 함께 실천해 나가는, 양자를 포괄하는, 온전한 의미의 신앙이다.[16]

한국교회의 개혁은 앞에서 지적한 것처럼 번영신앙, 샤머니즘적 신앙, 성공주의 신앙, 이단-사이비적 신앙과 같은 왜곡된 형태의 신앙을 극복

---

15 "신약전서," 대한성서공회, 『독일성서공회 해설 성경전서: 개역개정판』(서울: 대한성서공회, 2004), 7.
16 장신근, 『통전적 신앙과 생애주기별 기독교교육』(서울: 장로회신학대학교, 2019), 7-8.

하고, 온전한 신앙과 실천을 회복하는 것을 가장 중요한 목표로 삼아야 할 것이다. 오늘날 한국교회에 공적 신앙이 필요한 이유는 이를 통하여 온전한 신앙을 회복하기 위함이다. 온전한 신앙의 형성과 실천을 위하여 하나님의 백성들은 모두가 신학자가 되어야 하고, 한국교회는 신학하는doing theology 교회가 되어야 할 필요가 있다. 이를 위하여 우리는 신학을 소수의 전문가에게 한정하고 이들에게 맡겨버리는 편견에서 벗어나서 모든 신학은 궁극적으로 실천적이며, 하나님의 백성은 모두 실천적 신학자가 되어야 함을 깊이 인지해야 한다.

그렇다면 하나님의 백성이 모두 신학자가 되어야 한다는 것은 무엇을 의미하는가? 우선 목회자와 평신도 사이의 존재론적인 이분법은 지양되어야 하지만, 양자의 기능적인 차이는 분명히 현실적으로 존재한다는 사실은 인정해야 한다. 케빈 밴후져에 의하면 목회자는 신학자여야 한다. 그는 "첫째, 목회자[는] 신학자여야 하고, 둘째, 모든 신학자는 어떤 의미에서는 공적 신학자이며, 셋째, 공적 신학자는 대단히 특수한 종류의 보편적 지식인 generalist"이 되어야 한다고 주장한다.[17] 밴후져는 목회자들 사이에 널리 퍼져있는 신학무용론을 반성할 것을 촉구하면서 목회자의 "신학적 역량"이 강화되어야 함을 역설한다.

이처럼, 신학자 특히 공적 실천신학자로서의 목회자는 한국교회의 목회자들이 반드시 추구해 나가야 할 목회자 상이다. 신학자인 목회자는 먼저 하나님 나라 복음의 원리에 기초한 신학적 성찰을 통하여 하나님의 백성들에게 하나님, 자아, 이웃, 세상을 해석하는 틀을 제공하는 역할을 감당해야 한다. 특히 공적 실천신학자로서 목회자는 먼저 자신이 복음의 공공

17   Kevin Vanhoozer and Owen Strachan, *The Pastor as Public Theologian*, 박세혁 역, 『목회자란 무엇인가?: 공동체를 위한 보편적 지식인, 공공신학자의 소명 되찾기』(서울: 포이에마, 2016), 21.

성을 깊이 인식하는 가운데 하나님의 백성들인 교인들이 성서적, 신학적 전통에서 나타나는 공적 삶에 대한 비전을 오늘의 다양한 공적이슈와 연계하여 해석하고, 이들이 공동선에 기여할 수 있도록 소명과 은사를 일깨우고, 실천적 역량을 길러주어야 한다. 또한 보편적 지식인으로서 목회자는 교인들에게 인문학을 비롯한 비기독교적 전통과의 대화를 통하여 하나님 나라의 복음을 우리 시대의 언어로 전할 수 있는 번역의 역량 혹은 이중언어 구사 능력을 길러주는 노력에 적극 동참할 필요가 있다.

이와 같이, 한국교회의 목회자들이 앞으로 감당해야 할 역할은 하나님의 백성들에게 온전한 신앙을 지향하는 해석적 역량, 실천적 역량, 번역의 역량을 구비시켜주는 것이라 할 수 있다. 목회자들이 이러한 실천신학자의 역할을 감당하기 위해서는 신학교에서의 공식적인 차원의 재교육 혹은 계속 교육이 제도화되고, 프로페짜이와 같은 소그룹의 비공식적 모임 등이 활성화될 필요가 있다.[18]

하나님의 백성으로서 평신도는 탈 성직의 관점에서 목회자에게 수동적으로 의존하는 존재가 아니라, 주체적인 신앙인으로서 일상의 삶 가운데서 신학하는 존재가 되어야 한다. 이런 의미에서 평신도는 "세상 속 생활신학자"가 되어야 한다. 정경일은 이러한 평신도를 양육하기 위해서 3가지의 평신도신학 방향을 제시한다.[19] 첫째, 아래로부터의 신학, 둘째, 서로 주체적이 되는 신학, 셋째, 세상을 변화시키는 신학 등이다.

---

18 "프로페짜이의 역사는 1520년으로 거슬러 올라간다. 스위스의 종교개혁자 울리히 츠빙글리가 취리히에서 목회자들과 설교를 위한 성경공부를 한 게 시작이다. 초창기엔 라틴어 히브리어 헬라어 순으로 본문을 낭독한 뒤 대화하며 성경을 연구했다. 연구 결과를 모아 독일어로 설교를 준비하는 게 마지막 과정이었다." "성경 함께 읽으니 해석의 눈 밝아져" 『국민일보』(2019년 2월 18일), http://www.kukminusa.com/news/view.php?gisa_id=0924062548 [2019년 6월 5일 접속]. 최근 우리나라에서 시작된 프로페짜이 모임은 "미래목회와 말씀연구원"의 사례를 참고할 것. "목회자들의 설교연구를 위한 '프로페짜이' 모임" http://www.mimokwon.com/src/project.php#pos1 [2022년 6월 5일 접속].

19 정경일, "세상 속 평신도의 생활신학," 생명평화마당 엮음, 『한국적 작은 교회론』(서울: 대한기독교서회, 2017), 106-108.

신학하는 하나님의 백성은 근대의 신학백과 전통 이후 지속적으로 유지되어 온 소위 "이론신학"과 "실천신학" 사이의 경계를 허물어 나가는데도 크게 기여할 수 있을 것이다. 이는 신학교와 교회를 비롯한 다양한 신학현장 사이의 간격을 줄이고 양자의 동반자적 관계를 강화하는데도 이바지할 것이다.

3. 대화와 소통의 리더십과 거버넌스를 지향하는 탈성직 교회

오늘날 한국교회의 위기는 곧 지도력과 거버넌스의 위기이다. 여기에서 지도력은 주로 목회적 지도력을, 거버넌스는 교회 내의 주요한 결정 구조를 지칭한다. 먼저, 한국교회의 개혁을 위한 가장 핵심 과제 중의 하나가 목회지도력, 특히 담임목회자 지도력의 쇄신이다. 한국교회에서 흔히 볼 수 있는 담임목회자 일인 중심의 일방적, 권위주의적, 폐쇄적, 카리스마적 목회 리더십은 대화와 소통의 리더십으로 속히 전환되어야 한다. 대화와 소통의 리더십을 지향하기 위해서는 먼저 탈성직의 개념이 요구된다.[20] 성직을 하나님의 권위와 동일시하는 오해에서 벗어나서 우리 모두가 성직자이며, 모두가 평신도라는 평등의식을 가지고 목회의 리더십과 구조를 대화적이며, 소통적으로 전환해 나가야 할 것이다. 한 사람의 담임/위임 목회자에게 과도하게 집중되어 있는 목회리더십을 분산하고 공유하기 위하여 파트너십에 기초한 수평적인 팀 목회구조로 바꾸어 나가며, 평신도의 리더십 양육을 위한 다양한 방안을 지속적으로 모색해 나가야 할 것이다.

20　"한국적 작은 교회론"에서는 제안하는 작은 교회운동의 3가지 원리는 1) 탈성직, 2) 탈성장, 3) 탈성별 등이다. 생명평화마당 엮음 『한국적 작은 교회론』, 9-22.

대화적이며 소통적 리더십은 기본적으로 인격적, 영성적, 윤리적 차원에서의 온전성 integrity 을 전제로 한다. 이러한 차원들이 전제되지 않은 리더십은 진정한 대화와 소통의 리더십이 될 수 없다. 목회리더십은 하루아침에 구비되는 것이 아니므로 신학교의 학생선발과 신학교육에서부터 이러한 인격적, 영성적, 윤리적 차원이 강조되어야 할 것이다. 동시에 신학교육에서부터 대화와 소통의 리더십을 체화하기 위한 다양한 차원의 리더십 교육들학문적, 영성적, 행정적, 교육적, 공적 리더십 등이 이루어져야 할 것이다. 대화와 소통의 리더십은 목회자가 스스로 목회현장에서 터득해야 하지만, 또한 동료와 선후배 목회자의 코칭과 멘토링을 필요로 한다. 또한 위에서 제안한 것처럼, 목회자 계속교육과 재교육 등을 노회와 총회 차원에서 제도화하여 정기적으로 자신의 목회리더십을 다양한 학제적 차원에서 분석, 평가하고 성찰하면서 발전시켜 나가야 할 것이다.

다음으로 목회자 리더십과 더불어 한국교회는 당회중심의 위계적인 거버넌스를 평등한 구조로 개혁하기 위한 대안적 관점과 개혁을 필요로 한다. 이러한 위계적 구조에서는 소수의 구성원들에게만 의결권한이 과도하게 집중되고, 이것이 장기적으로 지속되어 순환과 동력이 떨어지고 관료화로 이어진다. 지역교회의 다양한 상황에 따라서 획일적인 해결방안을 제시하는 것은 어렵지만 소수에 집중된 의결권을 여러 사람과 공유하고, 이를 임기제를 통하여 융통성 있게 순환해 나가는 방안을 모색해 나가야 할 것이다. "평등한 관계가 삶에 건강한 생명력을 부여" 한다는 농부 철학자 삐에르 라비의 말처럼 교회 내의 평등한 의사결정 구조는 건강하고 생명력 있는 교회를 만들어 나가는데 결정적으로 기여한다.[21]

---

21 Jean Cartier and R. Cartier, *Pierre Rabhi, le chant de la terre*, 길잡이 늑대 역, 『농부 철학자 피에르 라비』(서울: 위즈덤하우스, 2005), 16.

이러한 의사결정 과정에 특히 사회에서 여러 전문직에서 봉사하는 사람들이 자신들의 경험과 경력들을 교회 봉사에 창조적으로 사용할 수 있도록 격려하고, 또한 여성과 젊은 세대들이 더욱 적극적으로 참여할 수 있도록 남녀, 세대별 할당제와 같은 것을 제도화하는 노력이 필요할 것이다.

4. 공동선에 헌신하는 공적 공동체로서의 교회

교회는 하나님 백성의 공동체로서 사적 공동체가 아니라 "공적 공동체"이며 동시에 "사회적 몸"이다.[22] 공적 공동체와 사회적 몸으로서 한국교회는 하나님 나라의 정의와 평등의 공동체를 형성하고, 불의한 사회현실을 개혁하는 사명을 통하여 공동선에 적극 기여할 사명을 지니고 있다. 한국교회와 구성원들은 그동안 신앙과 실천의 사사화로 인하여 공동선에 기여하는 사명을 제대로 실천하지 못해 왔다. 그렇다면 먼저 공동선이란 무엇인가? 공동선은 공익이라는 개념과는 다르게 "공公과 사私를 아우르는 개념, 즉 사적 선과 공적 선의 조화를 모색한다. 공동선에는 개개인의 강조가 있고 공익은 전체를 더 강조한다."[23] 이런 맥락에서 자연은총과 깊이 연계되어 있는 공동선은 사익과 공익의 조화이다.

---

22 "사회적 몸으로서의 교회는 역사의식을 공유하는 평신도들의 공동체이다. 평신도들은 자신이 살아가는 삶의 현장으로서 역사와 문화를 이해하고, 교회공동체의 구심점으로서 예수 그리스도의 사건을 기억하고 새롭게 이해한다. 그 공동체 의식이 곧 '우리의식'이다." 최태관, "탈성직을 지향하는 사회적인 몸으로서 교회," 생명평화마당 엮음 『한국적 작은 교회론』(서울: 대한기독교서회, 2017), 60.

23 송용원, 『칼뱅과 공동선: 프로테스탄트 사회윤리와 사회윤리의 신학적 토대』(서울: IVP, 2017), 17.

공동선은 개인과 사회 사이에 있는 선이며 결코 개인을 배제하거나 전체만 우선시하지 않는다. 또한 공동선은 모든 인간이 본성적으로 추구하는 선으로, 모두에게 바람직하고 누구라도 접근해서 얻을 수 있는 쉽고 단순하고 자연적인 개념이기에 하나님이 누구에게나 베푸시는 햇빛과 비와 공기 같은 일반 은총과 관련이 깊다.[24]

"모든 인간이 본성적으로 추구하는 선으로서의 공동선"은 신학적으로 본다면 "삼위일체 하나님의 상호적 관계 속에서 존재론적으로" 존재하는 것이며, "모든 피조물의 유익을 위해 하나님이 베푸시는 자산"이며 동시에 "하나님과 사람 사이에 펼쳐지는 은혜와 사람들 사이에서 나누어지는 선물을 통해 구현되는 창조의 본래 목적이자 질서"이다.[25] 종교개혁자들은 교회가 그리스도인들로 하여금 하나님과 올바른 관계 속에 있을 때 누리는 "영적 공동선 spiritual common good"을 먼저 회복하는 것을 목표로 삼고, 이에 기초하여 인간이 서로 올바른 관계를 맺게 될 때 누리는 것이 "사회적 공동선"이라고 보았다.[26]

공동선은 오늘의 지역적이며 지구적인 시민사회의 맥락에서 공적 이슈들과 공적 담론에서 추구되는 궁극적 목적이다. 즉, 공적 이슈들과 공적 담론은 지역적, 국가적, 지구적 차원의 공동선의 구현을 목적으로 한다. 하나님의 백성들은 하나님의 다스림의 영역을 교회 내로 한정하지 않고, 삶의 전 영역으로 확대하여 인식해야 하는데, 특히 오늘의 상황에서는 공적 담론의 핵심 장인 시민사회를 중요한 영역으로 간주해야 한다. 이러한 맥락에서 오늘날 한국교회는 남북통일, 동북아 평화, 경제적 양극화, 세대 갈

24 위의 책, 18.
25 위의 책, 22.
26 위의 책, 30.

등, 공교육의 붕괴, 남녀불평등, 탈원전, 청년실업, 저출생, 고령화, 복지논쟁, 낙태, 동성애, 4차 산업혁명, 기후위기 등과 관련된 다양한 공적인 이슈들을 인식해야 한다. 그리고 이를 성서적, 신학적 관점에서 해석하고, 시민사회에서 이루어지는 다양한 공적 담론에 제자와 동시에 시민으로서 적극 참여해 나가야 한다.[27] 이 과정에서 중요한 것은 공동선에 대한 결정은 이성적이며 논리적인 합리성에 기초하여 기독교적 가치와 여러 다원적 가치 사이의 대화를 통한 합의, 즉 숙의熟議, deliberation 과정으로 이루어져야 한다는 것이다.

공적 담론에 참여하는 것 외에도 한국교회는 1) 불의하며 억압적인 부패한 권력에 대해서는 저항하고, 불복종시민불복종하며, 2) 사회적 약자들과 옹호하고 연대하는 것을 통하여 공동선에 기여할 수 있다. 숙의과정은 다양한 측면을 지닌 주요한 공적 이슈에 대한 결정을 위하여 찬반토론, 조정과 합의를 중시하는 의사소통적 과정을 중시여기는 반면, 저항, 불복종, 옹호, 연대 등은 선악이 상대적으로 좀 더 분명한 사안예를 들어 인종차별에 대하여 직접적으로 대면confrontation하는 차원이 강하다고 할 수 있다. 그러나 양자 모두 공동선을 지향한다는 차원에서는 큰 차이가 없다.

이처럼 한국교회는 공동선에 기여하는 공적 공동체로 존재하기 위하여 성서적, 신학적 전통에서의 공동선에 대한 이해가 선행되어야 한다. 삼위일체 하나님의 공동체적 삶과 존재양식, 하나님의 형상으로서의 인간, 공적 교회, 자연계시, 일반은총 등은 기독교적 차원에서의 공동선을 이해하는데 매우 중요한 내용들이다. 그리고 공동선에 대한 이러한 성서적, 신학적 이해와 인문학, 사회과학, 자연과학, 문화, 예술, 타 종교 등의 다양한

---

27 예를 들어 공교육의 공공성 회복을 위한 교회의 역할에 대하여 다음을 참고할 것. 장신근, "공교육의 공공성 회복을 위한 교회의 역할과 '씨드스쿨'을 통한 실천 가능성 모색," 『장신논단』 39 (2010. 12), 409-37.

학제들 혹은 전통들 사이의 대화를 통하여 상호적인 지평이 확장되고 심화될 수 있도록 노력해야 한다.

더 나아가 한국교회는 성도들이 공동선에 기여하기 위한 대화와 소통의 역량 혹은 이중언어 구사능력을 구비할 수 있도록 지원해야 한다. 기독교 공동체에서 사용되는 성서적, 신앙적 언어가 모국어라고 한다면, 기독교의 진리를 소통하기 위하여 사용되는 타 학제 혹은 타전통^{인문학, 자연과학, 예술,} ^{문화, 타종교 등}의 언어는 외국어라고 할 수 있다. 이러한 이중언어 구사능력은 그리스도인들이 공적 영역에서 공동선에 기여하기 위한 과정에서 갖추어야 할 필수적 역량이다. 예를 들어, 성서적 의미의 "구원"이라는 개념을 "생명"이라는 보편적 개념을 통하여 대화할 수 있는 역량을 갖추는 것이다.

이러한 이중 언어 구사능력은 일종의 민주시민교육이다. 한국교회는 성도들이 자신들의 온라인과 오프라인의 일터와 시민사회 현장에서 이중언어를 구사하는 가운데 민주시민의 역할을 적극적으로 감당해 나감으로써 공동선에 헌신할 수 있도록 교육과 훈련을 통하여 관련 역량을 길러주어야 한다. 특히, 다음 세대들을 대상으로 이들이 하나님의 백성이면서 동시에 민주시민의 역할을 잘 감당할 수 있도록 이러한 민주시민교육을 명시적, 암시적 차원에서 지속적으로 해 나가야 한다. 그리하여 교회교육에서 제자교육과 시민교육이 균형을 이룰 수 있도록 해야 한다.

5. 상생의 생명공동체를 형성하는 디아코니아 교회

지역적이며 지구적인 차원에서 오늘의 세계는 앞에서 지적한 바와 같이 개인주의와 사사화의 위기를 심각하게 경험하고 있으며 그 일원인 한국교회도 예외가 아니다. 교인들의 신앙과 실천들도 이에 따라서 개인주의적이며 사사화되어 가는 경향이 많은데, 젊은 세대로 갈수록 더욱 심화되는 경향을 보인다. 이러한 맥락에서, 한국교회는 공적 실천신학에서 강조되는 정의롭고 평등한 공동체 형성에 기초하여 삼위일체론적 상생의 생명공동체를 형성하는 디아코니아 교회가 되어야 할 것이다.[28] 생명 살림은 한국교회와 사회가 함께 지향해 나가야 할 가장 핵심적인 공동선이다. 상생의 생명공동체는 여러 차원의 공동체를 전제한다.

지역교회 차원에서 상생의 생명공동체 형성은 특정한 지역에 존재하는 지역교회 안에서 디아코니아 공동체를 만들어나가는 과제이다. 교회가 세상에서 상생의 생명공동체를 만들어나가는 존재가 되기 위해서는 스스로가 이러한 삶을 몸으로 보여주어야 한다. 교회 안에 존재하는 세대, 성별, 계층, 직분 등으로 인한 차별과 갈등을 삼위일체 하나님의 공동체에서 나타나는 상호 섬김과 나눔에 기초하여 상생의 디아코니아 공동체로 변혁시켜 나가야 할 것이다. 특히 오늘날 한국 사회에서의 세대 갈등은 교회 내에서도 여전히 심각한 수준으로 재현되고 있다. 앞에서 언급한 것처럼 정치적으로 진보적인 젊은 세대와 보수적인 세대인 기성세대 사이의 갈등은 젊은 세대들이 교회를 떠나는 주요한 원인으로 작용하고 있다. 따라서 통합세대의 관점에서 세대 간의 간격을 좁히고, 서로가 서로를 이해하고, 함께 화합할 수 있는 장과 통로를 목회의 현장에서 다양하게 마련해 나가야 할 것이다. 이러한 세대 간의 통합은 인위적인 노력보다는 상생을 중시하는 공동체적인 목회와 섬김과 나눔의 현장에서 여러 세대가 신앙을 함께 실천하고 성찰하는 실천신학적 과정을 통하여 더욱더 자연스럽게 이루어질 수 있을 것이다.

---

28   삼위일체 하나님의 관점에서 디아코니아를 다룬 연구로 다음을 참고할 것. 장승익, 『디아코니아 신학선언: 삼위일체 하나님의 디아코니아』(서울: 예영커뮤니케이션, 2018).

지역사회 차원은 지역교회가 자신이 존재하는 곳에서 생명살림을 지향하는 상생의 지역공동체를 형성해 나가는 일에 동참하는 것을 뜻한다. 최근 활발하게 논의되고 있는 선교적 교회론에 기초한 마을공동체 형성 운동이 하나의 중요한 사례가 될 수 있다.[29] 조용훈은 마을공동체운동의 목적을 다음과 같이 정의한다.

마을공동체운동의 목적은 물리적 공간으로서 마을을 정서적 친밀감과 연대의식을 지닌 살기 좋은 생활공동체로 만들어가는 데 있다. 신앙적으로 표현하자면 구성원들이 살아가는 지역을 하나님 백성의 공동체로 만들어가는 선교활동이다.[30]

지역교회는 지역사회와 생명살림의 비전을 공유하면서 교육, 문화, 복지, 경제, 생태 등 다양한 현안문제를 위한 논의와 실천에 적극적으로 동참해야 할 것이다. 이는 공적 실천신학의 정의롭고 평등한 공동체 형성의 차원을 지역사회에서 구체적으로 실현해 나가는 것이다. 지역교회가 상생의 공동체로 존재하기 위해서는 교회 건축부터 세심하게 고려해야 한다. 한국교회는 그동안 많은 경우 신학적, 문화적, 예술적 차원이 결여된, 그야말로 번지수 없는 기형의 교회당을 건축해 왔다. 그 결과 교회당은 지역사회와 조화를 이루지도 못하고, 환경문제를 발생시키며, 지역사회와 분리된 섬과 같은 폐쇄적 공간이 되어 왔다. 송용섭은 환경, 사회, 경제, 아름다움,

---

29   조용훈, "사회윤리적 관점에서 본 지역교회의 마을공동체운동," 『선교와 신학』 44 (2018), 43-70. 지역교회의 마을공동체운동에 대하여 다음을 참고 할 것. 김도일, 『가정·교회·마을 교육 공동체』 (서울: 동연, 2018). 한국일, "선교적 교회로서 지역교회의 역할 연구," 『선교와 신학』 44 (2018), 71-107. 김윤태 외, 『마을목회와 프런티어 교회들』 (서울: 동연 2021). 조은하, 한국일 편, 『마을목회 유형별 사례와 신학적 성찰』 (서울: 대한기독교서회, 2024).
30   조용훈, "사회윤리적 관점에서 본 지역교회의 마을공동체운동," 48.

거룩함 등 5가지의 교회건축 공공성 지표를 제안하는데, 이는 지역교회가 지역사회에서 상생의 생명공동체로 존재하기 위하여 반드시 고려되고 실천되어야 할 요소들이다.[31] 지역사회에서 교회가 공적 공동체로 존재하기 위하여 교회의 신축, 재건축, 혹은 리모델링 시에 이러한 지표를 반드시 반영해야 할 것이다.

지역교회는 그 자체로 섬과 같이 따로 존재하는 것이 아니라, 그리스도의 몸으로서 공교회에 유기적으로 연계되어 있는 지체이다. 교회가 개교회 중심주의에 빠지게 되면 지역사회에 존재하는 이웃교회와의 교제와 연대가 단절되고 그 결과 공교회성을 상실하게 된다. 따라서 지역교회는 교회가 존재하는 지역의 이웃교회들과 긴밀한 연대를 통한 네트워크를 형성해 나가야 한다. 작은 교회일수록 인적, 물적 자원의 제한에서 오는 어려움을 극복하고, 지역사회를 섬기고 변화시키기 위하여 연합하고 연대해야 한다. 예를 들어, 지역교회의 교회들이 연합하여 교회교육 혹은 섬김의 공동체를 구성함으로 연합 교사교육, 연합 수련회, 연합 섬김 모임, 연합 문화예술 행사 등과 같은 다양한 활동을 할 수 있을 것이다. 교회의 규모가 클수록 이러한 기회에 더 많은 물적, 인적, 영적 자원으로 섬기는 역할을 감당해야 할 것이다. 이러한 지역교회들의 연대는 아래로부터의 풀뿌리 에큐메니칼 운동을 활성화해 나간다.

한국적 상황에서 지역교회의 역할을 논할 때, 지역교회로서 대형교회가 어떻게 상생의 생명공동체를 형성하는 디아코니아 교회가 될 수 있을까 하는 것은 개혁을 위한 매우 중요한 질문이다. 대형교회의 긍정적 역할도

---

31 교회건축 공공성 세부지표는 다음과 같다. 1) 환경: 최소 교통유발, 디자인 및 실행, 환경과 문화유산, 물, 대지이용, 공기의 질. 2) 사회: 건강과 복지, 사용자 편의성 및 만족도, 형태와 공간, 접근성, 안락함, 포용성. 3) 경제: 사회적 이익과 비용, 교통이용절감, 채용 및 기술, 경쟁 효과, 생존성. 4) 아름다움: 심미성, 조화성. 5) 거룩함: 종교적 상징성, 예전적 기능성, 관계성. 송용섭, "교회 건축 공공성 지표 확립을 위한 기독교윤리적 제안," 『한국교회 건축과 공공성: 신학이 있는 교회건축』(서울: 동연, 2015), 323-31.

있지만, 대형교회가 한국사회로부터 비판과 개혁의 주요대상으로 간주되어 온 이유는 결코 사적인 것이 아니라 공적인 차원과 깊이 연관되어 있다. 손봉호는 "유연한 사역보다는 규정과 제도화, 기업과 같은 형식과 관료화, 명목적인 기독교인화, 교회 재산의 사유화, 절대적 힘을 지닌 종교의 부패화" 등을 대형교회가 지닌 문제로 지적하였다.[32] 그는 계속해서 대형교회가 두 가지 가운데 하나를 선택할 것을 주장한다. 첫째는, "가장 바람직한 것은 1,000명 이하의 작은 교회로 분립하는 것"이며, 둘째는, 철저히 가난해지고 겸손해지는 것"으로 "큰 교회에 출석하는 것이 좀 더 희생하고 봉사하게 돼 손해를 본다면 대형교회는 한국교회뿐만 아니라 하나님 나라에 자랑이요, 명예가 될 것"이다.[33]

필자는 이 두 가지가 양자택일이 아니라 함께 가야 하는 내용이라고 본다. 교회분립을 통한 규모의 축소가 무조건 이상적인 교회의 조건이라고 볼 수는 없다. 하지만 최근 "교회분립, 보이지 않는 성전 건립"이라는 비전 하에 여러 교회로 분립한 "높은 뜻 교회"들의 실례에서 보듯이 상생의 생명공동체를 형성하는 디아코니아 교회가 되기 위하여, 또한 대화와 소통의 리더십과 거버넌스를 갖추기 위해서도 분립은 매우 긍정적이고 유리한 조건이 된다.[34] 그러나 분립된 교회가 대형교회의 또 하나의 프랜차이즈가 되지 않으려면 섬김과 나눔을 통하여 더욱 가난해지고 겸손해지기 위해 노력해야 할 것이다.

도시 차원은 지역사회를 넘어서서 도시 자체를 생명살림의 상생공동체로 형성해 나가는 것을 뜻한다. 지역사회에서의 공동체 형성과 더불어

---

32 '대형교회 무엇이 문제인가?' 한국교회목회자윤리위원회 2019 발표회, 『한국기독공보』(2019년 06월 05일), http://www.pckworld.com/article.php?aid=8116019606 [2019년 6월 10일 접속].

33 위의 기사.

34 참고: "높은 뜻 연합 선교회," http://www.godswill.or.kr/index.php?mid=intro_1.

최근에는 신학적, 영성적 차원에서 도시의 미래에 대한 새로운 성찰이 시도되고 있다. 전 세계적으로 도시 거주인은 2025년경이면 60%, 2050년에는 70%, 2000년대 말에는 75%에 도달할 것으로 예상된다.[35] 이러한 맥락에서 도시는 오늘의 대다수 그리스도인들이 살아가는 삶의 현장이다. 그동안 우리는 도시를 범죄, 오염, 분열, 소외, 소비시장, 퇴폐, 사회혼란의 현장으로, 또는 자본주의적 욕망이 첨예하게 충돌하는 곳으로 부정적인 시각에서 바라보는 경우가 많았다. 그러나 필립 쉘드레이크 Phillip Sheldrake 의 말처럼 이제 한국교회는 기독교 전통에서 나타나는 도시에 대한 긍정적 비전을 회복하여 도시를 타자들에 대한 "환대의 미덕이 실천되는 공동체"로 바라보는 시각을 가져야 한다. 그리하여 도시의 미래에 대한 단순한 도구적, 실용주의적 접근을 넘어서서 이에 대한 도덕적, 영적 비전을 제시해야 한다. 한국교회는 하나님 나라를 지향하는 공동선에 기초하여 "새로운 도시성" 혹은 "좋은 도시"가 무엇인가에 대한, 즉 도시의 미래에 대한, 담론에 이러한 영적 비전을 제시하는 사역에 적극 동참해야 할 것이다.[36]

상생의 생명공동체 형성에는 국가적, 지역적, 지구적 차원까지 고려되어야 할 것이다. 국가적 차원에서 한국교회는 한국사회 내의 심각한 갈등들 — 세대 간 갈등, 보수-진보 이데올로기 갈등, 남-녀 갈등, 계층 간 갈등, 종교 간 갈등, 남-북 갈등 등 — 을 극복해 나가는 상생의 생명공동체 형성에 기여해야 할 것이다. 동북아 지역 차원에서는 한·중·일 사이의 역사적이며, 동시에 지금도 진행 중인 여러 갈등을 청산하고 화해와 상생의 동북아 평화공동체를 만들어 나가는 일을 위하여 노력해야 한다. 글로벌 차

---

35 Phillip Sheldrake, *The Spiritual City*, 김경은 역, 『도시의 영성: 공간, 공동체, 실천, 환대』(서울: IVP, 2018), 15.
36 Sheldrake는 "성례성"(sacramentality)과 "종말론"에 기초하여 도시에 대한 이러한 기독교적 비전을 제시한다. 위의 책, 262-70.

원에서는 앞에서 논의한 세계화의 부정적인 결과인 지구적 차원의 경제적 양극화와 생태계의 파괴, 종교, 인종, 영토분쟁과 이로 인한 난민 등의 갈등을 해결해 나가기 위하여 힘써야 한다. 이와 같은 여러 차원의 상생의 생명 공동체 형성을 위한 노력은 지역교회 혹은 공교회로서의 한국교회 차원을 넘어서서 세계교회들과의 에큐메니칼 연대를 필요로 한다.

나가는 말

한국교회가 삼위일체 하나님 나라의 비전하에 공교회 혹은 공적 공동체로 새롭게 거듭나기 위해서는 종말론적 소망을 지향하는 교회가 되어야 할 것이다. 우선, 공적 실천신학은 단순히 공동선을 지향하는 사회윤리 혹은 시민종교의 차원을 넘어선다는 사실을 명심해야 할 것이다. 공적 실천신학은 삼위일체 하나님과의 개인적이며 인격적 만남을 통한 개개인의 신앙적 확신과, 이에 기초하여 이 세상에서 삼위일체론적 공동체를 만들어 나가시는 하나님의 사역에 부름 받고 이에 응답하는 차원을 동시에 강조한다. 즉 공적 실천신학에서 말하는 공적 차원과 사적 차원은 서로를 전제하며, 서로에게 의존하며, 서로가 연계될 때 비로소 온전히 성취된다. 한국교회가 공교회 혹은 공적 공동체로 새로 거듭난다는 것은 이처럼 사적 차원과 공적 차원, 그리고 미로슬라프 볼프^{Miroslav Volf}가 강조하는 기독교신앙의 "상승"^{ascent}과 "회귀"^{return}의 두 가지 차원이 서로 분리되지 않고, 상호 연계된 온전한 신앙을 양육하고 실천하는 교회가 된다는 것을 뜻한다.[37]

더 나아가 이러한 신앙은 하나님 나라를 단순히 영적인 나라로 환원시켜 버리거나, 세상의 권력이나 질서와 동일시하려는 제국주의적 태도 모두를 경계하고, 종말론적 하나님의 나라를 소망하는 신앙을 뜻한다. 그것은 바로 독일의 루터교 목사였던 크리스토프 블룸하르트^{Christopher Blumhardt}가 외쳤던 "서두름과 기다림, 기다림과 서두름"의 신앙이다.[38] 한국교회는 종말론적인 신앙을 지닌 공교회로서 하나님 나라의 공공선이 이 땅에서 선취적으로 이루어지도록 최선을 다해야 할 것이다. 그러나 동시에 한국교회는 이러한 하나님 나라의 공공선은 종말에 비로소 완성될 것이라는 소망을 지니고 하나님의 도우심을 계속 간구하는 겸손한 기도의 교회가 되어야 할 것이다. 이러한 종말론적 신앙이 결여된 교회는 결코 공교회가 될 수 없다. 한국교회는 이러한 종말론적 신앙의 회복을 통하여 비로소 "시민종교"가 아닌 진정한 공교회 혹은 공적 공동체로 거듭날 수 있을 것이다.

━━━

참고문헌

김근주. 『복음의 공공성: 구약으로 읽는 복음의 본질』. 서울: 비아토르 2017.
김도일. 『가정·교회·마을 교육공동체』. 서울: 동연, 2018.
김윤태 외. 『마을목회와 프런티어 교회들』. 서울: 동연 2021.
대한성서공회. 『독일성서공회 해설 성경전서: 개역개정판』. 서울: 대한성서공회, 2004.
생명평화마당 엮음. 『한국적 작은 교회론』. 서울: 대한기독교서회, 2017.
성석환. 『공공신학과 한국사회』. 서울: 새물결플러스, 2019.

37 Miroslav Volf, *A Public Faith*, 김명윤 역, 『광장에선 기독교: 공적 신앙이란 무엇인가?』(서울: IVP, 2014).

38 Christopher Blumhardt, *Action in Waiting*, 전나무 역, 『행동하며 기다리는 하나님 나라』(서울: 대장간, 2018).

송용섭. "교회 건축 공공성 지표 확립을 위한 기독교윤리적 제안."『한국교회 건축과 공공성: 신학이 있는 교회건축』. 서울: 동연, 2015.

송용원.『칼뱅과 공동선: 프로테스탄트 사회윤리와 사회윤리의 신학적 토대』. 서울: IVP, 2017.

윤철호.『한국교회와 하나님 나라를 위한 공적신학』. 서울: 새물결플러스, 2019.

임성빈.『21세기 한국사회와 공공신학』. 서울: 장로회신학대학교출판부, 2017.

장승익.『디아코니아 신학선언: 삼위일체 하나님의 디아코니아』. 서울: 예영커뮤니케이션, 2018.

장신근. "공교육의 공공성 회복을 위한 교회의 역할과 '씨드스쿨'을 통한 실천 가능성 모색."『장신논단』39 (2010), 409-37.

_____.『공적 실천신학과 세계화 시대의 기독교교육학』. 서울: 장로회신학대학교출판부, 2007.

_____.『통전적 기독교교육의 이론과 실천현장』. 서울: 장로회신학대학교출판부, 2017.

정용훈.『공공신학과 신체정치학: 시민 사회와 후기 자본주의』. 서울: 동연, 2022.

조용훈. "사회윤리적 관점에서 본 지역교회의 마을공동체운동."『선교와 신학』44 (2018), 43-70.

조은하, 한국일 편.『마을목회 유형별 사례와 신학적 성찰』. 서울: 대한기독교서회, 2024.

최경환.『공공신학으로 가는 길: 공공신학과 현대 정치철학의 대화』. 서울: 도서출판 100, 2019.

한국일. "선교적 교회로서 지역교회의 역할 연구."『선교와 신학』44 (2018 봄), 71-107.

황경철.『어서와, 공공신학은 처음이지?: 일상과 신앙을 이어 주는 공공신학 입문서』. 서울: 세움북스, 2023.

Bauman, Zygmunt. *The Individualized Society*. 홍지수 역.『방황하는 개인들의 사회: 우리는 각자 존재하고 나는 홀로 소멸한다』. 서울: 봄아필, 2013.

Blumhardt, Christopher. *Action in Waiting*. 전나무 역.『행동하며 기다리는 하나님 나라』. 서울: 대장간, 2018.

Guder, Darrell. *Missional Church: A Vision for the Sending of the Church in North America*. 정승현 역.『선교적 교회: 북미 교회의 파송을 위한 비전』. 인천: 주안대학원대학교, 2013.

Harari, Yuval. *Sapiens*. 조현욱 역.『사피엔스』. 서울: 김영사, 2015.

_____. *Homo Deus*. 김명주 역.『호모 데우스』. 서울: 김영사, 2017.

Moltmann, Jürgen. *Gott im Projekt der Modernen Welt*. 곽미숙 역.『세계 속에 있는 하나님: 하나님 나라를 위한 공적인 신학의 정립을 지향하며』. 서울: 동연, 2008.

_____. *Erfahrungen Theologischen Denkens*. 김균진 역.『신학의 방법과 형식』. 서울: 대한기독교서회, 2001.

Osmer, Richard. *Practical Theology: An Introduction*. 김현애, 김정형 공역.『실천신학

의 네 가지 중심과제』. 서울: 예배와 설교 아카데미, 2012.

Peters, Rebecca. *In Search of the Good Life*. 방연상, 윤요한 역. 『좋은 세계화, 나쁜 세계화』. 서울: 새물결플러스, 2012.

Schwab, Klaus. *Fourth Industrial Revolution*. 송경진 역. 『클라우스 슈밥의 제4차 산업혁명』. 서울: 새로운 현재, 2016.

Sheldrake, Phillip. *The Spiritual City*. 김경은 역. 『도시의 영성: 공간, 공동체, 실천, 환대』. 서울: IVP, 2018.

Stackhouse, Max. *Public Theology and Political Economy*. Grand Rapids: Eerdmas, 1987.

_____. *Globalization and Grace*. New York: The Continuum International Publishing Group, 2007.

Vanhoozer, Kevin, and Owen Strachan. *The Pastor as Public Theologian*. 박세혁 역. 『목회자란 무엇인가?: 공동체를 위한 보편적 지식인, 공공신학자의 소명 되찾기』. 서울: 포이에마, 2016.

Volf, Miroslav. *Flourishing*. 양혜원 역. 『인간의 번영: 지구화시대, 진정한 번영을 위한 종교의 역할을 묻다』. 서울: 한국기독학생회출판부, 2017.

_____. *A Public Faith*. 김명윤 역. 『광장에선 기독교: 공적 신앙이란 무엇인가?』. 서울: IVP, 2014.

"높은 뜻 연합 선교회" 홈페이지. http://www.godswill.or.kr/index.php?mid=intro_1.

"대형교회 무엇이 문제인가?." 한국교회목회자윤리위원회 2019 발표회. 『한국기독공보』(2019년 6월 5일). http://www.pckworld.com/article.php?aid=8116019606 [2019년 6월 10일 접속].

"목회자들의 설교연구를 위한 '프로페짜이' 모임." http://www.mimokwon.com/src/project.php#pos1 [2019년 6월 5일 접속].

"성경 함께 읽으니 해석의 눈 밝아져." 『국민일보』(2019년 2월 18일). http://www.kukminusa.com/ne ws/view.php?gisa_id=0924062548 [2019년 6월 5일 접속].

"'여성안수'가 여성 지도력 확대의 분기점이라고?" 『국민일보』(2024년 10월 7일). https://www.kmib.co.kr/article/view.asp?arcid=0020596896&code=61221111&cp=nv [2024년 10월 10일 접속].

"2024 한국교회의 사회적 신뢰도 조사 결과 자료집." 『기독교윤리실천운동』 https://cemk.org/resource /29349/ [2024년 9월 10일 접속].

"2023년 한국인의 종교현황." 『목회데이터연구소』, 넘버즈 224호 http://www.mhdata.or.kr/bbs/board.php?bo_table=koreadata&wr_id=276&page=2 [2024년 10월 10일 접속].

에필로그:
포스트 실천신학으로서 기독교교육학을 모색하며...

지금까지 근대실천신학의 신학백과사전 유형에서 시작하여, 20세기의 여러 유형, 그리고 21세기의 포스트휴먼 유형까지 실천신학의 지형을 둘러보고, 이에 더하여, 주요 실천신학자와 공적 실천신학자로서의 목회자에 대하여 살펴보고, 공적 실천신학의 관점에서 한국교회의 개혁과제까지 제안하였다. 이제 결론적으로 "포스트 실천신학으로서 기독교교육학"의 미래 과제를 몇 가지 간략하게 제안하면서 이 책을 마무리하고자 한다.

첫째, 변증법적 포괄dialectical inclusion의 원리에 기초한 정체성 형성과제이다. 바르트가 주장한 변증법적 포괄이란 부분은 전체에 포함되어 있고, 전체는 부분 안에 포함되어 있다는 것이다. 각 부분은 자신의 고유한 관점에서 전체구조를 포함한다. 각 부분은 단순히 전체의 일부분이 아니라 전체의 반복이다. 각 부분은 전체와의 연관성 속에서 자신의 올바른 자리를 발견한다.[1] 이러한 변증법적 포괄의 원리에 의하면, 신학이 특정한 상황에서 근본적으로 하나님의 말씀과 행위에 관련된 과제를 다룬다고 할 때, 성서, 조직, 역사, 실천신학 등 신학의 여러 영역은 자신의 고유한 관점에서 이러한 신학의 전체과제하나님의 말씀과 행동와 연관된 질문을 다루어야 한다는 것이다. 이런 맥락에서 신학의 각 영역은 다른 영역들과 긴장과 환원 불가능한 관계 속에 있다. 각 영역이 서로를 필요로 하는 것은, 어떤 영역도 그 자

---

1   George Hunsinger, *How to Read Karl Barth: The Shape of His Theology* (New York: Oxford University Press, 1991), 58. 이 책의 제6장을 참고할 것.

체만으로는 하나님의 신비를 완전히 포착할 수 없다는 사실 때문이다.

따라서 실천신학도 자신의 고유한 관점에서 신학의 전체과제와 연관된 질문을 제기해야 한다. 실천신학은, 이제 근대 신학백과사전 패러다임에서 벗어나서, 더 이상 목회사역에 대한 기술과 방법론know-how만을 다루는 영역이 아니라, 하나님에 대한 가장 근본적 질문know-why을 제기해야 한다. 즉, 실천신학은 자신의 고유한 관점에서 신학의 과제 전체와 관련된 질문들을 제기해야 한다.

이와 같이, 포스트 실천신학으로서 기독교교육학은, 신학의 각 분야를 엄격한 경계를 지닌 전문 연구프로그램의 관점에서 보는 근대 신학백과사전 접근과는 다르게, 자신의 고유한 관점에 기초하여 포스트휴먼 상황에서 신학의 전체과제와 연관된 근본적인 질문을 다루는 실천의 신학이라는 정체성을 세워나가야 할 것이다.

둘째, 횡단적 이성에 기초한 삼위일체론적인 학제 대화의 과제이다.[2] 횡단적 이성은 후기 토대주의 관점에서 우리 자신을 넘어서 우리와 다른 관점을 가로질러 갈 수 있는 능력을 특징으로 한다. 앞에서도 기술한 것처럼, 픽업스틱 게임에서 여러 막대기를 던져 서로가 겹치기도 하고 엇갈리기도 하는 모습에서 횡단성의 특징을 이해할 수 있다. 횡단적 이성에 기초한 학제 대화는 다른 학문과의 대화에서 어떤 것을 배울 것인지를 미리 정하지 않고, 특정한 관점과 학자들과의 대화를 통하여, 상호 공통점과 차이점을 확인하면서, 서로 동의하는 부분은 수용하고 그렇지 않은 부분은 그대로 남겨두고 대화를 진행한다. 이를 통하여 상호 관점의 확대와 심화를 지향한다. 이러한 맥락에서 포스트 실천신학으로서 기독교교육학은 철학,

---

2   이 부분은 다음의 관점을 많이 참고 하였다. Richard Osmer, *The Teaching Ministry of Congregation*, 장신근 역, 『교육목회의 새로운 패러다임』(서울: 대한기독교서회, 2007), 595-612.

사회과학, 자연과학, 예술 등과의 대화를 시도할 때 이들의 특정한 관점을 가져와서 이것을 기독교교육학의 전체 체계로 삼지 않는다. 그 대신 학제적 대화에서 구체적인 학자와 특정한 관점과의 대화를 시도한다.

또한 삼위일체론적인 학제 대화라는 것은 창조, 구속, 영화에 기초한 학제적 대화를 지칭한다. 즉, 성부 하나님의 창조에서는 "대화적 원리", 성자 하나님의 구속에서는 "변증법적 원리", 성령 하나님의 영화에서는 "변형의 원리"에 기초한다. "대화적 원리"는 하나님의 창조에 나타나는 보편성 혹은 규칙성에 기초하여 상호적인 공통점에, "변증법적 원리"는 기독교적 관점의 우선성에, "변형의 원리"는 종말론적 차원에 강조점을 둔다. 포스트 실천신학으로서 기독교교육학은 학제적 대화에서 창조의 대화적 원리에 기초하여 상호간의 공통점을 중요시하며, 그리스도를 통한 하나님의 구속에 대한 독특성 혹은 우선성에 기초하여 다른 관점을 비대칭적 유비로 수용하며, 성령의 변형에 기초하여 하나님 나라의 종말론적인 새로움^{novum,} _{전적으로 새로운 것}을 기대하는 가운데 변화를 지향한다. 이에 관한 자세한 논의는 다음으로 미루기로 한다.

셋째, 교회 현장에서의 실천신학적 목회를 위한 융합 과제이다. 한국교회는 오늘의 다양한 도전으로 위기에 처해있지만, 교회는 여전히 기독교교육학의 여러 현장 가운데 핵심 현장이다. 그동안 기독교교육 학자들은 "교육목회"라는 이름으로 레이투르기아, 케리그마, 코이노니아, 디아코니아, 디다케와 같은 교회의 여러 기능 혹은 영역을 교육적 관점과 원리에 따라 수행하려는 노력이 지속적으로 이루어져 왔다. 한편으로, 이러한 노력이 기독교교육 내용의 영역을 넓히는 차원에서 공헌을 해왔으나, 다른 한편으로 이것이 기독교교육학의 관점에서만 이루어져 왔기에 실천신학의 다른 분야들과의 대화적 협력이 부족했다고 할 수 있다. 신학교육의 차원에서도 목회에 대한 방법론들이 실천신학의 하위분야별로 따로 분리되어 전체적인 연계성 없이 교육됨으로서 효율성과 일관성이 떨어지고 파편화되는 현상이 나타났다.

　　이를 염두에 두고, 포스트 실천신학으로서 기독교교육학은 예배학, 설교학, 영성신학, 목회 상담학, 선교학, 교회음악학 등과의 상호적인 대화 가운데 융합적인 실천신학적 목회모델을 개발하여 제안할 필요가 있다. 신학교육 차원에서, 실천신학적 목회를 위하여 실천신학의 여러 분야가 협력하여 함께 커리큘럼을 계발하고, 현장과 연계된 융합 수업을 통한 교육이 이루어져야 할 것이다. 이 과정에서 물론 성서신학, 조직신학, 역사신학 등과의 대화도 지속적으로 이루어짐으로 신학의 실천성 회복을 위한 노력도 함께 수행되어야 할 것이다. 초 저출생으로 인한 학령인구 절벽현상과 교인 수의 급감으로 신학교의 규모가 축소될 것을 대비하는 차원에서도 이러한 융합적인 차원의 목회모델 개발이 절실하게 요청된다. 더 나아가 이러한 융합적 신학교육은 포스트시대의 다양한 도전에 직면할 미래 목회자 후보생들이 교회 현장에서 창조적이며 역동적인 목회를 잘 감당하는 역량을 구비하는데 중요한 토대가 될 것이다. 포스트 실천신학으로서의 기독교교육학은 실천신학의 다른 하위 분야들과 계속 협력하면서 이러한 과제를 잘 수행해 나가야 할 것이다.

　　넷째, 사회변혁과 생태적 공생과 공존의 과제이다. 포스트 실천신학으로서의 기독교교육학은 교회현장과 더불어 사회변혁과 생태적 공생과 공존을 위한 절대절명의 시대적 과제를 수행해야 할 것이다. 이는 포스트 식민주의 신학에서 살펴본 것처럼, 먼저 사회정의와 생태정의는 서로 분리되지 않고 상호의존적임을 전제한다. 따라서 사회변혁의 과제는 인간과 인간, 인간과 비인간 존재 사이의 지속적인 상호 얽힘과 공-산 가운데 존재한다는 비판적 포스트휴먼 사유와 대화하는 가운데 수행되어야 할 것이다. 상호 얽힘과 공-산의 사유는 생태적 공존과 더불어 사회변혁을 위한 가치이기도 하다.

사회변혁과 생태적 공생과 공존을 위하여 포스트 실천신학으로서의 기독교교육학은 특히 오늘의 4차산업혁명을 가능케 한 NBIC Nanotechnology, Biotechnology, Information Technology, Cognitive Science 기술을 비롯하여 다양한 첨단기술에 대한 균형 잡힌 이해를 위한 교육에 힘써야 할 것이다. 첨단기술에 대한 지나친 낙관주의 혹은 비관주의에서 벗어나서, 하나님 나라의 종말론적 비전하에 공동선을 위한 첨단기술의 역할에 대한 지속적인 대화와 논의가 기독교교육학적인 관점에서 이루어져야 할 것이다. 보다 구체적으로, 공적 신앙과 공교회 형성을 지향하는 교육을 통하여 사회변혁과 생태적 공생과 공존이 이루어질 수 있도록 해야 할 것이다.

각장의 출처

제1장: "근대 실천신학의 신학백과사전 패러다임에 관한 역사적, 비판적 고찰." 장신근. 『공적실천신학과 세계화시대의 기독교교육』. 서울: 장로회신학대학교 출판부, 2007, 19-46.

제2장: "20세기 실천신학의 3가지 유형에 대한 비교 연구." 『장신논단』 제54-5집 (2022. 12), 155-81.

제3장: "20세기 후반 실천신학의 세 가지 유형에 대한 비판적 연구." 『기독교교육논총』 제72집 (2022. 12), 25-48.

제4장: "포스트식민주의 실천신학과 오늘의 기독교교육학의 과제." 『선교와 신학』 제63집 (2024. 6), 413-51.

제5장: "포스트휴먼 실천신학으로서 기독교교육학의 과제." 『기독교교육논총』 제79집 (2024. 9), 7-31.

제6장: "리차드 오스머의 기독교교육학 사상과 포스트 코로나 기독교교육에 대한 함의: 교수사역과 실천신학적 접근을 중심으로." 『장신논단』 제52-3집 (2020. 9), 249-78.

제7장: "공적실천신학의 관점에서 본 손인웅 목사의 목회." 장신근 편. 『삼애일치 3: 손인웅과 함께한 사람들』. 서울: 대한기독교서회, 2021, 183-200.

제8장: "공적실천신학으로 본 한국교회의 현실과 개혁과제." 『장신논단』 제51-5집 (2019. 12), 247-75.